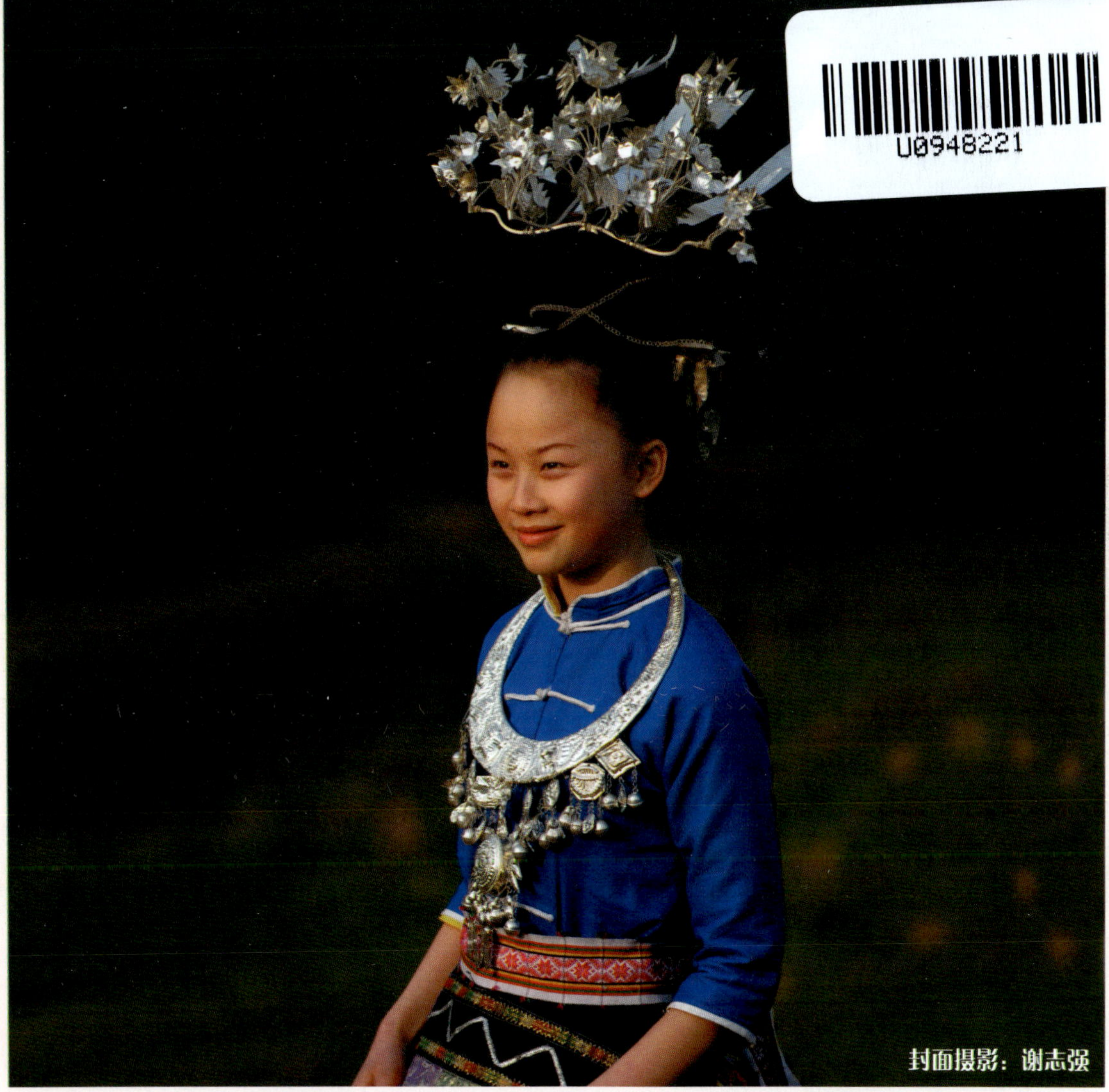

封面摄影：谢志强

自驾中国·甲午秋

Zijia Zhongguo Jiawuqiu

马明 主编

内容提要

本书通过人文专辑、当季热线、公路专辑、自驾+X、行摄专辑、汽车物语等几个板块，编写提供了原生黔东南、煮酒吃蟹度中秋等十多篇重磅美文。深度的文字、震撼的图片，不只是在解读自驾的文化，更在剖析路上的灵魂。

读者对象：拥有汽车驾驶执照、喜爱自驾游的人群。

图书在版编目（CIP）数据

自驾中国．甲午秋 / 马明编著．-- 北京：人民交通出版社股份有限公司，2014.9
ISBN 978-7-114-11717-6

Ⅰ．①自… Ⅱ．①马… Ⅲ．①旅游指南—中国 Ⅳ．①K928.9

中国版本图书馆 CIP 数据核字（2014）第 209243 号

广告号：京朝工商广字第8042号（1-1）

书　　名： **自驾中国·甲午秋**

著 作 者： 马明

策划编辑： 毛鹏

责任编辑： 徐菲

出版发行： 人民交通出版社股份有限公司

地　　址： （100011）北京市朝阳区安定门外外馆斜街 3 号

网　　址： http://www.ccpress.com.cn

销售电话： （010）59757615　59757988

总 经 销： 人民交通出版社股份有限公司发行部

印　　刷： 北京市凯鑫彩色印刷有限公司

开　　本： 787×1092　1/16

印　　张： 18

印　　次： 2014 年 9 月 第 1 版 第 1 次印刷

书　　号： ISBN 978-7-114-11717-6

定　　价： 66.00 元

《自驾中国》

甲午夏

人文专辑 “车轮上的田野考察之旅”，比如“藏地转山季”、“新丝绸之路”等等。与专家、学者同行，搜寻最本质的人文现象，倾注最感人的人文情怀。

甲午秋

当季热线 以不同地理片区的风光、人文或者度假的特色推出适合当季的N条同主题自驾游线路。比如“煮酒吃蟹度金秋”等等。

导读

仅仅是20年以前，拥有一辆私家车还是一件挺时髦的事儿，可弹指一挥间，中国已经是拥有过亿辆私家车的国度。所以，“自驾车”仿佛一夜之间就红透了大街小巷。不用什么宝马香车，只要有一辆能开动的代步工具，有一台半新不旧的相机，有一颗说走就走的心，便随时可以做个自驾的行者，沿着高速，沿着国道，甚至沿着乡间小路，去勇敢追寻心中的乐土。

在旅行书籍铺天盖地的今天，为什么还要做《自驾中国》？那是因为当人们过多地把目光投向“50条最美线路”、“中国十大古镇”、“中国十大名山”这样的资讯式归纳时，还没有触及到路上的灵魂，还没有找到寄托内心的港湾。

说起四季的不同，人们往往会想到风光——春有百花秋有月，夏有凉

四季丛书

导读

风冬有雪。实际上，四季所表达的内涵远非风光之所及。春日问绿茶，明前雨后；夏日观夜空，斗转星移；秋日品醇酒，谷稻飘香；冬日访皇陵，沧海桑田。

自驾出行，不是要做一个从 A 点跑到 B 点的路人，而是要让自己的躯壳停驻在路上，让灵魂跳出来审视：我的人生，是不是只局限于中国地图上可以忽略不计的某个点；原来我活了几十年，竟然如纸剪的偶人一样平面而苍白……

以朝拜之诚心，踏四时之人文，领行路之瑰丽，思立体之人生。还等什么呢？

《自驾中国》四季丛书，每年分春、夏、秋、冬四辑，以“人文专辑”、“当季热线”、“公路专辑”、“自驾+X”等多个版块来展示中国路上的大美。

甲午冬

自驾中国

甲午冬

冬

公路专辑

人民交通出版社股份有限公司

China Communications Press Co.,Ltd.

公路专辑

这部分是沿 XXX 国道或者 XXX 高速公路做一个全线自驾游，把一条路做细，做透，挖掘到底，以人文展示为主，路为辅。

乙未春

自驾 +X

自驾 +X：结合季节性，设计自驾 + 禅修、自驾 + 高尔夫、自驾 + 潜水、自驾 + 滑雪等等具有针对性的自驾路线，每期 4-6 条，每年更新。

原生黔東南

目录 CONTENT · 人文专辑

P12

目录 CONTENT · 当季热线

P88
煮酒吃蟹度金秋
全国河湖海 吃蟹总动员

目录 CONTENT

P200 自驾 + 考古

穿越时空访契丹

一个以“镔铁”为名、精神坚不可摧的伟大族群，一个疆土曾经西达阿尔泰山、东至日本海的草原王朝，一种融汇了建筑、文字、文学、美术、手工艺等诸多灿烂文化成就的辉煌文明，因为其他北方民族的诛杀和屠灭，仿佛在顷刻之间烟消云散。

P186

沈海非遗路

沈海高速公路，那条著名的东部沿海高速公路大通道，串起了一个个经济发达的沿海省份。这些地区虽然不见得是文明程度最高的地区，但是却极大地促进了一些非物质文化遗产的迅速发展。

P272

海洋 银杏黄了

银杏为落叶乔木，银杏树又名白果树，生长较慢，寿命极长，自然条件下银杏从栽种到结果要 20 多年，40 年后才能大量结果，是树中的老寿星。银杏树 4 月开花，10 月成熟，种子为橙黄色的核果状，是现存种子植物中最古老的孑遗植物，出身在几亿年前，现存活在世的银杏稀少而分散，上百岁的老树已不多见，和它同纲的所有其他植物皆已灭绝。所以银杏号称“活化石”，变种及品种有：黄叶银杏、塔状银杏、裂银杏、垂枝银杏、斑叶银杏等 26 种。

P234 自驾 + 度假

慢行沪上古桥间

以“五浦归江”之地青浦区的朱家角为首，还有金泽、练塘、枫泾、南翔和离枫泾不远的昆山千灯古镇，也许不是耳熟能详，但却各有各的妙处。

原生
黔東南

策划执行 / **马明**

人们一提起黔东南就是一个印象——“原生态”，原生态的山水，原生态的民族，但是在亲历黔东南之前那只不过是一种平面的印象，是一种模糊的美。只有真正亲身感受了它的山之奇、路之险、歌之韵、酒之魂以后，才能了解“黔东南”这三个字所代表的含义——那已经超出了地域的范畴，而是一个人文生态群落的活化石，一个具体而微的心灵归隐地。

【谢志强 / 摄】

从高丘、绕号到新发现的展留，剑河锡绣给如诗如画的清水江更增添了许多神秘的意味以及精湛工艺的文化底蕴。

展留锡绣在苗族姑娘满身的银饰光芒之下毫不逊色【谢志强/摄】

俯瞰镇远古仙都【陈沛亮 / 摄】

一衣带水的㵲阳河为镇远造就了无数个转角，转角遇到石板古街，转角遇到老码头，转角遇到他或她。

雷山西江千人长桌宴【陈沛亮 / 摄】

高排苗族的女人用“七彩官服”来打扮自家的男人，这衣服通常要一两年才能绣完一套。【谢志强 / 摄】

从江加榜乡的加车村祭天，“抢鸡”是一个非常具有趣味性的环节。【陈沛亮 / 摄】

一出凯里市上了高速公路就能看见在丘陵与田地之间优美穿梭的国道 320 线【陈沛亮 / 摄】

第七次到贵州，才涉足了黔东南，这似乎是不可思议的，但是正应了那句话："把最好的留到最后。"这并不是说贵州其他地方就不美，兴义的万峰林、赤水的溯溪、黄果树的瀑布和荔波的喀斯特当然美。不过，黔东南是相对来讲集生态、民俗、历史、交通特色之大成的一个地区。若说"多彩贵州"的代表就是"多彩黔东南"，一点儿也不为过。

黔东南从行政区划上全称应该是"黔东南苗族侗族自治州"。这个号称是全国原生态少数民族风情最多样化的地区辖一市 15 县，一市就是州首府凯里市（驻大十字街道），15 个县分别为黄平县（驻新州镇）、施秉县（驻城关镇）、三穗县(驻八弓镇)、镇远县(驻㵲阳镇)、岑巩县(驻思旸镇)、天柱县(驻凤城镇)、锦屏县(驻三江镇)、剑河县(驻革东镇)、台江县(驻台拱镇)、黎平县(驻德凤镇)、榕江县(驻古州镇)、从江县(驻丙妹镇)、雷山县(驻丹江镇)、麻江县(驻杏山镇)、丹寨县（驻龙泉镇）。

整个黔东南苗族侗族自治州的面积虽然不是很大，16 个县市的首府也都很小巧，却在近年来成为国内外旅行者关注的焦点，尤其是"黎从榕"和"西江千户苗寨"，早已名声在外。与四川、云南相比，贵州的旅游资源毫不逊色，尤其是黔东南，可是这个多山之地地势复杂，自古交通不便。古人说蜀道难，可曾想过有人说难是因为曾经考察过、探索过，但贵州的很多地区被大山阻隔，根本连探都无从探起，所以更是难上加难。我在此次探访过程中听时任剑河县交通运输局的副局长谢梅仙讲过一句话，令我感慨颇深，"在贵州修一公里路所用的投资，在北方的平

原上可以修十几公里甚至几十公里。”也正因为这样，才使黔东南的雷山、镇远、剑河、从江等地区保留了无数几乎未有外人涉足的村寨。

还好，近几年来，自交通运输部以下各省交通运输厅纷纷开始重视农村公路的建设，并且即将开启一场“美丽乡村小康路”的巨大建设行动。所以，我们欣喜地看到，在网络上很多是上半年才推出的黔东南自驾攻略都已经过时了——许多机耕土路仿佛是在一夜之间变成了柏油路。在以沪昆高速公路、厦蓉高速公路、兰海高速公路、国道320线和国道321线为主干的黔东南公路网络中，已经开始编织细密的通乡油路、通村油路网。可能就在下一次的黔东南自驾旅行中，又会发现很多条生态良好、景色优美的不知名道路，路况崭新，在前方向行者们招手，那绝不是神话。

此次探访黔东南，获得了许多这样那样的惊喜，独乐乐不如众乐乐，便把许多新修的旅游公路和美丽乡村路加入我们所推荐的自驾路线中，为您奉上一本最新的《黔东南出行白皮书》。

TIPS

最美国道——国道320线

从黔东南的首府凯里出发去台江，一上了沪昆高速公路没多远就可以看到穿行于丘陵与田地之间的国道320线。这一带多是小山，视野开阔，山上林木葱茏，田间绿毯如织，路边就是一个个童话般的寨子。国道隐约其间并不突兀，倒像是用画笔不经意间在绿色的崇山峻岭间勾勒了一道曲线，上面的车辆从高速公路上看去只是如勤劳的工蚁一样往来穿梭。

国道320线也称“沪瑞公路”，是一条连接上海市和中缅边境城市云南瑞丽的横向国道（编号G320）。东起上海，经嘉兴、杭州、衢州、上饶、鹰潭、南昌、宜春、萍乡、株州、湘潭、邵阳、怀化、凯里、贵阳、安顺、曲靖、昆明、楚雄、大理、保山、潞西等地，西至云南瑞丽市，路线全长3572公里，是连接西南地区和华东地区的公路大通道。

我们所看到的这段国道320线是从黔东南岑巩县的一碗水到凯里的二龙，全程147公里，二级公路。如果说我们之前报道过很多景观公路的话，那么这条公路无疑可以称之为“景观公路之翘楚”，不仅在凯里城外这一段入诗入画，到台江县境内的巴拉河路段，路与河像一对难分难舍的恋人一样相伴相依，共同在起伏的山间若隐若现，远不是一个美字可以形容。

【路线】凯里—台江—剑河—台江—凯里

仰阿莎传说

撰文 / **马明**

从凯里市上沪昆高速公路，到剑河县府所在地革东镇出口下高速，返程原路返回。

没有想到黔东南的第一站不是黎从榕，而是黔东南三大河之一清水江畔的剑河县。在去那里之前，我对它一无所知，这种感觉有点儿奇妙——一个完全未知的地方，一个以仰阿莎为象征的苗族聚居区。

仰阿莎是什么？到剑河的第一天，我对每个当地人问这个问题，每个人的解释都不太一样。有人说，仰阿莎是一位女神，掌管整条清水江流域的苗寨；有人说，仰阿莎是一位普通的渔家女子，生于清水江畔，后来成了太阳神的妻子……传说自不必信，综合各种传说所述，人们心目中的仰阿莎其实就是一个美好的象征，选取所有苗族姑娘的美丽因素集于一身，其实就是“最完美的苗族姑娘”。所以，为仰阿莎而举办的民族服饰大游行也就顺理成章成了一次选美大会。

仰阿莎欢乐游行【谢志强/摄】

既然是整个剑河县的活动，来的也不仅仅是苗族，还有侗族和其他一些少数民族的队伍，但相对来讲，苗族的各个分支服饰比较张扬，容易辨认。我没有去认真探究姑娘身上戴的都是什么银饰，有什么讲究，倒是注意到了很多姑娘身后都跟着一位母亲或者姐姐。这是怎么回事？原来，仰阿莎节在苗族人心目中的份量很重，许多姑娘不像平日一样戴仿银的首饰，而是实打实戴了纯银的全套。一位母亲对我说：“姑娘从上到下这一身，最便宜要十几万元呢！不跟着怎么放心？”虽然美女不是靠饰品来点缀，但是从姑娘的打扮上实在可以看出她们对于仰阿莎美丽的渴望，还有在心里对未来朦胧的期盼。就这样，亦步亦趋，半天的游行下来，很多姑娘戴着重重的银饰还没怎么样，倒是有一些母亲在7月的艳阳下差点儿支撑不下去了。

仰阿莎文化节看来是剑河最重要的宣传活动之一，几乎

苗家吊脚楼总是充满了意趣【谢志强 / 摄】

所有可以释放的元素都在这个崭新的节日里毫无保留地表达出来——一个充满神奇、古朴而又秀丽的少数民族县，山川秀丽，民族风情浓郁淳厚，文化底蕴源远流长，民族服饰五彩缤纷。连县委书记讲话都是如数家珍，“我们有正申报为世界地质公园和世界文化遗产的革东八郎古生物化石群，有享誉海外的国家级非物质文化遗产保护名录苗族锡绣，有国家自然旅游景区仰阿莎湖区、百里原始阔叶林区和‘苗乡圣水’温泉保健疗养区……她是黔东南的生态屏障，是旅游、休闲、度假的胜地。”当然，任何人的描述都比不上来这里考察的生态旅游专家的评价：“剑河旅游资源丰富，山水林木集合，景观性好，空间结构好，独断性、科研性、套通性强，地位举足轻重；是黔东南的生态屏障，是生态旅游、修学旅游、水上度假最好的地方。”

狂欢有停歇，笑容无时尽。【陈沛亮 / 摄】

寨老的徒弟吴友彻底被大家塑成了泥人【谢志强 / 摄】

大稿午
水鼓舞的狂欢

黔东南地势比较低，正午的阳光非常刺眼，汗流浃背地跑到革东镇城郊的大稿午村，这里却是一片热火的景象。已经被列入国家级非物质文化遗产的水鼓舞是剑河苗族的一大特色，虽然在上午的文化节上已经有了一场盛装的万人水鼓舞，但是在村里的田边跳起来才是真正的民间舞蹈，所以来参观的人竟然比节庆中还多好几倍，通向舞蹈场地的窄窄的田埂上一眼望不到边的人流慢慢向前挪动着，而且时不时有人发出一些尖叫，那是差点儿被挤下水田的妇女或者孩子。

大田的一边，主持这场祭祀舞蹈的小小队伍已经站了一会儿，大约是六七个男子，中间簇拥着一位老者。村长告诉我们，他就是剑河苗族水鼓舞的非遗传承人，也是这个村的寨老，叫吴丁里，今年 72 岁。老先生虽然依照古风穿着随意的家织布汗衫，但神色庄严，仿佛是要去赴一场殿堂里的盛宴。他的徒弟，60 岁的吴友，戴着一顶据说是明代遗存下来的斗笠，倒披着蓑衣，嘻嘻笑着但却恭谨地跟在老师后面，等着仪式的正式开始。与吴丁里老人聊了几句，他说，大稿午村的村民都姓吴，是明朝时从天柱县的远口镇搬迁而来的，到现在已经传了十几代。水鼓舞只有这个大稿午村的是源起，至少有五六百年以上的历史。这种舞蹈最初就是一种纯粹的祭祀仪式，祭祀祖先，同时祈求风调雨顺和村寨平安。我抓紧时间问了他一个上午一直没看懂的问题：他们用的鼓并不叫水鼓，可是舞蹈为什么叫水鼓舞？老人一语道破了天机，“水、鼓、舞”三个字原来是分开的，寓意以鼓作乐器，男女老少在祈求到风雨到来的那一刻，在雨中嬉戏、打闹，来一场胜利的狂欢。这

在大稿午村的水田中人们越舞越欢【陈沛亮/摄】

水鼓舞使用的乐器是叫“木鼓”，除了在水里欢闹的舞者，还有在地头上围成一圈儿的苗族姑娘，唱着苗族飞歌为他们助兴。

据苗族创世史诗《苗族史诗》记述和专家考证，在苗族传统哲学中，水是世界的本源。苗族先民原居地在临近江河湖海的黄河和长江中下游地区，存在深厚的水崇拜。大稿午苗族之所以在水中踩鼓，是苗族水文化传统与人类在自然生存中离不开水的体现。鼓是苗族的“重器”，被认为是祖先灵魂的安居之地，《苗族史诗·寻找木鼓》中说：祭了鼓大家才更富有繁昌。尤其值得重视的是，大稿午的鼓文化与邻近的其他苗寨不尽相同——这里行的是没有什么禁忌的“白鼓藏”，而他寨多行“黑鼓藏”，有非鼓社祭之年不允许随便敲鼓、踩鼓等清规戒律。同时，在许多苗族社区传统观念中，还有在春播至秋收之间，不吹芦笙，不敲木鼓的禁忌。大稿午在其他社区禁笙鼓期间踩鼓，反映了她独特的水鼓文化。

说着说着，仪式开始了。一个小男孩儿用麻绳系着一只绿头的公鸭走在最前面，吴丁里老人随后，之后是倒披蓑衣、头戴斗笠的男人们，他们抬着箩筐和酒坛，要让挨家挨户的村民们将事先准备好的祭品和香纸放进去，这叫“走寨”。女人则早已守候在水田边了。等所有队伍都进入水没膝盖的大田，便先开始跪拜，酌米酒，洒鸭血，祭祖先。此时全场上千人鸦雀无声，只有寨老低低念诵着祭文。片刻的寂静之后，两名男子将木鼓抬到田中的石坛上，忽然鼓声大作，这就是舞蹈的第二部分——“起鼓”，随着鼓点越奏越快，男女舞者渐渐地围成了一个圆圈儿。之后鼓点突然开始散乱，人们都知道，这是“踩鼓”开始了，于是所有人便不再有节奏地舞蹈，而是绕着圈儿在水田里急速地奔跑，一边踩水，一边互相泼溅。无论怎么嬉笑打闹，甚至打情骂俏，在这时都不算过分了，如果谁的身上没全湿，谁的脸上没有泥浆，那这场最后一部分的狂欢就算不得尽兴。所以，每个人都把自己的欢乐尽情地释放出来，最后连很多观众也纷纷加入了疯狂的踩水队伍，而圈子里的舞者则跑到外面来，见谁就往谁脸上身上蹭泥，田埂上盛装的苗族姑娘们赶紧提着裙子四散逃开，狂欢的氛围达到了高潮。

剑河苗族水鼓舞一直保留着当地苗族人民在长期的生产生活中沉淀的原生态舞蹈元素，其质朴的舞蹈动作、原生的苗族服饰和清纯高亢的苗歌无不体现了当地苗族厚重的历史传承韵味。这场狂欢在每年农历六月第一个卯日之后的第一个丑日举行，大稿午村的每个人都是舞者，因为这种虔诚的祈祷已经与他们的血液深深地融为一体了。

千人水鼓舞【陈沛亮/摄】

仰阿莎湖 那一种锡绣的风情

黔东南有3条主要的河——都柳江、潕阳河和清水江，说来要算清水江的名气最弱，不过从另外一种意义上讲就是尚未经过多少商业的污染。无论是江畔的苗寨、生态旅游接待点、度假湖区还是沿

仰阿莎湖中的一个个小岛掩藏的就是一个个原始的苗族村寨。【谢志强/摄】

江的小镇，都还保留着很多淳朴的东西，比如被拍照不会伸手要钱，比如口渴了还能在路边讨口水喝，比如姑娘身上穿的不是表演的盛装而是家织土布，比如孩子眼睛里还闪烁着纯真的光芒。

清水江纵穿剑河县全境，它所经过的地区也一如这条江的名字一样，清水出芙蓉，天然去雕饰。从地图上可以很清晰地看出，清水江在剑河县东北部绕了一个大弯，所以形成了一个天然的湖湾旅游度假区，中间蓄水而成了一个湖，因为传说中清水江是仰阿莎出生的地方，所以这个湖就被命名为“仰阿莎湖”。

仰阿莎湖综合旅游区是大型水利工程造就的特殊旅游区，主航道130公里（其中90%在剑河境内），支航道120公里，平均水面宽360米，最宽水面大于1500米，水面面积85平方公里。说是湖区，因为是拦江蓄水而成，所以是非常狭长曲折的一个形状，如果从地图上看，忽略掉水利工程的闸口，就还是一条不折不扣的江。湖区两岸都是一些或苗族或侗族的小村寨，掩映在湖光山色中，旖旎非常。一路上也都是一些让人无限神往的地方——巫包苗族红绣、绕号苗族锡绣、巫山峡谷、南寨白水洞瀑布、天堂界、柳基苗族古城、雷打塘、南加平湖等等。在凯里曾经听当地的朋友介绍说，黔东南的手工艺出色，银饰是一绝，而仰阿莎湖周边的锡绣村寨更绝，除了著名的绕号寨，还有鲜为人知的展留。

从剑河县柳川镇乘船顺流而下，跟随碧绿的清水江在山间徜徉，两个多小时后在一个叫南寨乡的码头下船，“锡绣之乡”展留就在对岸高高的山背后。

摆渡过河，首先映入眼帘的是一面陡峭的山崖，山崖几乎呈六七十度的斜坡，一条水泥台阶斜斜地伸向半山腰。西南持续的干旱也使苗族母亲河清水江的水位一降再降，码头的位置一降再降，这段上山的路也越发陡峭，雨天攀爬其中，仿佛一不小心就会立刻滚落江水中，这就是进入展留的第一段旅程。

走过那条陡峭的山路，然后在一片密密的树林中向上穿行，爬过一个山头，展留村就呈现在眼前。村支书龙文梁告诉我们，展留实际上念“展溜”，在苗语里是又平坦又宽敞的意思。与许多依山坡而建的苗族村寨不同的是，展留坐落在一块高山平地上，两层的吊脚楼错落排列着，四周散落着层叠的水田，而寨子后面那一片令人惊叹的高耸入云的古树林，更是令展留有着世外桃源般的美丽，充满了魅力。

展留这支苗族人本不住在这里，而是住在柳基古城，300 多年前，有外来者想借用柳基 12 年，还立碑为盟，他们便暂时迁居到展留，但后来石碑却被投入了清水江中，这支龙姓的苗族人从此就扎根在了展留。

据史料载，展留在清朝雍正以前为管外苗族地区，乾隆二年（公元 1737 年）安屯设堡设土官后，在柳旁土千总治下，《清江志》音译为展僚。乾隆《清江志》记载，展留意思为较平山上的大寨，当时有 6 户 19 人。如今展留全村已经发展到了 120 多户人家，600 多人，但是仍然全为龙姓。

几百年来，这个苗族村寨

锡绣不仅是苗家心灵手巧的象征，更是清水江畔仰阿莎文化的绝妙体现，它是剑河县最重要的非物质文化遗产之一。

精美绝伦的展留锡绣【谢志强/摄】

复杂的锡绣手工【谢志强 / 摄】

年轻的展留女子服饰已有所简化。【谢志强 / 摄】

都默默无闻地存在着，鲜为外人所知，直到2006年，剑河县苗族锡绣被列入第一批国家级非物质文化遗产名录，展留村渐渐开始被外人所关注。这里的锡绣并不是我们所熟知的无锡的刺绣，而是一种用锡作为丝线材料的特殊刺绣技法，已流传了600多年。在全国仅存于贵州省剑河县南寨、敏洞、观么等乡镇的30余个村，展留就是其中具有代表性的一个。

在当年申报国家级非物质文化遗产申报书上，专家这样评价：剑河苗族锡绣使用材料特殊，它不用传统的丝线材料和刺绣技法，而用金属材料绣制图案，制作工艺十分复杂和精巧，属罕见的刺绣技艺，在贵州乃至全国丰富多彩的刺绣工艺中独树一帜。

为什么会用一种金属材料作为绣线？有一种说法是当年清水江是贵州和湖南重要的贸易通道，两岸不少居民以伐木放排为生，到湖南洪江一带，就用木材换取其他商品，商品经济十分兴旺。当时这里的苗族人发现锡与银子的颜色相似，并且不易被氧化，于是就有人把锡用于苗族的刺绣上，因锡绣制品的光泽度好、质感强，深受当地苗家人的喜爱，锡逐渐也成为这一地区苗族刺绣的一种重要原材料。

龙文梁已经记不清楚他们是从什么时候开始用锡绣来装饰节日盛装了，虽然展留寨子里早已经没有了做银饰的工匠，但是至今还有两户做锡纸的工匠。工匠们在剑河县城买了锡条，用炉子融化了做成薄薄的锡纸。女人们买来锡纸，用剪刀将锡片剪下长约18厘米、宽约1毫米的细锡丝条，在他们年复一年的精心雕琢下就成了美丽绣品。锡绣虽因受

用料材质的限制，图案并不丰富，但它抽象、简洁而规整的图案却独具特殊的艺术魅力。亮闪闪的银头饰，配着藏青色装饰有锡绣的衣装，耀眼明亮，色彩虽不如其他地区的苗族服饰那样丰富多彩，但却多了一种独特的娴雅气质。

在展留，家家户户的女孩子从小都开始学习锡绣，它已成为衡量一个展留苗族女孩为人处事和聪慧贤淑的标准。每当一个家庭有女儿出生，母亲就会忙着绣最漂亮的衣服，好让她的女儿在节日的盛装中脱颖而出。女儿也从小跟着母亲学习刺绣的本领，等女儿长大了要出嫁时，母亲要将一套绣好（用丝线绣制但包锡）的图案交给女儿，让其继承锡绣传统。

但是锡绣却也无法改变展留人的生活，由于费时费力，许多妇女一年也绣不出一套衣服，锡绣的美丽仍然只存在于这些苗家人的服饰上，难以成为改变他们生活面貌的商品。如今的展留，青壮年大多外出务工，去外面的世界寻找未来，村里的老人们唯一的希望，是通往展留的公路快点修好，展留的乡村旅游快点发展起来，到那时，美丽的展留才有机会向世人展示她的魅力。

苗族女孩儿几乎把所有的苗族文化和全家的财富都穿在了身上，一工一笔，无不精细，举手投足，无不贵气。【谢志强 / 摄】

TIPS

剑河 3 条最美乡村路

◆柳川至太拥公路

公路全长 57 公里，公路起于剑河县柳川镇 S311 省道，经久仰乡、南哨乡后至太拥镇，通乡油路于 2007 年开始修建，路基宽度 6.5 米，沥青表处路面。沿途有民风淳朴的久仰九吉民族村寨、独具苗族文化魅力之乡的久仰等特色民族文化旅游区。

◆南哨至昂英公路

公路全长 48.5 公里，路基宽 6.5 米，沥青表面处治路面。公路起于剑河县南哨乡，经太拥、寨甩、白道、翁郎等村后至昂英连接至榕江平永。沿途所经八万山百里原始阔叶林旅游景区，风光无限。公路建于 1992 年，2009 年 10 月 30 日开工改造，2011 年 12 月 30 日竣工。

◆白道至旁洞公路

公路起于太拥镇白道村，穿过八万山景区至旁洞，全长 10 公里，路基宽 6.5 米，沥青混凝土路面。工程于 2011 年 12 月开工，2012 年 12 月竣工。

【路线】凯里—郎利—西江—雷山—凯里

苗银写史诗

撰文 / **马明**

从凯里市内的金山大道转县道 895 线到朗利村，然后走朗西路到西江镇（千户苗寨）。

从西江千户苗寨走县道 886 线转县道 803 线到雷公山国家森林公园，从雷公山国家森林公园继续走县道 803 线到雷山县城。返程可以从雷山县城走凯雷线二级公路回凯里。

看过了锡绣的素颜之美，突然又有些想念雷山银饰的繁复华丽，便取道凯里直奔西江千户苗寨。

西江千户苗寨，位于雷山县东北部的雷公山麓，正好在雷山县城和凯里市的中间。说是“千户”苗寨，目前的西江早已发展到两千多户，由十余个依山而建的自然村寨相连成片，是目前中国乃至全世界最大的苗族聚居村寨。这是一个保存苗族“原始生态”文化最为完整的地方，是领略和认识中国苗族漫长历史与发展的首选之地。有专家评论说，“西江千户苗寨每天都在现场展览着一部苗族发展的史诗，简直就是一座观赏和研究苗族传统文化的大看台。”

西江苗寨全景【王述慷/摄】

西江千户苗寨所在地形为典型河流谷地，清澈见底的白水河穿寨而过，苗寨的主体位于河流东北侧的河谷坡地上。千百年来，勤劳勇敢的西江苗族同胞在这里日出而耕，日落而息，在苗寨上游地区开辟出了大片的梯田，形成了浓郁的农耕文化与优美的田园风光。由于受耕地资源的限制，生活在这里的苗族居民充分利用这里的地形特点，在半山建造独具特色的吊脚楼，上千户吊脚楼随着地形的起伏变化，层峦叠嶂，鳞次栉比，蔚为壮观。这里的苗族居民根据自己的信仰和习俗，在每个村寨的坡头都种植了成片的枫树林作为护寨树，成为当地重要的自然景观之一。

战国时期，秦灭楚以后，一部分苗族背井离乡，长途跋涉西迁，进入武陵山区的五溪一带，形成历史上著名的“武陵蛮”。到西汉时期，这部分

雷山银饰传承人黄光德作品【王述慷 / 摄】

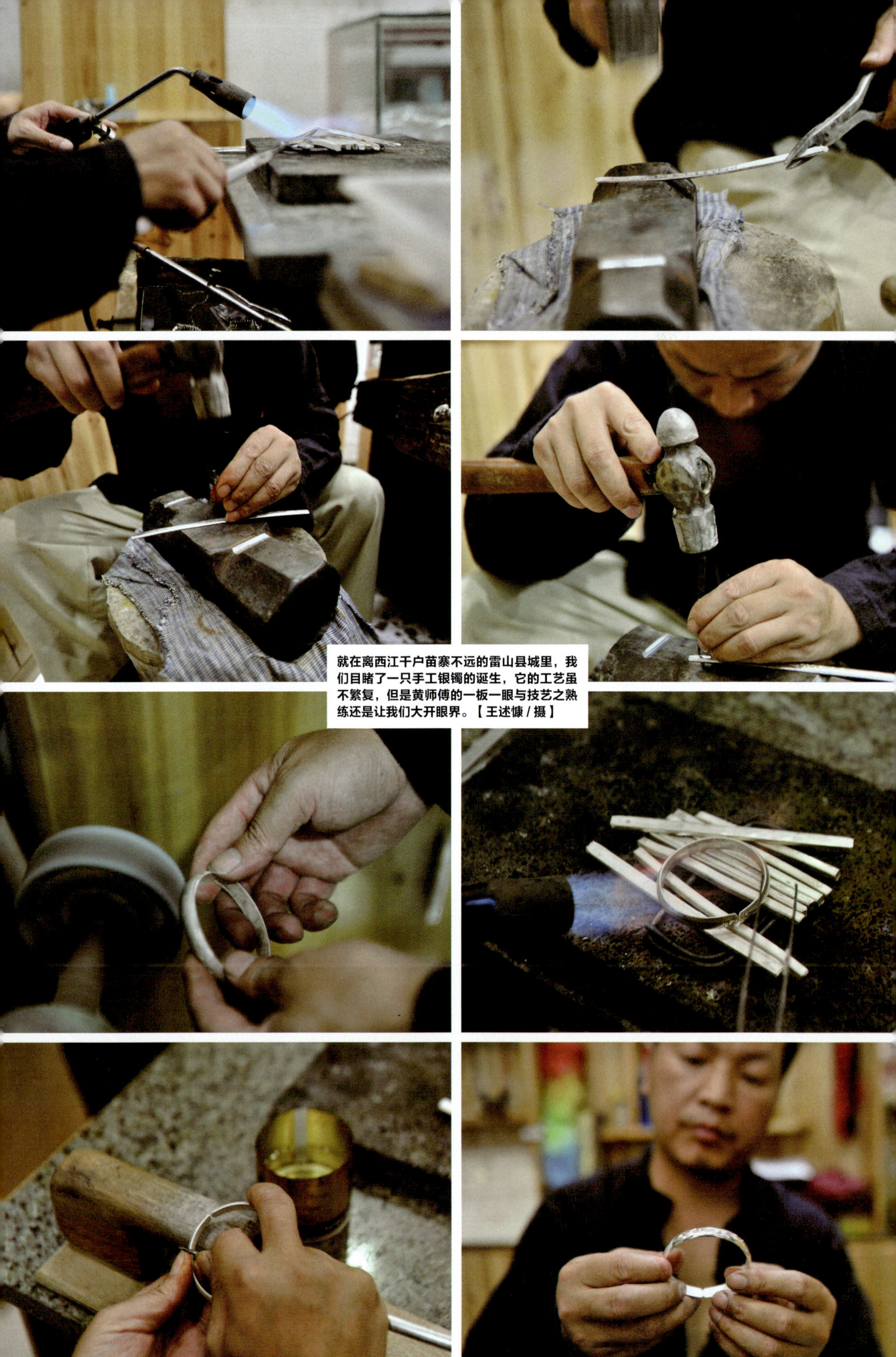

就在离西江千户苗寨不远的雷山县城里，我们目睹了一只手工银镯的诞生，它的工艺虽不繁复，但是黄师傅的一板一眼与技艺之熟练还是让我们大开眼界。【王述慷／摄】

黄光德创作的饰品颇具古风【王述慷 / 摄】

苗族先民在这里较快地发展起来，形成了与汉王朝相抗衡的一股势力。47 年，汉王朝派出军队征剿“武陵蛮”，迫使苗族再次离乡背井，一部分进入黔东北地区（今铜仁一带），一部分则南下广西融水，后又溯都柳江而上到达今天的榕江、雷山、台江、施秉等地。

苗族在数次大迁徙中，分化成了许多不同的分支。其中，柳氏族、西氏族、尤氏族、苟氏族等几乎是同时到达贵州榕江，由于西氏族在榕江多处辗转，到达西江的时间晚于柳氏族。西氏族到达西江的年代约在 600 多年以前，但在西氏族到达以前，这里已经居住着苗族“赏”氏族。西江地名中的“西”指西氏族，“江”就是“讨”，就是说西江是“西”氏族向“赏”氏族讨来的地方，“西江”因此而得名。

“西”氏族到达并定居在西江以后，陆续又有其他苗族分支迁来，形成以“西”氏族为主体的苗族融合体。据说西江苗族和苗族先祖蚩尤之间有着密切的关系。根据《林荫记》中记录的西江苗族子连父名的世系谱，从蚩尤到 1732 年间共有 284 代，说明生活在西江的苗族是蚩尤的直系后裔。清乾隆年间，清政府为了管理苗疆，对苗族人民实行编户定籍，强行取消了苗族子连父名的传统，用苗名的谐音来定汉姓，目前西江境内苗族的蒋、唐、侯、杨、董、宋、顾、龙、陆、李、梁、毛、陈、金、吴等姓就是由此而来。

从银饰街到银匠村 目睹华丽蜕变

早就听说西江有远近闻名的银匠村，苗族银饰全为手工制作，工艺具有极高水平，这次终于可以亲自寻访一番了。未去银匠村之前，先在千户苗寨的主街上转了转，确实不得了，银店几乎是一家挨着一家，幸好有当地的朋友介绍，才没看花了眼。原来西江最好的银匠有两家，一家姓杨，一家姓黄，在古街上的门面都不大，但电话、网络或现场来订货者络绎不绝，这才叫“酒香不怕巷子深”了。而那些门面敞亮装潢精美的大银店看看或者买两件小东西可以，要买比较贵重的银首饰还是要擦亮眼睛的。

比较凑巧的是，黄姓银匠的传承人黄光德师傅这次刚好在店里，一问更巧，他刚从一个比赛上回来，全套的工具也在，机会难得，便请他现场为我们打一只银手镯。黄师傅约摸 40 岁上下，颇有些儒雅之风，不似一般匠人粗糙。选好了银条，先不忙动手，而是让妻子打下手淬火，先将银条烤软。本来做银饰的第一步是“熔银”，也就是把大块的料银砸碎放入坩锅置于炉上熔化，熔化以后再烧铸铜模，不过这些做镯子的银条是事先铸好的，所以只需要用高温把它加热弄软即可。

银条弄好，黄师傅不慌不忙净了手，将工具一字摊开，像是要动大手术的医生一样，沉吟几秒钟，然后行云流水般动作起来。

做银饰的第二步是煅打，趁着银条正软反复煅打成型，这个步骤看似简单，实则最要功夫。万事开头难，现在打成什么形状就是什么形状，雕刻之后再改就比较麻烦了。一只银镯子当然是相对容易的活计，黄师傅几下子便完成了镯子的基本形状。因为是给我们现场展示，所以镯子的第三道工序——“下料”就没搞太复杂。“下料”就是比照设计好的银饰图稿下银片，银片要比图稿略大，留出一定的加工余量。我们的镯子只是一只素镯，所以基本省了这道工序。同样第四道“做铅托”的工序都是为了做银牌或者其他挂件所用，我们也把它略过去。银镯子成型之后，直接进入了应该是最复杂的“精加工”阶段。“精加工”顾名思义就是在成型的银条和银片上加上各种美化的工艺，这才是做银饰中最见特色的一个环节。比较复杂的银饰甚至要经过锤錾、錾刻、镌镂、花丝编结等一系列的工艺，而不是像我们这只镯子只做了简单的雕花。不过，小小的雕花已足以让我们看到黄师傅那把小锤和錾子的高超技法，像画家运笔一样，心手相应，只几下就雕出了一只“荷花”手镯，并且告诉我，这样的镯子适合送给老人，荷花清香平和，寓意老人生活安泰。

黄师傅雕完了花，让妻子去做最后一道“洗银”的工作——镯子经过反复的捶打与烧烤，表面会发黑或沾上杂质。用火高温将银饰烤热，然后投入酸液中，取出放入清水中用铜刷刷洗，即可洁白光亮。

黄师傅自己拿起几支錾子给我们讲：在做其他复杂银饰的时候锤子还是那把锤子，錾子可就多了，錾头有尖、圆、平、月牙形、花瓣形等多种，可根据需要选用。用这些錾子，可以雕出很多生动别致的图案。当然，如果要做更复杂的凤头或者大花，还要涉及到更复杂的一些工艺。其

黄光德店里还有一些他从民间搜集来的老物件儿【王述慷／摄】

苗族银饰锻制【陈沛亮/摄】

苗族银饰之繁复，经常让人晃晕了眼【陈沛亮/摄】

中的花丝编结最考验师傅的细心和耐力，每一件编花饰品都是心力和体力的结晶。那样细的银丝，可能还不能头发的一半粗细，要缠绕编结，还要一丝不乱一丝不断，这绝非常人可以做到的。如果是银和其他宝玉石的混合制品则更复杂一些，可能还要加入点翠或者烧蓝的工序，那就是在一些比赛或者展览时需要做的了，平时比较少见。

一只现场打造的、造型古朴的银镯子终于完工，黄师傅收拾好了工具，说：“走，到我家坐坐吧！”他的家便坐落于西江古老的银匠村——麻料。在西江千户苗寨，提起“麻料银匠村”，可谓人人皆知。麻料村不大，有近150户人家，可就在这个村子里，却培养出了200多名银匠。黄光德就是其中的一员。1994年，黄光德开始从事民族银饰制作，他的手艺像其他的麻料寨银匠一样，也是祖传的，自十多岁跟着父亲学打银器，迄今已近20多年。据他讲，雷山苗族银饰制作工艺有400多年的历史。但是老辈人都说，具体几百年，谁也说不准，他们只知道自己爷爷的爷爷就是银匠。这些银匠手工打制的银制品，在苗族妇女生活中占有举足轻重的地位。

苗族银饰种类较多，主要有银角、银冠、银花、银簪、银梳、插针、耳环、耳柱、耳坠、项圈等。从头饰、颈饰、胸饰、手饰、衣饰、背饰、腰饰，应有尽有，简直是从头到脚，无处不饰。2009年，雷山凭借底蕴深厚的银饰文化，被中国美工协会评为“中国银饰之乡”。为做大银饰产业，该县于2008年投入2600万元在民族广场修建银饰加工、销售、展示一条街。我们从西江千户苗寨回到雷山县城，自然也要在这条街上转一转，不过这条银饰街就没有千户苗寨那样火爆了。目前以西江、麻料、控

起伏的丘陵是雷山余脉【王述慷 / 摄】

省道 308 线雷山开屯苗寨段【陈沛亮 / 摄】

拜一带为核心，又建立了“中国银饰加工基地”，形成雷山至西江至麻料至台江的银饰加工线格局，这无形中也带动了一方旅游服务业的发展。

雷公山溯源
两江一对姊妹花

我认为雷公山是一个很有意思的地方，这并不是说它的山林和生物有什么古怪之处，而是因为从剑河、台江、雷山、榕江都可以进入雷公山国家森林公园。就像之前我们在剑河县太拥镇的昂英村准备拍摄照片，也有几张是以雷公山为背景。而到了雷山县境内，仍然是行不多远就可以进入雷公山国家森林公园的另外一座大门。还未深入其中，就已经感到了它强有力的包容性。

雷公山不仅是国家森林公园，还被联合国教科文卫组织称为“当今人类保存最完好的一块未受污染的生态文化净地，是人类返璞归真、回归大自然的理想王国，是世界十大森林旅游胜地之一。”

我的感觉没错，进入雷公山的旅游公路幽深静谧，让人在黔东南闷热的七月天里可以舒服地喘口气。这里的包容性不仅体现在路的四通八达上，生物方面更是包罗万象。雷公山有各类生物近 2000 余种，列入国家保护的珍稀、濒危动植物 43 种，尤其是“活化石”植物——秃杉，是中国特有一

雷山当地的土酒特别好喝，而且有各种各样的水果口味。【王述慷 / 摄】

类保护树种，且是全国面积最大，数量最多，保存最完整，原生性最强的一处，是中亚热带唯一的天然秃杉研究基地。

雷公山主峰海拔 2178.8 米，山顶呈一个台形，直径约 350 米。其上有井，水深过膝而终年不涸。这里是观日出、望云海的好地方。清晨，旭日从东边升起，犹如火红金球，光耀万峰，遍野金红。半山腰，茫茫白雾，填壑塞谷，缓缓涌动，升腾。春夏之交，时而风云滚滚，雷声隆隆，大雨滂沱；时而豁然开朗，晴空万里，山川锦绣。雨后初晴之际，水雾蒸腾，云涛泛涌。气势磅礴。有时，可看到五彩缤纷的佛光。

雷公山是清水江和都柳江主要支流的发源地，难怪这两条江如此灵秀，自源头地区就蕴含了这么丰富的天然植被，并且雨量充沛，当然会造就优良的水质。正是这山间的涓涓清溪奔流交汇，才有了黎从榕和剑河那样多彩的苗侗福地。

TIPS

雷山 4 条最美乡村路

◆凯里到雷山二级公路

起于凯里市，经三棵树镇、郎德镇、雷山县，止于大塘乡排里坳，线路总长 63.5 公里，国家二级公路。2010 年 12 月建成通车。是 S308 省道的重要一段。沿线途经寨瓦、台石、南花、季刀、郎德等古老苗寨，是贵州首条生态旅游公路。

◆朗西路（朗利至西江公路）

公路起于凯里境内朗利，讫于西江镇，总里程为 8.095 公里，三级公路，与 S308 省道衔接。该公路于 2008 年 9 月份建成通车。以前往返凯里至西江，一般经由雷山县城，单程耗时 2 个半小时。该公路修通后，从凯里到西江千户苗寨仅需 40 分钟。

◆黄里坳至乌东旅游公路

黄乌线是雷公山旅游公路的连接线，公路总里程为 10.4 公里，起于雷山县黄里坳与县道 886 线 K12+200 处相接处，沿山腰布线，途经乌东村，止于雷山至雷公山公路 K17+000 处，国家三级公路，路基宽度为 7.5 米，沿途途经贵州省休闲农业与乡村旅游示范点——乌东苗寨。

◆雄水至小丹江

公路总里程为 45.134 公里；公路起于雷山县丹江镇雄水，讫于榕江县平阳乡小丹江，三级公路。与 S308 衔接。途经白岩、乌东苗寨、雷公山风景名胜区。

【路线】凯里—台江—剑河—三穗—岑巩—镇远—施秉—黄平—凯里

梦回㵲阳河

撰文 / **马明**

从凯里上沪昆高速公路，经台江、剑河、三穗，到镇远/青溪出口下高速，上省道306线，再行驶17公里到镇远。从镇远返回凯里仍然走省道306线经施秉、黄平到终点。

从雷山返回凯里，再重新上了沪昆高速公路出发去镇远。随着仙都越来越近，久已不读的《儒林外史》关于镇远的篇章渐渐浮现脑海中。吴敬梓对镇远可谓情有独钟——《儒林外史》第四十三回“野羊塘将军大战，歌舞地酋长劫营”——这里描写朝廷官兵进剿扑灭苗民起义的故事，里面的战争场面即是以镇远为背景，像镇远镇署、铜仁守备、协、营参将都是史实，只有出场人物是虚构的。吴敬梓将镇远描绘为“歌舞地”，可见他对此地苗族的生活有过细致入微的了解。在他的作品中，镇远的苗族妇女梳椎髻，着苗锦，赤脚演唱苗戏。说到精彩处，还生出一段铁溪里龙神嫁妹的故事来。这本小说中出现了许多镇远地名，有的地名至今仍完整沿用。

黔东南苗岭国家地质公园
【王述悚/摄】

《儒林外史》写活了一个镇远的酋长部落大本营——金沟洞。据后人考证，这金沟洞即为今镇远县南17公里的金堡苗族乡。那里的苗族喜爱歌舞，妇女刺绣作品极是精美。“金沟洞”的“洞”是当时外来人对土著民族聚居地的称谓，并非实际意义上的山崖洞穴。如松柏洞、冽洞都有大片民居住宅。不过，吴敬梓没有到过镇远，所以，他想当然地将苗族酋长为汉人生员冯君瑞与苗女举办的婚宴场面安排在了山洞里。

吴敬梓1701年生于安徽全椒，中年移居南京，成为秦淮寓客。在他的朋友中，有个叫杨凯的退休武官，曾任过镇竿镇（今湖南凤凰）总兵，官至湖广提督后被革职。清雍正

镇远古城河对面的青龙洞【王述慷 / 摄】

十二年(1734)苗民首领包利、红银起义，杨凯领兵作战，并向雍正上“杨凯密奏黔省苗疆情形折”。镇远是当时官兵指挥作战中心，杨凯对此地十分熟悉。后来吴敬梓在杨凯那里听到许多有关苗疆、镇远的战争情形。根据这些口传的材料，吴敬梓把这段历史加以改造，在《儒林外史》中加工成为汤镇台大战野羊竿塘以及与镇远府雷太守文武不睦等艺术情节。镇远也借吴敬梓的鸿篇巨著名扬中外。

如果说镇远是一个旅游名镇，倒不如说这是一个市井气息特别浓郁的生活小镇，因为它把商业化的酒吧街和购物街与居民区以水隔开，只要不去那些娱乐场所，小镇的生活简单而安逸。青龙洞、㵲阳河，夜来泛舟河上是最惬意的一件事，所谓的仙都白天都是人来车往，可能只有在夜里华灯初上时才能找到一点儿仙意吧。吴敬梓没到过镇远，自然也就没机会体会这夜里泛舟㵲阳的意境，所以在他笔下只能把镇远当成嬉笑怒骂的一颗棋子了。

挑战高过河
玩的就是心跳

在黄平—施秉—镇远一线，说起漂流大家一般都指施秉境内的杉木河。杉木河漂流起步早，配套设施做得比较完善。但很多人觉得既然是耍水，不如就玩得刺激些，所以位于镇远县县城西北34公里处的高过河漂流点就渐渐热了起来。高过河的白水漂流算是一大特色，有点儿像大自然版本的激流勇进，虽然比迪斯尼的粗糙但是玩起来很酷。

高过河漂流的起点是一个风景秀丽的峡谷，还有一座沧桑的古桥相伴，由原始森林、深潭险滩、飞瀑激流构成，方圆34平方公里内，原始生态植被丰厚，古木参天，奇花异草，种类繁多。至于动物，区内野鸭金雕时有发现。整个漂流区一年四季瀑声不断，蝉鸟唱和，蔚为壮观，被誉为“一条会唱歌的河”。

漂流一般分两种，一种是白水漂流，也就是乘着橡皮艇在湍急的溪流中冲浪；还有一

高过河的漂流区一共有四五个惊险点，这是其中一个。【王述慷/摄】

凯里 平良古峡过险滩【陈沛亮/摄】

高过河附近的农家都可以吃到地道的土腊肉和各种土菜。【王述慷/摄】

类是坐在竹筏上，或者躺在轮胎上，在平缓而清澈的河道上悠闲玩水看风景。两者各有各的乐趣，不管怎样，对于酷热的夏天来说，在高过河耍水绝对是最清爽的惬意之选。

选好皮划艇，两人一船，一根两米多的木棍当撑杆，一段漂流的旅程即将开始了。开始的一段坡度很缓，基本上没有什么落水，但仍然引来一些小女孩儿的高声尖叫。每隔一段便设置了一个休息点，有各种饮料、小吃，甚至还有烧烤。也许是受整个黔东南生活节奏缓慢的影响吧，每对来这里漂流的人似乎都很有耐心，随着起伏并不大的波涛走走停停，偶尔还下来吃吃烤烤，看看两岸的郁郁葱葱。水缓的时候就休息，水急的时候就享受刺激。最险的一些落差点，都会有工作人员在那里帮忙，翻船了也不要紧。有救生衣，捞起来就是了。只要放轻松，不怕湿身，就能好好享受漂流的乐趣。

去高过河漂流可以选择回镇远古城住顺便看夜景，如果想体验一下野趣也可以住到高过河附近的羊场罗家大山三寨村。三寨村是由土家寨、侗寨和苗寨3个民族建筑风格混搭的一个民族风情村，以民族民间特色餐饮和民族村寨生活体验为主，拥有200多个中高档床位。旅游旺季每晚还有大型山水实景水幕电影，也算是别出心裁。通常暑假期间在三寨村持学生证都会有大幅度优惠，特色美食有羊瘪火锅和香辣蜂蛹。高过河的门票加漂流180元/人，包括头盔、救生衣及其他护具、租船费，漂流时间大约3小时，两人一船，沿途大概有三到四个大的落水，但基本上算休闲漂流级别，只要握稳扶手都问题不大。

施秉云台山
苗岭上的地球记忆

全国称为“云台山”的景区有7个，位于贵州黔东南州施秉县的云台山不算是最有名气的。但没有名气不等于不美，任何到过这里的人，无不感慨于此景区的清幽和神奇，这里石如列屏，古树参天，山势独特，云蒸霞蔚，

镇远古镇不似许多完全商业化的古镇那样喧闹或者媚俗，而是保留着浓浓的古风。【陈沛亮 / 摄】

峰秀林茂，气象万千，集奇、险、幽、绝于一体，置身其中，恍若世外桃源。

云台山距施秉县城北13公里，是600年前的佛教胜地。现保存有周公庙、徐公殿及诸多摩崖石刻遗迹。景区由云台山、外营台、轿顶山及大田塆等群峰组成。面积约210平方公里，主要有云台山主峰、拜经石、道庵井、印头阁、野牛洞、盘藤道、笔架山、老虎背、徐公殿、周公殿、渡云桥等24个景点。主峰团仑岩海拔1066米，突起于群山之间，因山形"四面削成,独出于云霄之半"山巅如台，加之云雾缭绕，故名云台山。据清康熙《贵州通

志》卷六“山川”所载，云台山“独立于万山中”，“不连岗，不属岭，屹然天柱”，山顶“平行可数百亩”“群峦拱代如儿孙”。明代曾建大刹，僧众多达200余人，朝山拜佛者来自四面八方，是黔东南盛极一时的佛教和旅游胜地。那时的云台山，山中寺庙林立，塔阁高耸，其建筑精湛，壁画优美，堪称“黔中一绝”。今仅存山门一座，明清石碑各一通。

TIPS

镇远5条最美乡村路

◆镇远经江古至岑巩思旸公路

起点镇远，终点岑巩思旸，路线全长66公里，四级公路标准。经过的景点：铁溪景区、镇远古城、青龙洞和即将开发的黄桑田农业观光示范园。

◆黄桑田至鸡冠岭旅游公路

起点镇远县黄桑田，终点鸡冠岭，路线全长11公里，四级公路。经过景点：黄桑田农业观光示范园、鸡冠岭、龙潭。

◆羊场至尚寨旅游公路

起点镇远县羊场镇，终点镇远县尚寨乡，路线全长19.4公里，四级公路标准，路基宽度6.5米，路面宽度5.5米，与思南至剑河高速公路于羊场镇连通，经过的景点：高过河漂流景区和高过河漂流。

◆白杨坪至㵲阳河旅游公路

起点镇远县白杨坪，终点螺丝桥，路线全长5.6公里，四级公路标准，路基宽度6.5米，路面宽度5.5米，经过景点：㵲阳河景区。

◆镇远至岑松旅游公路

起点镇远县城，终点剑河岑松，路线全长54公里，三级公路标准，路基宽度7.5米，路面宽度6.5米，与S306和国道G320连接，并与思南至剑河高速公路于金堡乡连通，经过景点：剑河温泉、报京大寨、镇远古城。

【路线】凯里—鸭塘镇—宣威镇—兴仁镇—丹寨—清江—丹寨—凯里

鸟图腾部落

撰文 / **马明**　摄影 / **谢志强**

从凯里上沪昆高速公路，到下坝大桥从下司 / 丹寨 G320 出口下高速，上国道 320 线走一小段转台下线，再行驶 43 公里到台辰道班转国道 321 线到丹寨县城。

从丹寨县城到南皋乡是走台下线向北 37 公里，古法造纸的石桥村和春秋两季翻鼓节的清江村都在南皋乡。

鸟笼之乡卡拉距县城约 3 公里，可徒步或打车前往；排倒、排莫距离县城 36 公里，没有班车，只能包车前往（面包车约需 150~200 元）；麻鸟距离县城 75 公里，可以在县城坐班车到雅灰乡，从雅灰乡徒步或包车到达麻鸟，两地相距 7 公里，包车约需 50 元。

丹寨不是寨，是黔东南苗族侗族自治州的一个县，几次路过这里都没留下什么印象，感觉只是一个普普通通的县城而已。直到再次途经时恰逢这里的街市开集，我们不由得停车加入了赶集的队伍。

丹寨的蜡染之乡——排莫

丹寨的集市除了通常的农产品和小商品外，传统服饰的卖场也颇具规模，从织具到银饰、木梳，从纱线、染料到土布、成衣，从纹样到绣片到素布、蜡染……无所不有，各自占据着市场的一个角落。集市是一块磁铁，吸引了各色人等，八寨苗、锦鸡苗、白领苗、清江苗、南皋苗、水族妇女汇成熙熙攘攘的人流，各态服饰让丹寨平添魅力，最为常见的是占丹寨苗族人口一半的八寨苗，她们头包青色头帕、用蝴蝶银簪别紧，穿“凸”形右襟上衣，背后搭着一个青布或蜡染的深筒布袋。

在这样的服饰丛林中穿梭，我注意到除了妇女蜡染布袋上的双鸟戏蝶图、锦鸡苗妇女臀部悬垂的稀疏花带（象征鸟的尾羽），苗族常见的鸟图腾并不丰富。相反倒是蝴蝶随处翩翩飞舞——那些苗族女孩儿花包上、脖颈上、裙子上都

以羽裙闻名的排调镇乡民

有蝴蝶鲜花相伴，每个八寨苗妇女的青色头巾上更是都别着蝴蝶银簪。正因为没有饱眼福，更激起了我强烈的追寻欲望。后来，去了鸟笼之乡卡拉、蜡染之乡排倒、排莫村、锦鸡舞之乡麻鸟……鸟图腾部落的轮廓才渐渐清晰。

盛装的卡拉羽裙 翩若惊鸿

吴敏的老家就在卡拉，她的服饰店开在集市上显眼的位置，服饰店里挂着百鸟衣、锦鸡衣和蜡染衣，产品并不算多，但一看就是做工精致、遵循传统那种。我们到时，她正坐在店堂中间的大绷架前低头刺绣。吴敏的老家在距丹寨县城不远的“鸟笼之乡”卡拉村，她是个外表看起来再普通不过的八寨苗女子。不过她的名片上却赫然写着“丹寨县敏纳民族服装厂厂长、北京敏纳通达货运公司总经理”两个称号，店铺门口还停着她的红色跑车。据她说，在北京还买了车和房子，生意好时会像空中飞人一样穿梭于北京和贵州两地。

卡拉鸟笼村的匠人在制作鸟笼的基本结构

在店里，吴敏穿着标准的八寨苗生活装，旁边的模特身上则穿着她缝制的八寨苗节日装。生活装非常淡雅，节日装则是五彩斑斓，问吴敏价钱，“25000元！”她的回答让我大吃一惊，不由得在吴敏指点下对这服装刮目相看。施洞苗服以刺绣精细著称，而八寨苗盛装则以工艺复杂为特色，蜡染、织锦、刺绣、挑花、拼布、编线绣、裁锦绣……每一套衣服都是以不同的工艺完成不同的绣片，再将约40副绣片镶接在土布衣服上而成，绣片几乎完全覆盖了衣服本身的材质。最亮眼的就是领口、襟口上的鸟纹，采用“蚕丝绣”工艺制成。因为盛装太过华贵，所以从前只有贵族和大户人家才穿得起，就是现在也算奢侈品，一个寨子可能都没有一件这样的衣服，而且如今卡拉村内已经无人会做这样传统的盛装了。当地老百姓多改穿以团花彩缎为面料、配银纽扣的右衽短衣，或者是上述盛装的降级版，吴敏拿出这样一件，售价800元。

在八寨苗的盛装上，鸟图腾只是花边式的点缀，而在丹

穿卡拉羽裙的女人站成一圈就好比百鸟朝凤

卡拉鸟笼村连女人也会砍竹编笼

寨县雅灰乡送陇、排路、榕江县摆贝等寨的“百鸟衣”上，鸟图腾那就异彩纷呈、登峰造极了。地道的百鸟衣在民间已经鲜见或变味——我去过著名的摆贝苗寨，失望而归。没想到吴敏的店里却挂着这么一件，这是一种类似长袍的无领对襟罩衣，呈“T”字形，由上下两部分组成：上边是花衣，下边是连缀在衣摆上的花带羽毛裙，以土布为底。背后的图案最为精美，以一条盘旋的蛇龙为轴心，外围环绕着三层鸟，或站立，或飞翔，图式古朴，千姿百态，别致传神。我数了数，共云集了28只鸟，算下来整件衣服上的鸟差不多有100只，加上衣摆的花带尾端垂坠着的一束束白色鸡毛（过去用五彩斑斓的百鸟尾羽做成），这实在是一件地道的百鸟羽衣。旧时，百鸟衣是男性祭师在祭祀、跳芦笙舞等仪式上的专用服，让百鸟云集于一身，因为苗人认为鸟能带来神奇的力量。

吴敏的家就在“鸟笼之城”——卡拉。卡拉紧邻丹寨县城，穿过一片宽阔的水面，拐个弯进村，很快就看见了堆满鸟笼的苗家院落。普通的鸟笼不足为奇，最吸引眼球的是巧手编制的精品级鸟笼，以楠竹、金竹、雷竹等为原材料，笼体为圆形，顶部镶有木质或玻璃圆珠，穿以铜质弧形连环挂钩；笼门左右竹枋上刻着鲲鹏展翅、孔雀开屏、飞凤朝阳等图案；笼内的站杆上也凋刻有花鸟，相伴笼中鸟儿寂寞；笼外套上当地自产的蜡染布套……整个鸟笼集编制、雕刻、蜡染、刺绣、书法等于一身，想不到在山地民族中也诞生了这样精巧的休闲文化，这是鸟图腾部落的现代演绎吧。

土布上的自家蜡染相伴一生

鸟的图腾固然神秘，但更需要蜡染技艺的烘托。丹寨县扬武乡排倒、排莫、排调镇的苗族妇女因领口为白色，俗称白领苗，但这支苗族的最大特点却是蜡染，她们的衣装和家居用品无不是用蜡染制成，按照习俗，这里的女性都有义务和职责传承蜡染技艺，自幼便

排调镇，羽裙舞之前的小合唱

排调镇差不多每个女人都有一套漂亮的羽裙

老奶奶为孙女缝制羽裙是一种习俗

学习蜡染，每个母亲都必须教会自己的女儿制作蜡染。栽靛植棉、纺纱织布、画蜡挑秀、浸染剪裁，代代传承。

曾经在排莫乡一位老人家里看到她旧时做的一幅蜡染——厚实的土布上描绘着古老的旋线纹，据说这图案是祖上传下来的，由鸟纹演变而成，最早出现在新石器时期的陶器上。一幅蜡染床单上绘着“锦鸡交尾”图，这是她当年的陪嫁，也是过去当地人结婚上好的嫁妆。传统蜡染上的鸟纹简练传神，富于想象力，乡土气息浓厚。据她说，村中大部分人都有传统盛装，它是结婚的婚衣、过年过节的盛装，也是死亡后的寿衣，伴随着每个苗族女人的一生。现在也有少数人没有传统盛装，结婚时得租别人的来穿。

和卡拉、排倒莫相比，偏远的麻鸟则独树一帜，摒弃了拖沓的长裙，而以短裙羽舞闻名。麻鸟是丹寨最偏僻的乡村。从县城经排调镇到雅灰乡，60多公里的山路弯弯曲曲、上坡下坡，但路面还算不错。通乡公路只到达雅灰乡，之后路况变差，从雅灰乡到麻鸟村虽然只有7公里，客运小面包要价却是不低。

春耕时的家常服饰

麻鸟，苗语意为“铜鼓的鼓面”，这个古老的村落在半山腰上依山而建，寨子以上是山林，以下是层层梯田和山谷里的排调河。我们进村时，女人们正在忙碌中。锦鸡苗的头型别致，梳头一次可以保持2~4天，梳得越紧定型越好越能持久，过去用猪油定型，现在改用发胶。堂屋里，姑娘们已经梳好了这样的头，戴上了银片、银梳、锦鸡银鸟饰、银项圈和一串串仿水晶玻璃珠，穿上了紫黑色对襟银扣紧身上衣，黑色修身长裤。最有特色的当然是短裙，需要在别人的帮助下一层层往腰上缠裹。按照当地传统，短裙层数和花带越多表示越富裕、越美丽。听一位17岁的女孩子讲，她和小伙伴们一样，从8岁就开始学习织布，14岁就要独立完成一整套服饰。但变化同样不可避免。过去，锦鸡苗妇女们的裙片、花带、花鞋上都织绣着

纯朴的苗家阿嫂

古老的锦鸡图案，现在，姑娘身上却满是光鲜的黄、红、绿色几何纹，还与时俱进地添加了金线、亮片、彩珠装饰，鸟图腾几乎无迹可循。

两千年的古法造纸 构树满山

在《第一批国家非物质文化遗产名录推荐项目名单》中，黔东南丹寨苗族的古法造纸术弥足珍贵。它从取原料到出成品，要经过复杂的16道工序，是目前尚存的工序最多、规格最多、质量最佳的手工造纸工艺，尤其是造出的彩色皮纸在全国更是绝无仅有。

天还麻麻黑的时候，住在石桥村东头的王兴武就扛着斧头拿着筐子出了门，他要上山去砍构树皮。树皮拿来做什么？造纸。经过几年深入的探访，我已经对南皋乡这个偏远的苗族村寨非常熟悉，许多在村里仍然从事着古法造纸的人家也拿我不当外人，就像王兴武一家，已经习惯了在我的镜头里砍树枝、取皮麻、水沤（用河水漫沤构树皮）、浆灰洗料，然后在自家的门口设槽抄纸。

树皮纸的主要原料是构皮麻，构皮麻就是构树皮的俗称，“构树”即“楮树”，一种落叶乔木，是制作桑皮纸和宣纸的原料。文人墨客常以“楮知白”作为纸的代称，有时更会尊称它为“楮先生”。王兴武砍树枝的时候总是小心翼翼，生怕伤了树干或者树根，他说这是老人传下来的说法，绝不可轻易伤了纸的生命。他也许未必知道这“楮知白”身上承

丹寨的造纸之乡——石桥

王兴武的妻子在一心一意地取皮麻

载的巨大文化内涵，但是那种淳朴的保护意识却令人钦佩。

石桥村地处苗岭的深山谷地，满山遍野生长的构树为生产皮纸提供了丰富的原料，绕寨而过的沅江支流南皋河又提供了丰富的水源，所以这里可以称之为得天独厚的古法造纸地。村里有抄纸槽的人家八十余户，苗族槽户占了二分之一，在漫长的造纸历史中，苗、汉槽户们互相观摩，共同改进造纸工艺，使石桥的造纸技术不但没有随着岁月消逝而消亡，反而更具特色。除了手艺精湛的老人，竟然连许多年轻人也积极地为这种古老技艺的保存而用心学习，像王兴武这样年富力强的中年人都是槽户的顶梁柱，主要负责原材料的砍伐、到河里沤麻和浆灰洗料几个步骤，也就基本包揽了力气活儿的部分。

构树枝砍回来，王兴武可以稍稍喘口气，灌上一筒水烟，静静地看自己的妻子取皮麻。可能正是因为石桥村的偏远，没有经过半点儿外来的污染，木楼黛瓦点缀在田间竟有几分令人飘飘欲仙。坐在这青山秀水中熟练地剥着树皮的女人虽不美丽但也沾了一丝灵秀之气，家织的土布苗衫更是让人念起了原乡的味道。

黔东南的气候温暖湿润，一年四季其实都可以砍伐采集构树皮，不过三至五月采集的树皮质量最好，砍伐后即可取皮麻。王兴武的妻子对取皮麻的手法异常熟练，先把树枝在面前的火堆上烘烤约十分钟，也就是不到40摄氏度的时候，抓紧树枝的一端，在根部用手一拉，树皮便轻轻松松地完整剥落。只是一小会儿，她的面前已经堆了一堆剥好的树皮，这时王兴武的烟也抽完了，便默默地拿起一把刮刀，同样飞快地把树皮外层的硬皮刮掉。

刮好的皮麻要晒干，然后10~12斤束成一捆，由王兴武

这是土法造纸的一系列过程——水沤、浆灰、河沤和地灰蒸。

带着两个兄弟用独轮车推到河边去浸泡，浸泡后用手揉洗，将皮麻上的污物清洗掉，这是为了达到天然脱胶的目的，称为“水沤”，夏天需要两天，冬天则需要 4 天。“水沤”之后的“浆灰”（将水沤后的构皮麻在石灰池内沾浆）更需要力气，本来就很有份量的皮麻饱蘸了水无比沉重，更别说还要反复地托着它去沾石灰浆。看苗族男人少有魁梧的，其实他们身上都蕴藏着巨大的能量。

“浆灰”之后要煮料，这一环节至关重要，所以王兴武不敢有丝毫懈怠，带着刚上中学的儿子亲自上阵。煮料的工具叫纸甑，将浓石灰沾过的构皮麻按原捆一层层地码入纸甑，一般每次可煮料 800 公斤。第一次蒸煮 72 小时，边蒸煮边加水，并使纸甑内的温度保持在 100 摄氏度以上。蒸足 72 小时以后，将构皮麻从纸甑内取出，放入淡石灰水中过一下，再将上下层的构皮麻互换重新装入纸甑内，这样所有的构皮麻就都能均匀蒸透。第二次蒸煮只需要 24 小时到 36 小时。煮好的构皮麻由白变黄，由硬变软，就成了初步完成的皮料。

蒸好的皮料还要经过第二次“河沤”，这比第一次“水沤”更为复杂，夏季一般需要 3 天，冬季则需要 7 天。在浸沤过程中每天要翻洗 3 次，洗掉石灰和其它杂质，使皮料由黄再变白。这样经过“河沤”的皮料榨去水分以后，就要裹上地灰（地灰即柴火灰），放在纸甑内再蒸煮 24 小时，这个过程叫“地灰蒸”。反复蒸煮浸沤过的皮料渐渐褪去了树皮的粗糙本质，再次漂洗之后就如棉絮一样洁白柔软，成为可以进入作坊细加工的皮料纤维，这时它们已经做好准备去迎接那场终极的华丽变身了。

地灰蒸之后选料、碓料的工作完全由女人来做。说是造纸的作坊，其实就在各家的屋檐下，熟稔的女人们像过节一样凑在一起，每人一个大筐箩，用并不细嫩然而灵巧的双手飞快地拣出皮料中的杂质，再把粗的纤维一根根撕细。选好的纤维需要再进行一次洗涤的过程，然后放入土碓中捶打，将纸料纤维打到0.5–1厘米厚。

纸纤维打好，男人又该上场了。他们将捶打过的皮料纤维装入两米长的布袋内再次清洗，这叫“袋洗”。清洗时在袋子里放入一把五尺长的“料耙”（“袋洗”之后布袋内的纸浆挤成团而成），将袋口扎紧，料耙把手留在袋外，将料袋放入河水中，往复抽拉料耙，这样可以起到揉洗过滤的作用。这个步骤完成，我仿佛看到一个个即将进入纸槽的“料耙”正庄严地等待着那最后的成型。

料耙入槽，再加水用槽杆打散，这时就要添加“滑药”了。“滑药”的作用是抄纸之后让叠压在一起的湿纸互不粘连，如丝绸一样爽滑，所用的原材料有岩杉树根、野棉花根、猕猴桃藤、滑树、糯叶等等，不过最好的就是岩杉树根。加入“滑药”的同时当然还要赋予它们各种各样的绚烂色彩了。皮纸生命中的七彩全部来自当地的植物染料。能做染料的植物本身可能并无颜色，甚至掩藏于田野林间最平凡的角落，毫不起眼。女人们细细去追寻它们的踪迹时，就像去寻找自己远归的孩子，温情而急切。等到用采集来的植物在纸槽里泡出了各种颜色，则像自己穿上了节日盛装一样，挚朴的笑脸如花绽放。

纸浆着色成功，就要开始抄纸了。抄纸要使用抬帘，由两人协同操作，有经验的师傅“提帘”，一个徒弟“帮帘”，“提帘”和“帮帘”各站在纸

待地灰蒸之后，女人该上场了，先是选料、碓料；去采作染料的植物；然后给纸浆着色。

槽的一端，面对面地把住抄纸架，将上好帘的抄纸架插入纸浆，反复抄捞两到三次，倒出剩余的浆水即可起帘。从前给父亲做“帮帘”的王兴武现在自己“提帘”了，他有条不紊地将抄出的湿纸一张一张从纸帘上放到垛架上，一边还不忘了告诉我，顺利的话每天可以抄六七百张。在垛架上的湿纸盖上木板，上面再压上重物，静置一夜，一般可榨出 90% 以上的水分。把这样的湿纸移到撕纸架上，慢慢一张张揭下，用棕毛制的晒纸刷扫贴在纸焙（就是火墙，墙温一般在 40 到 60 摄氏度）上，最后将纸烤干就可以“新鲜出炉”了。

还有什么能比丰收的喜悦更动人呢？从纸焙上揭下成品纸的那一刻，连平时寡言的王兴武都显得异常兴奋，还有什么能比看到自己的劳动成果更享受呢？很快，这些倾注了苗寨山水真情的皮纸就将飞出深山，可能成为时尚酒店月色里的一盏朦胧？也可能作了怀春女子日记中的一页花笺？或是包裹着挚爱亲朋的美好祝福去抚慰一颗疲惫的心？不管它们会去哪里，我知道，这古老的技艺已经让山野中那些“楮知白”的精灵化茧成蝶，重新去诠释纸的生命了。

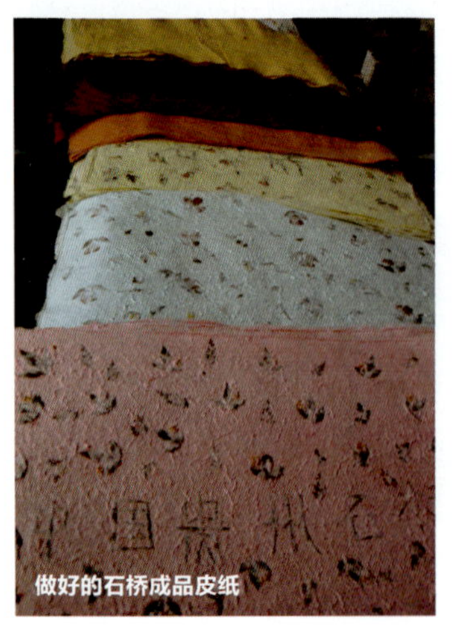
做好的石桥成品皮纸

丰收后的神秘礼祭
翻鼓秋歌

秋后，当南皋河两岸的山野已经被明黄代替了新绿的时候，丹寨县南皋乡清江村的家家户户就开始准备过他们苗家独特的节日——翻鼓节了。这翻鼓节是由牯藏节演变而来，

清江翻鼓节的序幕，由翻鼓场上年轻姑娘的舞蹈开始。

每年春、秋各过一次。除了个别村寨在每年农历正月、九月猪（亥）或狗（戌）场天过以外，都是在农历二月、九月的猪（亥）、牛（丑）或龙（辰）场天过。

从石桥村沿南皋河下行4公里，就到了山清水秀的清江大寨。这个寨子住着900多人，其中田姓占了98%，是一个以传统种、养殖业为主的苗族聚居寨，木房瓦顶的农居鳞次栉比。该寨地处历史上的军事要冲，清代在其邻近的下游卡乌及上游石桥设有防卫哨，经历了雍乾、咸同两次战争劫难。

我们到的时候是节日的前一天，鼓头（翻鼓节的领头者）要到自家的田里去抓鱼，如果没有就要到河里去抓，如果还是抓不到，那只有去向其他人家田里讨要。鱼是祭祀祖先必不可少的东西。

到了正日子即猪（亥）日清晨，各家蒸糯米饭、杀公鸡、煮鱼炒肉，在桌上或簸箕内摆上糯米饭、甜酒、鱼、鸡、肉等祭品，烧香纸，酹酒掐食祭祖。鼓头家里，把同样的祭品摆在木鼓前，鼓头身穿花缎长衫，头戴已抽掉粽粑叶只剩竹篾骨架的斗笠（象征四季如春、风调雨顺），率参加祭鼓的人站立，鼓头念祭祷词，烧香纸酹酒掐食祭木鼓（即祖宗），然后用鼓棒敲鼓数下，仪式结束，接着各家与来客共同饮宴。

下午4时，再次祭鼓之后，一群盛装男女，在鼓头的带领下把木鼓抬到寨脚河沙坝的踩鼓场架起，咚咚达达地敲响起来。此时，在这段水流清澈平静的小河岸边及沙滩上，挤满了本村本乡和来自县内以及凯里市、麻江县等地的成千男女们。他们人人穿戴一新，尤其是那些年轻姑娘们，一个个穿着彩绣与银饰满身、艳丽夺目的盛装，更显得美若山花。

踩鼓场上，首先由本寨的姑娘和小伙子们出场，围成圆圈，随着鼓点缓缓地跳起踩鼓舞，然后客寨来的青年男女们才参加进来。欢跳到天色黄昏，便收鼓回寨饮宴。据村中

清江苗族阿妹

老人说，原来祖传的木鼓，在20世纪50年代被毁掉了，现在这个杉木鼓是后来重新制的鼓，长1.5米，鼓身直径23厘米，有牛皮蒙鼓面，而这田姓世袭鼓主家承当鼓头职责至今已七代人，约有200年了。

翻鼓节跳木鼓舞有这样一个传说：很久以前，每年正月，人们都要上九重天和祖宗一起过节，吹芦笙跳木鼓舞十二天才回来，这样祖宗们才快乐。后来出现了很多的妖魔鬼怪和害虫作恶，人们被灾祸病疫、饥荒闹得不安生，还发生了虎妖趁大人上天踩鼓时来吃掉小孩的悲剧。氏族长老告当向祖宗诉说请求帮助。天上的祖公就将威力无比的木制天鼓，送给他带回凡间镇妖驱邪。天鼓有九庹长、七抱粗，等拉到寨边的河滩上时，已是农历二月第一个猪（亥）日了。乡亲们架起天鼓，咚咚咚地敲起来，妖魔鬼怪害虫们立时死的死逃的逃。人们高兴得接连跳鼓唱歌欢庆了三天，还把祖宗也从天上请下来，与子孙后代们一起饮宴同乐。从此兴起了每年二月和九月的翻鼓节。由于天鼓太大太重，翻鼓进出山洞很不方便，后来人们就改制为小木鼓，也不再藏于山洞。

第二天中午起，踩鼓场上人山人海，热闹非凡。小商贩们也赶来在场边摆摊设点，卖果什杂物。在深沉悠远、连绵不绝的木鼓声中，来自四面八方的苗家姑娘和小伙子们围起一层层的舞圈，热情奔放地翩翩起舞。木鼓舞有三步舞和五步舞两种跳法，动作粗犷简洁，古朴典雅，容易掌握，即使是初来乍到的客人，也能看一看就会，参与联欢。随着鼓点和

节奏的变化，人们亦跟着变换舞步，动作时而舒缓，时而激烈，表达出苗家人对祖先的追念，对艰难的抗争，对幸福的向往，对胜利的喜悦…… 当踩鼓进入高潮时，连旁观的中老年男女、少年儿童都情不自禁地参加进去，欢声震天。

男人们则在另一块河滩上围成半圆圈观看斗牛，当牛斗得精彩时，人群中不断的发出“嘘、嘘”的叫声，牛斗得更欢了。年轻后生则在南皋河中参加碴河（在河中奔跑）比赛，奔跑中水花溅得老高。人们就这样畅快淋漓地度过一天，日暮方散。

第三天，年轻人们在村寨附近的山坡上成群结伙、成双结对地对唱山歌，交朋结友，谈情说爱，让友情、爱情之花伴随着春天的到来而成长、开放……

九月翻鼓节以后，人们就进入了农闲时间，可以尽情地吹笙和进行各种民族文化娱乐活动。从此节结束之后到二月的翻鼓节之前，禁忌犁田。而二月的翻鼓节之后，各村寨就举行“动土”仪式，人们就开始专心搞春耕生产了，那时就开始禁忌吹芦笙娱乐，连笙管也要用棉花团塞住，以防风吹自鸣。

翻鼓节的“鼓头”起鼓之前要先祭鼓

TIPS

丹寨民俗看点

◆蜡染：丹寨是中国蜡染艺术发祥地之一，如今传统蜡染技艺依然在扬武乡排倒村和排莫村、排调镇远景村等地保存完好。按照习俗，当地女性都有义务传承蜡染，每位母亲都必须教会自己的女儿制作蜡染，她们栽靛植棉、纺纱织布、画蜡挑秀、浸染剪裁，形成了以蜡染为主导的衣饰装束。

◆古法造纸：南皋乡石桥村有40多户苗家从事古法造纸，以构树皮为原料、16道工序的造纸工艺从唐代中期传承至今，与宋应星所着《天工开物》的记载基本一致，在国内目前尚存的手工造纸工艺中工序最多，产品有云龙纸、皱褶纸、凹凸纸、花草纸、麻丝纸、金丝纸等8大系列，质感、品相、花色超乎想象。

◆翻鼓节地点：农历二月的第一个猪场天（亥日）和农历九月的第一个猪场天，丹寨县南皋乡、大兴乡、岩英乡、凯里市青曼乡和麻江县铜古乡的部分苗族同胞都要过传统节日——翻鼓节。每年过节的具体时间只有查日历，再咨询当地人，以免错过参加的机会。

◆芦笙：麻鸟村有师傅制作芦笙和当地特色的弓形木梳，木梳20元/把；含硒系列产品（如茶叶、稻米、山泉水）、野生韭菜根（既是蔬菜，又可入药）也是丹寨特产。

【路线】凯里—麻江—都匀—榕江

叩问都柳缘

撰文 / **陈琪**　摄影 / **谢志强**

从凯里出发上沪昆高速公路（凯麻段）到麻江，转兰海高速公路（贵新段）到都匀，转厦蓉高速公路直达榕江，全程约两个半小时。

从榕江县城到八蒙村十分方便，可走国道 321 线，约 56 公里直达。不过进八蒙水寨一定要坐船过河，过渡费每人一元，来回 2 元钱。一条船只能载 6 个人，摆渡时间在早上 7:30 到晚上 18:00 左右。寨子里有提供食宿的人家，价格适中，需要面议。

从榕江县城到高排村也是走国道 321 线，到离八蒙不远的高旧村右转上乡路，共 60 公里左右可达。从八蒙水寨过去大约 16 公里。

发源于贵州南部的都柳江，从黔南的独山到黔东南的榕江、从江，向东汇入广西，贵州段全长近 300 公里，沿江两岸、植被茂密，高山、峡谷、小溪、河流、溶洞、瀑布、奇花异树，景色原始奇丽。孕育了世代居住在都柳江两岸的苗族、侗族、水族、布依族人民，创造了各民族多姿多彩又透着古朴、原始、神秘的文化。每次去榕江采风，最爱走的一条线就是沿都柳江而下的国道 312 线，那如玉带般蜿蜒流淌的江水，苍翠的群山以及独特的民族风情都是诱惑我绕道而行的理由。

天不亮上路，就为了能在太阳出来时赶到江边。到达都柳江边时，太阳已从江对面的高山上露了出来，我沐浴在金灿灿的光辉中，江边的树木、吊角楼全都被镶上一条美丽的金边。洒在水面的阳光如同无数跳动的璀璨星星，层层叠叠的远山在薄雾中时隐时现，起早在高山梯田上劳作的人们，在逆光中成了最美的风景。

快到中午时，路上走着不少穿着鲜艳服饰的妇女，男人们身着素色的蓝布衣，担着自家的物品往前赶着。江对岸的大山上也有很多人往江边去，等着渡船。真幸运，碰上赶集了。果然快到兴华乡时，车子没法前进，靠边停好车，我们

黑白混杂的经幡丛林是芦笙队伍的象征

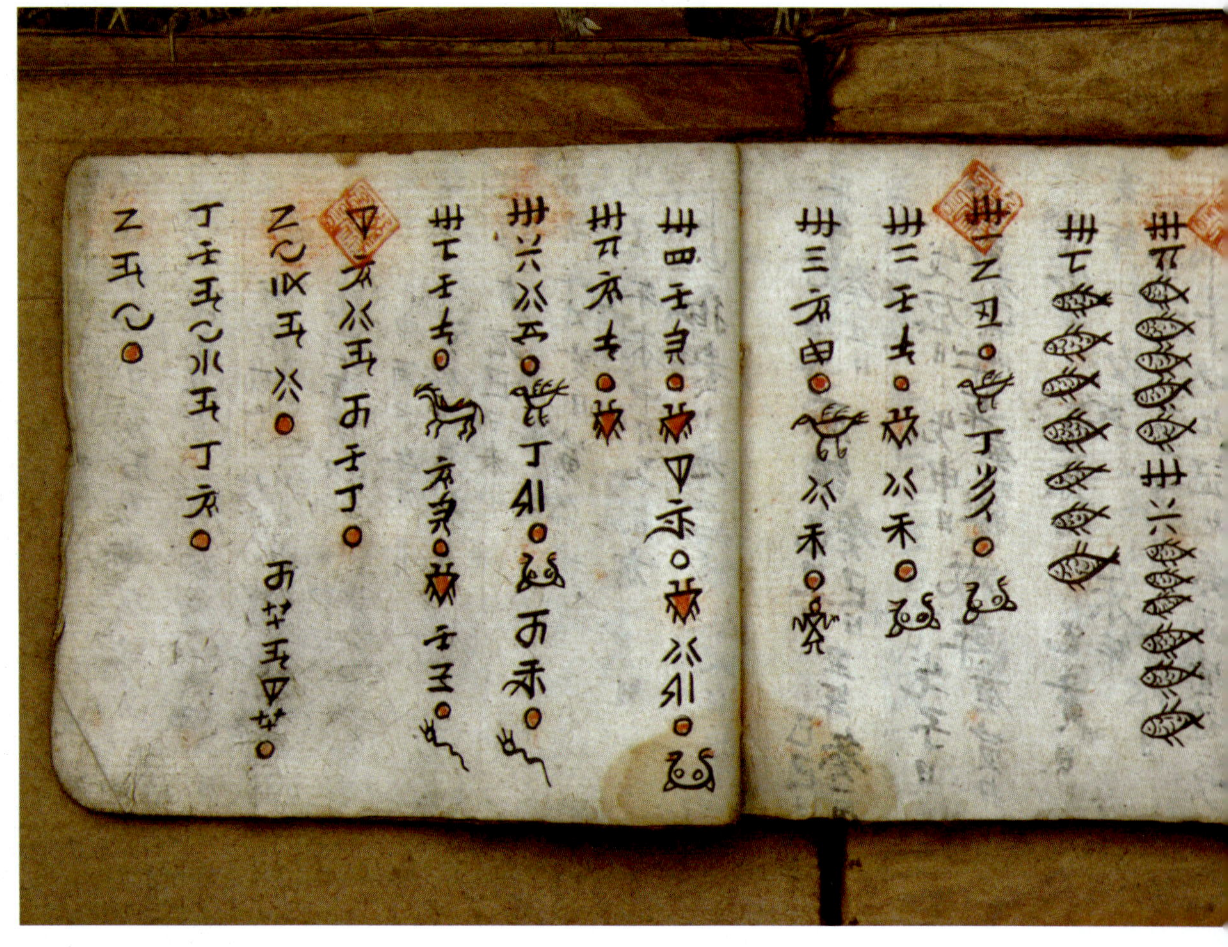

涌入热闹的集市中。每周一次的集市，对于这些散居在大山中的苗族、侗族、水族村民们一直就是最盼望的社交场所，大家都会穿上最漂亮的衣服，梳洗打扮后翻山越岭来赶集，除了购买所需生活用品外，便是人与人之间的交流。有卖鱼籽、鱼苗，有卖小鸭、小猪，以及各类日用百货的摊位。花枝招展的女人们，挤在卖丝线的摊位前，挑选着自己喜爱的丝线，她们装扮一个比一个漂亮，似乎是来这里展示自己的手艺。老者们则在小吃店前打上几斤酒，邀上几个朋友围坐在小板凳上喝酒、聊天……从前这样的集市也是我们谋杀菲林最多的地方，现在都是数码单反了，于是更是忘我狂拍。

榕江八蒙
水寨问天书

都柳江两岸有很多水族村寨，这次的目的地是去位于榕江县兴华乡的八蒙水寨。八蒙水寨在八蒙河与都柳江汇流处的沟谷中，与兴华乡政府隔江相对，掩盖在一片葱绿的树林中。

去八蒙，一般是选择摆渡过江，公路桥离寨子有一公里远。我们登上潘老务（音）的船，五十开外的他，皮肤被太阳烤得黑黑的，很健谈，操着一口乡音浓郁的普通话和我聊开了，他夸自己的船很大，技术又好，又安全，大家都愿意乘他的船。的确，我们在江边看了他来回摆渡好几次，技术很娴熟，船还没有装满人，只要江对岸有人招手，他就立马将船划过去，我想这也是他生意好的原因吧。在这江上他摆渡 30 年了，每天至少在江上

八蒙水书

待12个小时，寨子里所有的人他都很熟悉，熟悉到有的人乘船摆渡都不给钱也不好意思开口要。现在生活好了，摆渡一次收一块钱，对当地人只收五毛钱，一个月下来也有千元的收入。兴华赶场天是他最忙碌的日子，也是他最开心的日子，来往的人家总是在船上与他聊上几句，拉拉家常。住在江边的人肯定得靠水吃饭，现在是禁渔期，不然平常天还可以捕点渔来卖，别小看这条江，里面有好几十种野生鱼，像鳜鱼、青鱼、江鲢，都是很好吃的鱼，拿到县城能卖上个好价钱。自己家田里还养得有鲤鱼，那是留来自己吃的。

水族的祖先来自南方，与水和海有很深的渊源；而水族风俗中则以鱼作为祭祖的主要供品。祭祖的鱼叫“鱼包韭菜”是将韭菜、栗仁等塞满鱼腹后，炖煮或清蒸而成，是水族很有名的一道特色美食。可惜至今还没有机会品尝到。

告别老潘，我们走进显得有些安静的寨子，这里的房屋全是适合当地气候的干栏式木楼，一楼用来喂养牲口，堆杂物，二楼住人，房子不设隔断，通风很好，一户连着一户，只有一米多宽的小道供通行，几株古榕树郁郁葱葱，点缀在寨子周围。各家各户的粮仓统一建在寨尾，目的是为了防火。这种密集的木质结构的房屋如果遇到火灾后果不堪设想，这样的建筑规划也是祖祖辈辈用惨痛代价换来的。

穿行其中，不时有狗吠，偶尔有身着蓝色宽袍，包着白色头巾的水族妇女悠闲地靠在木栏杆上绣花。水族妇女精湛的刺绣手艺早有所闻，她们独特的“马尾绣”已入选“首批国家非物质文化遗产名录”。马尾绣用料考究且工艺繁杂，刺绣一件成品需十来道工序，耗时很久。刺绣工序是先用白色的丝线缠裹3~5根马尾，马尾的数量一定要用单数，据说这样缠出来的线才会是圆的，

TIPS

八蒙旅行指南

◆最佳旅游季：5月至10月，清澈的八蒙河和都柳江是戏水的好地方，水族的瓜节以水历十二月的第一个亥日为首端，八蒙水家过的是第七个“端”。端节期间男女老少要与前来欢聚的亲友一起到“端坡”敲铜鼓、赛马、对歌、斗牛，据说这样才能使祖先与子孙精灵相通，消灾得福，年丰人旺。

◆美食：八蒙当地的鱼肉嫩味鲜，烧烤、清蒸、酸汤火锅等等，他们做的酸汤很棒，特别是鱼虾制成的“虾酸”味道鲜美。

特别推荐——“鱼包韭菜”

“鱼包韭菜”是水族很有名的一道菜。烹制“鱼包韭菜”非常特别，一般是选用鲜活的1-2斤重的鲤鱼或草鱼，收拾干净后，洒上醇香的九阡酒，拌上荤葱、大蒜、生姜、糟辣，加上少量食盐，然后再将洗净的宽叶韭菜、广菜充填在鱼腹内，将两半鱼合拢，用糯米稻草扎牢，放入大锅内清炖或大甑子中清蒸，约几个小时后取出即成。

“鱼包韭菜”味道酸辣鲜美，鱼肉细腻柔嫩，鱼骨酥脆清香，烂而不糜，香而不浊，即使在大热天搁置三五日也不会变味。

◆玩法：都柳江漂流、八蒙河峡谷探险、寻访水书先生、学习马尾绣技艺、观赏壮观的高山梯田等等。

将缠好的马尾丝线连在一起，按所设想的图案一针一线地绣在底布上，丝丝镶嵌，勾勒成各种各样的精美图案，再用各色的丝线用古老的乱针、扎针等刺绣技法填充在所绣的图案中。有的还用金色的小铜片点缀其间，闪闪发光，耀眼夺目，整个刺绣品类似彩色浮雕，精美绝伦。

水族妇女的服饰非常朴素，只有胸前的围裙上有少量的刺绣花纹，但是在孩子的背扇上却倾注了全部的心血来刺绣。在集市上拍到过很多绣工精美的宝宝背扇。母亲对孩子的爱就在这一针一钱中体现，不得不惊叹，母爱的伟大。这些做功精致的背扇，一直是博物馆专家研究收藏的物品。随着旅游的开发，一些有商品意识的妇女已经把这种古老的手

八蒙人出门回家都得从都柳江上走

著名的八蒙烤鱼

世外乡村八蒙寨

都柳江静静的流淌着，她哺育了两岸的各民族

艺用来做成游客喜爱的工艺品，越来越多的妇女加入这个行业，使这一古老的原始艺术得到更好的传承。

始建于清道光十七年的潘氏合葬古墓，位于摆吉村南500米处，为青条石围砌，门楼式石雕墓门，浮雕“裸男举铃”、“猕猴爬树”、“松鼠衔木”、“水牛交配”等独具特色，水族先民的生殖崇拜现象亦表现无遗。

水族有自己的独特文字，水语叫“泐虽”是一种字体结构有象形字，也有仿汉字倒写或反写，内容类似甲骨文的卜辞，书写方法又停留在甲骨文、金文的时代，古老而神秘。《水书》则是用水文写成的用以记载水族信仰习俗中婚嫁、丧葬、出行、动土、生产、祭祀等诸多禁忌以及驱魔避鬼、禳灾解祸等世象的典籍。它记载的水族古代天文、地理、宗教、民俗、伦理、哲学、美学、法学等文化信息，是水族先民对自然界、人类社会和思维的认知。它是水族独特的文化创造，同时，也是一部水族的文明史。水族人出行做事都会依照能识“水书”的先生来指引。

现在八蒙能认识“水书”的人越来越少，大量的水书被三都县档案馆、荔波县档案馆收藏，国家正在抢救性的保护这些珍贵的民族文献。活着的水书先生也成了被保护的对象。

静静地游走在八蒙水寨，用心感受水族人民千百年来创造的灿烂文化，真希望我们的到来没有打扰到他们，但愿过十年、二十年……八蒙还是现在的样子，他们依然过着自己与众不同的日子。

高排牯藏节的盛大场面

牯藏节祭品

准备祭神的牛

经幡与七彩官服互映生辉

江北高排
牯藏祭祖先

撰文 / **杨人**

苗族的牯藏节几乎在每个县乡里都有，但是与八蒙水寨同属兴华乡的高排村牯藏节却格外壮观。因为地处大山深处，高排苗寨平常十分安静，日出而作，日落而息，与世无争，只有每三年一次牯藏节的到来，小小的山村才会掀起一股热潮。尤其是在祭祀的当天，各家各户的女人们都拿出珍藏的“七彩官服”，把男人们穿戴得花枝招展，犹如一只只孔雀开屏，让人充分领略雄性的争奇斗艳。当然更深的争斗就是当选为“牯藏头”，对高排苗寨的每个成年男子来说，能做一回“牯藏头”就像是做了狼群、象群中的王者，拥有一生至高无上的荣誉。

一进村便听到鸣锣吹笙的响动，原来节日已经开始了。披红挂彩的水牯牛是被推选出来的“牯藏头”家提供的祭祖供品，浩浩荡荡的祭祀队伍大部分已经进入了古老的祭祀广场。走在最前面的法师手持长刀、鸡毛箭令，后面跟着一队火枪手，接着是一队高高的黑白混杂的旌幡——那是穿着官服的芦笙队伍，最后是黑麻麻

各族的“牯藏头”都是海量

的人群，庄严肃穆。黑白图案的旌幡和沸腾的人山人海交织成一幅悲怆的画卷。低沉浑厚的粗筒子芦笙吹出呜咽的和弦，更增添了几分肃杀。

人群站定，各族的“牯藏头”们开始喝起牛角交杯团结酒，一牛角就是一斤。他们都是海量。几轮之后，“牯藏头”们个个容光焕发，神采奕奕。

庄严的时刻到来了！在万人瞩目中，衣着七彩官服的芦笙队伍一字儿排开，让出一条宽畅的通道来。各家族的“牯藏头”们牵着祭祀的水牯牛走过来，这意味着祭祀大礼中的最高潮——屠宰水牯牛就要开始了。按照老祖宗们留下的规矩，族人中的长老们要按要求的尺寸大小砍倒一棵树，用新砍的楠竹解好的竹篾编上粗大结实的纤绳，再用树桩和纤绳做好一个“X”型的屠宰“牯架”。

不一会儿，一头头硕壮强悍的水牯牛便倒在了牯架之下。被砍下的牛头放在牯架之上，牛的身体及内脏很快被分解，成为族人中各家各户吃牯藏的供品。这是祭奠神和祖先们享用过了的圣物，人们笑逐颜开地担着分到的牛肉回家，仿佛带着一年平安吉祥的福音归去。

苗侗从江

【路线】凯里—麻江—都匀—榕江—从江

相依的幸福

撰文 / **马明**

从榕江到从江走国道 321 线，全程约一个半小时。

从江县城到加榜乡要走县道 882 线，大约 60 公里，从党扭到加榜可以走新修的旅游公路，全程大约两个小时。加车村就在加榜乡里。

从江县城到岜沙 5 公里路程，可走新修的岜沙旅游复线，非常方便，而不用再走榕从公路到从江大桥。

过去从江县城到歌乡小黄只能走一段国道 321 线到高增乡再上土路，现在可以直接走专门的旅游公路过去。

加榜月亮山 "稻饭鱼羹"过千年

已经看过了许多梯田，但像加榜梯田这样紧挨着公路边绵延不绝，还真是有些不一样。加榜梯田位于从江县西部月亮山腹地的加榜乡东北面，距县城 80 公里。是苗族人世世代代留下的杰作。苗族是“稻饭鱼羹”的民族，稻田都是依山而开，随山势地形的变化而变化，因地制宜，山坡海拔的高低，坡度的平缓及山坡的大小决定了梯田大小和形态。

堪比广西龙胜的从江加榜梯田【谢志强 / 摄】

加榜独特的地型地貌决定了这里的梯田面积最大不过一亩，大多数田都是只能种一两行禾的“带子丘”和“青蛙一跳三块田”的碎田块，最小者仅有簸箕大，往往一坡就有成百上千亩。这里的梯田最长的可达两三百米，最短的不足一米。每一丘梯田的大小形态都不同。整个加榜梯田不仅规模宏大，气势磅礴，而且线条优美。总的来看，它虽不如云南元阳梯田和广西龙胜梯田面积大，但也是鬼斧神工，极具魅力。特别是那居于梯田间的山村、小寨与梯田环境相辉映，并与大自然融为一体，无不体现出人类与大自然的和谐之美。

加榜梯田总面积近一万亩。主要分布在党扭至加榜全长25公里的公路两侧的党扭、加页、加车、从开、平引、加榜及加车河对岸的摆别、摆党等村。其中景色最美的当属党

从江县高增鼓楼【陈沛亮 / 摄】

扭一组、加页三组、加页大寨、加车大寨、加车七组等等。这些梯田中间均散落着苗乡独具特色的吊脚楼，犹如点缀在银河里的行星。加之梯田紧靠加车河，常年雨水充沛，无论春夏秋冬，每天清晨，一层层云雾从河边缓缓升起，慢慢的、慢慢的，这些美丽的梯田连同梯田边上的苗乡吊脚楼全都被笼罩在云雾中，远远望去，那些依稀可见的吊脚楼，若隐若现，飘渺悠然，让人如同身在幻境。

每年的四五月间是加榜梯田注水的季节，注水后的梯田会闪现出银白色的光芒，更凸显出梯田的婀娜曲折的轮廓。夏天的梯田则到处是一片青葱稻浪，如一条条绿色彩带迎风飘扬。金秋十月的加榜梯田，由于海拔高低不同，同处于一座山坡的梯田，黄色由浅变深，形态各异，共同组成了一幅淡妆浓抹的水墨画。冬季，注水的梯田中夹杂着一些收割禾穗后的金色糯禾稻草和一些绿色的绿肥地，连同散落于田间宁静的苗家吊脚楼，又是另外的一种美景。

农历七月七
加车苗寨祭天忙

撰文 / **谢志强**

加车村是加榜乡一个纯苗族聚居的村寨，处于月亮山腹地，平均八百余米，夏无酷暑，冬无严寒，春花秋稻，瓜果飘香，一年四季云海翻腾，处处都是美景。我们十分幸运，赶上了每七年举行一次的加车祭天。

侗族同胞喜欢逐水而居，而苗族同胞历来喜欢住在半山腰上，也许缘于加车苗族同胞的浪漫情怀，白日可登高远眺，夜里可上九天揽月摘星辰。俗话说：靠山吃山，靠水吃水。勤劳勇敢的加车苗族同胞，历时近千年，刀耕火种、人挖牛犁，在陡峭的山坡上开凿出一层层梯田，从山顶绵延至河谷，

都柳江从江县停洞段【陈沛亮/摄】

方圆数十公里，堪称鬼斧神工，蔚为壮观。

加车苗族同胞不仅勤劳勇敢，而且善良感恩。为感谢上苍和大地给村里的男女老少提供吃穿用度经祖辈中德高望重的老人提议，将农历七月初七定为加车苗寨的祭天节，每隔七年举办一次。祭天，旨在祈求老天保佑风调雨顺，五谷丰登；拜山神，恳求山神庇护驱病除灾、人丁兴旺。此风俗一直延续至新中国初期，后因各种原因中断三十余年，现在终于恢复。2014年8月2日，农历七月初七，祭天的盛况再次在月亮山重现。

祭天，当地苗语叫"秋毫"。节日当天，寨子里的男人们一早就上山砍树枝桠，新鲜的枝桠需要用镰刀去皮截成段，用于在祭坛上搭建祭祀棚。据说，如果不削掉树皮的话，树木很快会被虫蛀并朽烂，用剥了皮的树木搭棚经久不朽。

祭祀棚搭建完毕，这是一个建在祭坛上，长宽约一米，以枝桠捆扎，杉树皮搭顶的小棚子，祭坛四周还插满了小树枝，其造型小巧却显庄严。按规定摆上供品供请自然神灵及苗族祖先的到来。至于为什么要搭建这样的祭祀棚我们不得而知，只听寨里人说："这是延续下来的习俗，一直都是这样做的。"

祭天仪式在加车苗寨天坛和龙坛举行，由一名法师和九名神童做法，宰杀一头水牛、两头猪、8只鸡、一只鹅、一只鸭。所有祭祀的贡品都必须是数字"13"。如碗筷13双、祭品牛、猪、鸭加起来共13只。在苗族的习俗里，"13"是一个吉祥的数字，组成"13"是对祖先的尊敬。

祭天仪式前期准备工作全由寨子里的男人们完成，而女人们，有些在一旁坐等观望，有些则在家里准备蒸煮糯稻，待祭天仪式结束后带给男人们分享。各项分工准备完毕，法

加榜加车祭天节上的各种牯藏仪式【谢志强 / 摄】

师手持一把小米和稗子，便开始做法。

祭祀过程中最为特殊的环节就数“溺猪”了，将两头祭猪用溺水的方式宰割。这一习俗从古至今一直延续，已有多年的历史。且木桶里的水是寨里各个点上的“龙泉”流出的山泉水汇集而得。在祭祀天坛后，法师及神童来到龙坛，由两名神童抬着 90 斤的肥猪绕天坛、龙坛三圈，并在寨老和法师的带领下绕寨子一圈，最后回到龙坛，将活猪放到准备好的木质水桶里。

所有宰杀的动物，都会将血全部放出，用生血先祭祀祖先一次，法师在现场念悼念词；之后将生血煮熟还要再祭祀一遍。以血祭祀自然神灵及祖先，意在祈求风调雨顺，村泰民安。

仪式的最后，要将一头水牛宰杀，这跟牯藏节有一点儿相同。用于祭祀的水牛必须选择体格健壮的，男人们把水牛五花大绑倒提固定在木棒上，事前先挖一个坑，把绑好的牛放进坑里，牛头被固定在一个简易的支架上不得动弹，随后便用斧子敲击牛的头部直至死亡。人们用事先做好的纸钱抹上牛血，用于供奉祖先。再割下牛角摆放在神圣的祭坛之上来祭天，仪式便基本结束。

祭毕，男人们开始分割牛肉和猪肉，每家每户按情况领取相应的量，最后将祭品分而食之。而此时女人们则把蒸煮好的糯米饭带到祭祀现场分给大家享用并犒劳幸苦了一上午的男人们。“祭天节”是不允许孕产妇及家属参加的。目前只有少数村寨还在举行“祭天节”。

全是苗族，衣着传统，发饰奇特。

自古以来，岜沙人崇拜树，最盛大的祭祀仪式就是拜树神，每个岜沙人在有生之年都会种一棵树，待到离开人世时，便以此树为棺，安然长眠。在他们的观念中，人是大自然的子孙，人的一切都是树给的：远古的先民为避野兽栖于树上，后来以树为材建房筑巢，树给人提供取暖用的柴、做工具的料以及饱腹的果实。最老的树就是最古老的祖宗，老树就像祖宗一样的时刻保佑着他们。

岜沙山寨植被茂密，这是几百年来自觉爱林护树保护生态的结果。耕地稀少的岜沙苗人，多年来主要是靠卖柴维生，但寨中有严格的规矩：村人卖柴，一人一次只能徒步挑一担柴到城中，仅解决油盐之困，不许以此赢利；不许动用畜力车、机动车外运木柴，绝对不许外地汽车来寨子里收购木柴；绝对不允许在一个地方砍柴，确保山寨周围树林能够

岜沙苗寨
最后的枪手部落

国道321线的老路曾经流传着一个故事，说是走到从江县城附近要提防枪手的袭击，后来人们才知道那不过是讹传，这最后的枪手部落并不是指什么凶徒，而是一个古老的苗寨，他们的枪从前是打猎用，现在几乎已经变成一种象征性的装饰品了。

岜沙距离从江县城7.5公里，部落仅2000余人，分住在月亮山麓莽然林海中的5个寨子里。走进岜沙，随处可见茂密的森林。他们以稻作为主，狩猎为伴。这里箐黑林密，鸟道蚕丛，具有很强的隐蔽性，千百年来极少有外人进入。岜沙村不大，村寨建于山梁坳口及面向都柳江一侧的半坡上。村寨木楼古朴、简单；四周则为密林环绕，环境幽雅；村民

岜沙苗寨，小娃儿扛枪的姿势像不像《闪闪的红星》的小主人公？【谢志强/摄】

歌乡小黄的小伙子们也是高手【谢志强/摄】

梯田放水前也要吹芦笙助兴【谢志强/摄】

休养生息、平衡发展。这规矩传袭了数百年，现在仍然由部落里的长老负责监督。岜沙长老就像原始部落的酋长一般，有着至高无上的权力。部落里面的大小事情都是由长老们商议，就连乡里的干部来到这里推广一些政策都是要先找到长老们征求他们的意见。

侗乡小黄的千人大歌现场【谢志强/摄】

歌乡小黄 侗家的音乐天堂

小黄是侗族地区远近闻名的“侗歌窝”、“侗歌之乡”、“音乐天堂”。冲着这一点，无论如何也要去一趟。可是没想到路况惨不忍睹，又遇上下雨，差点就没车上去。其实它离从江县城也就20多公里，可我乘坐的那辆唯一的农用“班车”，却吭哧吭哧用了两个多小时。

侗歌里难度最高、最优美的是“大歌”，这是一种多声部无伴奏的曲目，一般都是歌队里的保留曲目。而在小黄几乎任何人都可以拉只队伍唱大歌，也不用指定谁唱高低音，演唱时他们却可以配合得天衣无缝。小黄村中有20多支正式的歌队，成员1000多人，这样的盛况恐怕在其他地方是看不见的。在春节和八月十五中秋赛歌会上，年轻的姑娘们围坐在鼓楼里，没日没夜的唱，那时鼓楼里的歌声会持续好几天。

听够了没完没了的歌声，又被热情的侗家年轻人拉去跟

他们一起吃饭。那是一个完全年轻人的聚会，叫“闹姑娘”。我发现他们非常的开放，十几岁到二十来岁的男女青年们在一起欢笑打闹，小女孩大方地坐在男孩的腿上，他们的父母会在屋角微笑地看着他们。我想这应该是一种民族的性情。

从 20 世纪 50 年代开始，小黄的多声部大歌受到外界的关注，不断被介绍到国内外，引起音乐界的关注，为这个封闭的小村子带来了巨大的荣誉。但是，这里与外界的接触非常有限，小黄至今仍完好地保存着各种古老的侗族习俗，民风非常淳朴，我想主要是因为交通的原因吧。

TIPS

从江 4 条最美乡村路

◆党扭至加榜旅游公路：该项目全长 23.53 公里，起点为 X882k33+400 党扭路口，止于加榜乡政府，全线采用部颁四级公路技术标准进行改造，路基宽度 6.5，经过享有“国家梯田公园”之称的加榜梯田，境内苗、壮少数民族文化浓郁厚重。

◆岜沙旅游复线：该项目全长 4.12 公里，起于 X883K3+600，止于 X883K3+800，路基宽 6.5 米，全线采用部颁四级公路技术标准进行改造，是为缓解岜沙景区车辆流量建设的一条旅游公路，岜沙苗寨被誉为“世界最后一个枪手部落”民风淳朴，苗族文化保留较为完整。

◆宰转坳至高华通村水泥路：该项目路线全长 10.7 公里，起于卡翠公路 K9+350 处，止于高华村。全线采用部颁四级公路技术标准进行改造，路基宽度为 6.5 米，路面为混凝土路面，该公路连接高华瑶寨，瑶族药浴（国家非物质文化遗产）、瑶族长鼓舞等瑶族民族风情浓厚。

◆从江至小黄公路：该路段全长 27 公里，起于从江县城，止于高增乡小黄村。全线采用部颁四级公路技术标准进行改造，路基宽度为 6.5 米，路面为沥青路面。该公路连接侗族大歌（世界非物质文化遗产）之乡小黄侗族，小黄侗寨享有“侗歌窝”之美誉，所经过线路有从江侗文化产业园区——“七星侗寨”，有从贯一级公路与之连接。

【路线】贵阳—凯里—雷山—榕江—黎平

邓蒙的捕鱼之魅

撰文 / **欧阳昌佩**

从贵阳自驾车经龙里、贵定，转凯麻高速公路到麻江下司出匝道，经丹寨、三都、榕江到黎平。车程500公里。

三穗至黎平为三级柏油路，沿途风光旖旎，民族村寨点缀其间，构成一道靓丽的风景线。沿途风光亦很美丽，水族、苗族、侗族风情一应俱全。特别是三都至榕江134公里的路程，都柳江像玉带一样盘亘其间，游船点点，鸡犬相闻，一派南国风景画。

每年秋收过后到孟彦河里捕鱼，是邓蒙苗族农民沿袭几百年的习俗，一代传一代，一代接一代，从未间断，也就成了秋天孟彦河里一道靓丽的风景。

3年前，曾在孟彦中学任教的石秀昌老师就曾电话约我去采访拍摄邓蒙苗族农民捕鱼，皆因公务缠身未能成行，直到去年，适逢“十一”长假，石秀昌老师突然来电话说，邓蒙苗族农民又下河捕鱼了，听到消息，立马收拾行装，赶赴黎平。刚到孟彦河边，远远地就见几个妇女在河里捕鱼，顿时我眼睛一亮，心情激动不已，即下车来到河边，脱掉鞋袜，下河来到几个苗族妇女跟前，几个妇女抬起头对我笑了笑，用很不熟练的汉语对我说，我们长得不好看，不要照相哩。我不作答，只顾一次次按下快门，几个妇女也没有再理会我，又埋头专心地捕她们的鱼了。

捕鱼一般都是几个人一起
【欧阳昌佩 / 摄】

过了一会，一个看相貌已年近七旬的老奶奶抬起头，笑着对我说，看你也很辛苦，我唱支歌给你听吧。说完，老奶奶一边唱，一边捕鱼，紧接着其他几个妇女也跟着唱了起来，因是用苗语唱，我听不懂，但从婉转低沉的吟唱中似乎在告诉人们：

我的家住在高高的山坡上 / 那里没有河流 / 闻不到河鱼的淳香 / 娃崽想吃河鱼 / 只得到孟彦河里捕捞 / 孟彦河里有很多的鱼哟 / 她毫不吝啬地敞开胸怀 / 把鲜美的鱼儿让我们共同分享。

啊，多么美妙的歌声，这歌声不是在空中萦绕，而是

邓蒙的捕鱼能手往往是妇女【欧阳昌佩 / 摄】

捕鱼的老年妇女同样不甘人后【欧阳昌佩 / 摄】

捕上鱼来就地烤，是邓蒙人的一种幸福【欧阳昌佩 / 摄】

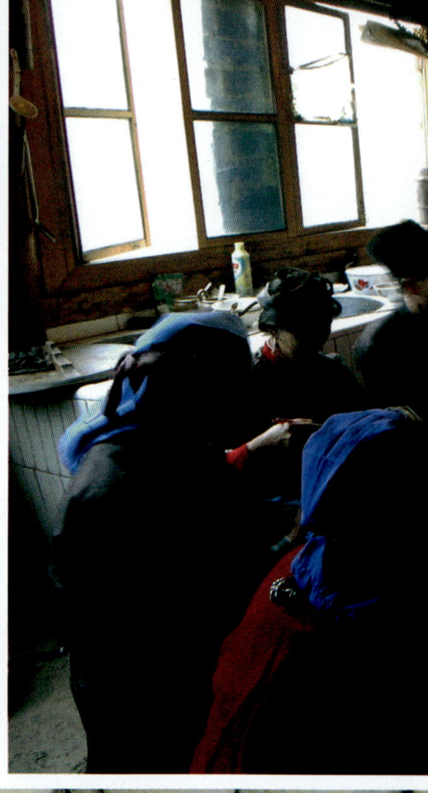

贴着水面与清澈的河水一起流淌。不知不觉间，太阳已然西下，火红的阳光照在老奶奶的脸上，通红通红，那饱经风霜、刻满皱纹的脸在夕阳的照射下显得更加深邃，更加慈祥，也更加令人敬仰。

孟彦河边
坐地吃烤鱼的幸福滋味

我见过黎平地坪侗族妇女捕鱼，她们用的捕鱼工具是一种用竹篾编织的竹笼，名叫“拖耙”，拖耙呈喇叭状，越到尾部越小呈弧形弯弯翘起，拖耙的中部插一根木杆，捕鱼时不用弯腰，只需用脚踩踏拖耙前面的泥沙，将小鱼虾赶进拖耙即可。邓蒙苗族捕鱼却不是这样，男的使用铁锤击打水中石头，将藏在石头底下的小鱼儿震晕而取之，妇女捕鱼则用的是一种用竹篾编的“蒙”，蒙口有倒须，小鱼儿只能进不能

自家编的鱼篓虽然简单但是实用【欧阳昌佩 / 摄】

最土的全鱼宴，却是最温馨的阖家聚餐【谢志强/摄】

都柳江上的捕鱼“姐妹淘”【欧阳昌佩/摄】

出，取出捕到的小鱼儿时要将蔑尾的塞子取下方能将小鱼儿倒出。捕鱼一般在水深不过膝的浅滩上进行，蔑口逆水朝上，捕鱼时用手扒开石头，江鳅、江虫，还有一些半透明的小鱼儿被惊动后顺水往下跑，正好进入大大的蔑口，顺着倒须进入蔑腹，再想溜已为时晚矣。这样的捕鱼方式十分有趣，一天下来，多者可捕到三四斤，最少者也能捕到一两斤。

为防止捕到的鱼腐烂，邓蒙苗族农民每天下山捕鱼时都要带上盐巴，将捕到的小鱼儿一层一层腌起来，回到家后及时放入腌鱼的专用木桶，加入一种叫“鱼蓼”的香料和生姜、辣椒等作料，20天后即可食用，酸鲜香辣，甚是可口。这种腌制的河鱼，是邓蒙苗族的上等佳肴，只有贵客到来或者家里老人祝寿等喜事方能启开。还有一些小一点的半透明的大眼鱼儿则带回家，捣成糊状加入少许食盐、甜酒、辣椒、生姜等作料做成鱼酱，腌在坛子里，一个月以后即可食用。酸甜可口，是邓蒙人招待贵客的佳品。我没见过也没尝过，不知什么颜色什么味道，这种做法与西方人做鱼籽酱很相仿，真有点异曲同工之妙。

就地吃烤鱼，这是邓蒙人的又一“发明”。夕阳西下，在河滩上燃起一堆篝火，姑娘们围坐篝火旁，有的用小木棍串辣椒，有的串西红柿，有的用小木棍或竹签将小鱼儿一个一个串起来，没有酱油，没有食油，没有其他作料，只洒上些许食盐，放在篝火上一边烤，一边翻，辣椒、西红柿、小鱼儿在篝火的烘烤下冒着热气，吱吱着响，凑过去一闻，啊，好香好鲜，馋得我直淌口水。篝火将姑娘们一张张灿烂的笑脸映照得通红通红，那笑是天真的，是烂漫的，是幸福的。此时她们不奢望什么，几条烤熟的小鱼儿，蘸上一点辣椒，美美的吃上几口，品尝劳动的果实，这就够了；她们也没苛求什么，没有世俗的纷争，没有城市的喧嚣，没有人间的倾轧，有的只是孟彦河里的潺潺流水，暮霭下昆虫的鸣叫声，以及篝火燃起时木材的噼啪声。哦，还有姑娘们银铃般的笑闹声。看着姑娘们围坐篝火旁，脸上露出的幸福的笑容，我陶醉了，面对这仙境一般的画面，我不知所措，于是我静静地看着，看着，就想这样一直看下去，直到姑娘们把烧烤的小鱼儿全部吃完……

里，显出几分凄凉，几分萧瑟。

好久没有回家乡看看了，这一次的旅行，令我倍感亲切，家乡的山水田园，乡风民俗，人情冷暖，像过电影一样一幕幕闪过眼前，那么熟悉，那么亲切，那么富有人情味。

想了一路，看了一路，不知不觉来到去邓蒙苗寨的岔路口，抬头一看，通乡公路变成了通村公路，只能通行一辆车子，而且一路上坡，弯弯曲曲

邓蒙苗寨 山乡里的海市蜃楼

从黎平县孟彦镇往大稼方向一路过去，砂石公路一忽儿沿河蜿蜒，一忽儿在山坡上盘旋，汽车奔驰扬起的灰尘在车后形成长长的灰龙，公路两边，巴茅花一簇紧接一簇，一任车子扬起的灰尘蹂躏摧残却顽强地盛开着，秋收后的稻谷草垛静静地站立在层层叠叠的稻田

古老的竹楼组成传统的邓蒙苗寨【谢志强/摄】

这大概是我看到的最古老的鱼钩鱼线了【谢志强/摄】

每个邓蒙苗家姑娘身上的衣服都是自己染的色【谢志强/摄】

TIPS

黎平旅行指南

◆住宿：黎平有近20家酒店，价格在90元至250元不等，可自由选择。在黎平至邓蒙苗寨途中的孟彦镇街边吴国铨家有客房6间，卫生条件很好，有洗澡间，人也很热情，住宿费每晚25元/人，餐饮价格面议。（吴国铨原是医生，他家现在还开有药店、商店，是一处理想的自助游落脚点，电话是：0855—6360028），也可以在邓蒙苗寨村委会住宿，住宿费每晚15元/人

◆购物：黎平县城有民族工艺品购物店，客人可任意选购。邓蒙苗寨苗族刺绣十分精美，客人可选购，价格在50元至500元不等，可面议。

在一面大坡上盘旋，约半个小时，车子来到山顶垭口，远远望去，一座村庄在夕阳的映照下，金碧辉煌，如海市蜃楼般幽雅恬静，坐在前排位子上的石秀昌老师告诉我，这就是邓蒙苗寨了。

猛一眼还不敢相信，在我的想象中，邓蒙苗寨应该不大，而且相当闭塞，有点像陶渊明笔下的桃花源，与世隔绝，不知今夕何年。到了寨前一看，整个一面斜坡到山梁，吊脚木楼顺山势层层递上，鳞次栉比。村中鸡犬相闻，妇孺欢悦，接物待人，彬彬有礼，整个苗寨掩映在古树环抱之中。说到古树，尤其是那具有活化石之称的稀有树种红豆杉，粗壮高大，遍布于整个苗寨。在黔东南的一些苗乡侗寨，也曾见过红豆杉，多的有十几棵，少的两三棵，像邓蒙苗寨这里保存有上百棵几百年以上树龄的红豆杉，实属罕见。这些红豆杉棵棵苍劲挺拔，平均树高都在30米以上。据邓蒙村村长姜胜龙介绍，邓蒙苗寨有红豆杉120余棵，加上风香树等其他古树，约有300余棵。红豆杉为高大乔木，产于亚热带，红豆杉的种子古代文学作品常用它来象征相思。“红豆生南国，春来发几枝。劝君多采撷，此物最相思。”就是最好的佐证和千古绝唱。

古树是邓蒙苗寨的风水树，是邓蒙人的生命树，因此，爱护古树，保护生态环境便成了邓蒙人的自觉行为。为了保护这些古树，邓蒙苗寨自古以来就有村规民约由寨老发布，

TIPS

黔东南旅行提示

◆雨具：很有必要，非雨季时一件防雨的冲锋衣就足够了，因为那时下的多数是小雨。雨季去还应准备一双凉鞋，以防连绵一个星期的阴雨天使其他鞋子发霉。防雨背包外最好还要有一个防雨罩，以免雨水从边角进入背包打湿相机。

◆摄影：贵州阴天居多，高感光度的胶片最好多带一些。

◆药品：除了常用药品外，清火药和止泻药是必不可少的，特别是对于不爱吃辣椒的人，上火和拉肚是最常见的症状。

◆随身：湿纸巾的用途很大，在贵州旅行，路途上的脏有时是你很难想象的，一定要多带湿纸巾。随身带一个轻便的睡袋，会带来很多方便。

◆特别注意：贵州公路弯道较多，较窄，开车时要特别小心，雨天路滑，下坡时不能急刹车。另外，贵州除县城有加油站外，民族村寨均没有加油站，要注意在县城把汽车燃油加足。

苗家自己做的小点心【谢志强 / 摄】

染好的布就是明天身上的新装【谢志强 / 摄】

从古至今，代代相传。2006年，邓蒙村民委员会经征求全村党员、村组干部及村民代表意见并通过全体村民大会讨论后达成共识，制定了邓蒙村新的村规民约，规定：村民应自觉保护全村范围封山育林区的古树、成年树和幼树，如有人蓄意破坏和砍伐，一经发现和调查确认，给与违者每人每次罚款1000元的处罚，而且违者因此不得享受村集体山林带来的经济效益。古树倒地一律归公。村规民约对发生山林火警、偷盗、破坏他人夫妻感情、打架斗殴、酗酒闹事、损害村寨环境卫生等也做出了明确的处罚规定。正是这一纸一代传一代，并日臻完善的村规民约，邓蒙村的这些古树才得以保存至今，良好的社会风气才得以传承。

临别时，姜胜龙村长及所有村干部及几个身着盛装的姑娘一直把我们送到村口，并告诉我说，农历十月邓蒙村要过七年一次的牯藏节，等具体时间定下来后欢迎我们再来，我欣然应允。

黔东南旅游公路规划简介

2008年黔东南交通局组织制定了《黔东南州重点旅游公路建设规划》，包括3条干线、26条联络线（简称“326网”），其中3条干线为：镇远至黎平、施秉至从江、凯里至黎平。本规划建设总规模1877公里，其中，二级公路22公里、三级公路862公里、四级公路993公里，分别占旅游公路规划总规模的1.2%、45.9%和52.9%。按照景观路、生态路、文化路、经济路、示范路的要求，干线采用三级公路标准建设，路基宽度7.5米，联络线采用四级公路标准建设，路基宽度6.5米。

2008年的规划围绕雷公山风景名胜区、㵲阳河风景名胜区、黎从榕侗族文化区为重点，优先安排镇远至黎平、施秉至从江、凯里至黎平三条旅游干线公路建设，兼顾重要联络线同步实施。2008年至今，全州已开工建设1644公里，建成1390公里。目前，雷公山旅游环线公路和黎从榕片区旅游公路已基本形成。建设效果得到州委、州政府的充分肯定。

2011年，该局委托贵州省交通勘测设计院编制完成了《黔东南州“十二五”旅游公路建设规划》，规划建设旅游公路2672公里，其中，二级公路115公里、三级公路2022公里、四级公路535公里。同时，重新编制了《黔东南州旅游公路发展规划(2012-2020)》，根据此次规划，黔东南州旅游公路规划总规模 5391 公里，其中旅游干线公路2235 公里，占总程的41.5%；一般旅游公路3156 公里，占总程的58.5%。按技术等级分类，一级公路112 公里，占总程的2.1%；二级公路1627 公里，占总程的30.2%；三级公路1833 公里，占总程的34%；四级公路1819 公里，占总程的33.7%。项目全面实施将实现全州相邻的一、二级旅游集散地和重要旅游景区有二级及以上旅游干线公路连接，重点景点、旅游风情小镇和民族文化村寨有等级公路连接，构建成与全州旅游业发展相适应，布局合理、功能完善、安全、舒适、便捷的旅游公路网络。

◆ 2013年，实现42%乡村通油路

黔东南州有建制村3509个（含居委会），“十二五”期间规划建设通村沥青（水泥）路8700公里，实现70%的建制村通沥青（水泥）路（十一五期末建制村通沥青（水泥）路率约为20%），2011年至2013年省已下达建制村通沥青（水泥）路4133公里，预计年内可实现42%的建制村通沥青(水泥）路。我州建制村通沥青（水泥）路建设主要以水泥路面为主，沥青路面为辅。

◆ “美丽乡村小康路”行动计划及展望

根据贵州省交通厅的统一部署，为努力实现村村通油路、组组通公路、村村通客车、村寨道路硬化的目标，按照“公路上等级、路网趋优化、管养全覆盖、通行提能力、安全有保障、环境更优美、建成小康路”的总体要求，我州编制完成了“美丽乡村小康路”行动计划（2013年—2020年），计划建设通村油路1.9万公里，实现村村通油路 新建通组公路2.4万公里，实现组组通公路。

煮酒吃蟹度金秋

——全国河湖海 吃蟹总动员

策划、撰文 / **马明**

“菊黄蟹肥时，煮酒论新诗。”旧时每逢金秋，赏菊，吃蟹，品酒，赋诗便是古代文人的四大乐事。只是，古代文人虽雅，因交通阻隔也只能就近尝一尝蟹子，并且大多是淡水蟹；品一品当地产的老酒，但大多是白酒和黄酒。如今开上座驾，亲河临湖近海，不仅能各种蟹子随便挑，还能发现许多有地方特色的配酒，这样就可以一饱口福，尽尝天下蟹之美味、酒之醇香了。

中国常见食用蟹16种

1、钦州青蟹

学名"锯缘青蟹"，在我国多分布于长江口以南，尤其是广西省钦州市名贵的海产之一。它味道鲜美，营养价值高。钦州沿海有多条河流注入，在咸淡水交汇的河口区出产的青蟹，无论从体色，还是从味道方面都很不错。钦州出产的青蟹远销广东、福建、港澳等。另外钦州自然生长的毛蟹学名合浦绒螯蟹，最大个体重约150～250克。其肉鲜美味甜，营养价值高。

青蟹是我国著名食用蟹，营养丰富。特别是维生素A高达5000以上国际单位，是对虾的16倍多。中秋至冬初，其卵、肝脏、螯足及肌肉很丰满、鲜嫩。

2、黄油蟹

黄油蟹是粤港澳等地近年新兴食用的名贵蟹种，多见于香港的流浮山、珠江流域，尤其是东莞市虎门太平（本湾）以及深圳市后海湾海面。通常只有农历5月末至8月中旬短短两个多月是"当造"季节。其价格是国产众蟹之冠，在香港酒楼以两计价，每50克售价竟达数十港元。黄油蟹以油膏甘香、肉质鲜嫩见称。因此最好是清蒸上桌，保持其原汁原味。

3、雁鸣湖大闸蟹

东漳乡地处河南省中牟县城北部，近几年来大力发展以雁鸣湖大闸蟹为主的特种水产养殖。目前，大闸蟹养殖面积已达8600亩，其中天然放养的有8000亩，稻田养蟹6000亩，年产大闸蟹41万公斤。东漳乡已规划建立中牟县东漳乡雁鸣湖大闸蟹养殖基地，项目建成后，附近城市居民一年四季都能吃到新鲜的雁鸣湖大闸蟹。

4、三疣梭子蟹

俗称"梭子蟹"或者"海螃蟹"，分布于我国南北各海域。一般从南到北，3~5月和9~10月为生产旺季，渤海湾辽东半岛4~5月产量较多。梭子蟹肉多，脂膏肥满，味鲜美，营养丰富。每百克蟹肉含蛋白质14克、脂肪2.6克。鲜食以蒸食为主，还可盐渍加工"枪蟹"、蟹酱、蟹卵经漂洗晒干即成为"蟹籽"，均是海味品中之上品。

5、中华绒螯蟹

阳澄湖大闸蟹就属于典型的中华绒螯蟹。个大体肥，一般3只重500克，大只重250克以上，最大者可达500克，青背白肚金爪黄毛，十肢矫健，蟹肉丰满，营养丰富。自古以来，阳澄湖大闸蟹即令无数食客为之倾倒。章太炎夫人汤国黎女士有诗曰："不是阳澄蟹味好，此生何必住苏州！"

专家分类

螃蟹在我国有600多种，因其分布的地理位置不同，大体可分为两个品种：一是海蟹，产于渤海及沿海一带，农历三四月最肥；二是河蟹，又分辽河水系、黄河水系、长江水系三种，以河北雄县赵北口、霸县胜芳镇和江苏阳澄湖大闸蟹最为有名。上海水产大学教授成永旭表示，吃河蟹的最好季节在10月底左右，这时是螃蟹回游的时候，肉质丰满，膏也肥美，营养价值也最高。

全国金秋煮酒吃蟹地图

6、天津紫蟹

是中华绒螯蟹的一种，它体小，仅有一颗大衣纽扣大小。揭开蟹盖，蟹黄呈猪肝紫色，煮熟后变成橘红色，味极鲜美。紫蟹都产在寒风凛冽的冬季，因此，常常用于什锦火锅。

7、莱州大蟹

此蟹是山东莱州掖县的著名特产，三疣梭子蟹的代表。背面有 3 个隆起部分，前侧缘各有 9 个锯齿，最后一齿特别长，形似梭子，故俗称“三疣梭子蟹”。雌蟹最大的重达 0.75 公斤。雌蟹的卵块，雄蟹的脂膏，螯里雪白粉嫩的肌肉以及大蟹后腿上的肉，吃起来更是鲜美可口。

8、南湖蟹

此蟹产于浙江省的杭、嘉、湖水网地带，素以个体肥大，肉质鲜美而著称。这里的湖蟹，过去都是靠自然繁殖，每年到汛期捕捉上市。现在已开始人工繁殖和放养，并获得了一定成果。

9、炎亭江蟹

此蟹为浙江平阳县炎亭的著名水产，素以个大味鲜而蜚声国内外市场。这里的江蟹，产量大，质量好，一般个重 250 克至 300 克，大的有 500 多克，且体肥肉满。

10、潮汕赤蟹

此蟹即潮汕膏蟹，也是锯缘青蟹的一种，为广东潮汕的著名海产。膏蟹就是卵巢最丰满的雌蟹；已受精但卵巢不太饱满的雌蟹称“母”；略微饱满的叫“花蟹”；而雄蟹只供炒用，与未受精的母蟹统称“肉蟹”。养殖好的膏蟹，腿粗肉满，膏满脂丰，清蒸之后，鲜美异常，营养价值甚高。

11、微山湖醉蟹

此蟹为山东传统名食，已有 200 多年的历史。这种醉蟹是用微山湖所产的鲜蟹及多种调料精制而成。渍好的醉蟹，仍栩栩如生，色、形仍如活蟹。蟹肉雪白，蟹黄鲜红，鲜美异常，是严冬宴席上的珍品。

12、中庄醉蟹

此蟹为江苏兴化县的传统名产，历史悠久。因最早制作此蟹而又做得最好的为兴化县中堡庄一带，故人称“中庄醉蟹”。这种醉蟹，色如鲜蟹，放在盘中，栩栩如生；当地民间制作醉蟹的方法很多，一般专业化生产多采取封缸浸泡法，要经选料、浸养、干放、去绒毛、灌料、封缸、装坛、封口等工序。

13、芷寮蟹

此蟹产于广东吴川县吴扬乡芷寮村，为蟹中上品，驰名中外。芷寮蟹之所以有名，主要是因为这种螃蟹的肉质极其鲜美，并有特有的“顶角膏”。秋后之蟹，不但长得肥大，硬壳底下还会长出一层软壳，不但蟹肉蟹黄味美可口，那层软壳更脍炙入口，令人百吃不厌。

14、辽宁兴城梭子蟹

此蟹肉色洁白，肉质细嫩，膏似凝脂，味道鲜美，为海蟹之上品。

15、洪泽湖蟹

江苏洪泽湖蟹肉质细嫩、滋味鲜美、营养丰富。同其它螃蟹或别的水产品相比，所含的水分较少，含蛋白质、脂肪质、碳水化合物和维生素 A 等营养成份特别丰富。洪泽湖蟹有一种“面施蟹”的吃法。将蟹洗净后一切为二，涂上溶糊的面粉，放入油锅中微炸后食。这是以前的民间家常小菜，方便好吃。

16、盘锦河蟹

盘锦河蟹也是中华绒螯蟹的一种，是我国著名的淡水蟹，在我国蟹类中产量最多。盘锦市盘山县是中国最大的河蟹产地，素有“蟹都”之称。

螃蟹营养表

（每 100 克螃蟹营养成分）	
能量	103 千卡
蛋白质	17.5 克
脂肪	2.6 克
碳水化合物	2.3 克
胆固醇	267 毫克
钙	126 毫克
磷	182 毫克
钾	181 毫克
钠	193.5 毫克

营养价值

在北京医院副主任营养师李长平看来，海蟹与河蟹营养价值都十分丰富，蛋白质的含量比猪肉、鱼肉都要高出几倍，钙、磷、铁和维生素 A 等微量元素的含量也较高。从寒凉角度来讲，中日友好医院李佩文教授则认为，河蟹性凉，海蟹稍温和一些，但总体来说，都属于凉性食物，没有太大差异。

螃蟹宜配什么酒

螃蟹性属阴，要达到阴阳互补，配蟹的酒以暖性为佳。当然，更重要的是佐蟹用的酒需要与蟹的鲜美相呼应，形成饱满和谐的口感。所以吃蟹如果不用心选一瓶好酒，既对不起盘中丰润的蟹肉，也对不起自己的身体与味觉。自古以来，黄酒配蟹最佳，但用白酒佐蟹也一样恰当。如今又引入了淡而清爽的白葡萄酒，与海蟹相得益彰。但是要注意：食海鲜时饮啤酒可升高血尿酸水平而诱发痛风，凉啤酒还会降低胃肠功能，容易导致腹泻。所以，啤酒配蟹是大忌。另外，红葡萄酒中由于含有过多的单宁，与蟹同食可令肠胃不适，味道也不相配。

黄酒 千年绝配

黄酒中丰富的氨基酸和酯类物质会产生各种气味，其中的酒精可以除腥，甜味儿可以增鲜。故而，螃蟹的鲜腥与黄酒甜香乃是绝配，据说又以花雕为佐蟹极品。从健康的角度来说，螃蟹是大寒食物，胃肠虚寒的人吃螃蟹之后常会腹痛腹泻。如果配上活血祛寒的酒，则可以减轻或消除吃螃蟹后的不适感觉。

白酒 安全代饮

低度的白酒不仅可以有效杀灭海鲜中的细菌，还能为蟹肉增加一些口感。不过，用白酒配蟹是有讲究的。假如是河蟹的话，如：肉蟹、膏蟹、大闸蟹等，还是配温热的黄酒好一些，这样能解除湿冷的感觉；假如是海蟹，如花蟹、长脚蟹、松叶蟹等等，就可以配低度的白酒，如各类米酒、清酒等等。但是也有一点要注意，就是最好不要配高度白酒，因为在高度白酒的强烈口感之下可能会覆盖掉蟹本身的鲜味，甚至会让蟹黄的营养成分流失。

白葡萄酒 新兴伴侣

在现代，葡萄酒配螃蟹的吃法渐渐流行。葡萄酒有活血暖胃、祛除油腻的功效，但是遵循传统的酒菜搭配原理，浓重的红葡萄酒并不是搭配大闸蟹的最佳方案。白葡萄酒的果香浓重，不掩盖大闸蟹本身的滋味，同时酸度够，可以解腻，连原本搭配大闸蟹的蟹醋都可以省略了。西餐中更推崇冷过的干白，入口不涩；如果是甜白则稍逊，入口过于甜腻，反而容易抵消大闸蟹的鲜美。近些年，精心的美食爱好者发现，冰葡萄酒甜美的味道正与大闸蟹的鲜甜相得益彰，所混搭出的口感鲜香饱满。

雪利酒 完美体验

在知名餐饮评论人董克平看来，大闸蟹是一种口感强硬的食物，不同于任何一种中餐西酒的搭配，白葡萄酒虽然清爽却不容易镇得住；起泡酒虽然跳跃却往往貌合神离，而同样气场强大的烈酒，如干邑或者威士忌，又容易用力过猛，掩盖住大闸蟹本身的鲜美，所以他推荐了一款别致的酒：雪利酒。雪利酒主要产自西班牙，酿造工艺与普通白葡萄酒不同，酒体颜色从白色到深黄，甜度从不甜到很甜，口感更加复杂。这种奇特的口感源自于橡木桶熟成过程中浮在酒上的白色霉花“flor”，这种神奇的霉菌不仅可以让酒免于氧化，而且还会减少酒中的甘油成分，让口感更干，这种口感与大闸蟹的鲜美搭配起来，简直是天雷勾动地火，并且雪利酒酒精度数高很多，微醺感来得更快，于是有了中西合璧的快感。

起泡酒 时尚女友

有人说大闸蟹“自带五味”，无需放任何调料就五味俱全，并且香得霸道，浓黄的蟹黄更是美艳得不可方物，所以也需要有一些别出心裁。起泡酒或者合适，但无疑这需要一点尝试的勇气，因为一般人饮用起泡酒或者香槟，都是直饮最佳。不过人们发现：当大闸蟹蟹肉入口的鲜嫩，伴随着莫斯卡托粉红起泡酒跳跃的口感，加以精致的起泡和清爽的收尾，会搭配出新鲜的味觉感受。

金秋吃蟹，您还只盯着阳澄湖大闸蟹吗？这无疑有些狭隘了。当年梁实秋先生曾说："蟹不一定要大闸的，秋高气爽的时节，大陆上任何湖沼溪流，岸边稻米高粱一熟，率多盛产。"他一语道破了蟹之玄机。蟹的季节是金秋，而蟹的节气就是寒露。"秋风响，蟹脚痒"，每每寒露开始到立冬之时，就是大江南北河蟹最肥美的时候了。

俗话说，一方水土养一方人。这话用在蟹身上也是相当贴切。蟹的生存水域广布江、河、湖、海，水体的活性、透明度、矿物质含量、水草是否茂盛以及眼光是否充足等特征孕育了食用蟹不同的口感。于是，它们很自然地就这样在全国铺就了一张美味地图，而且摒弃了菜系的区别，活色生香，只只生猛。

为了方便大家"蟹路"直通，我们把全国有名的吃蟹地分成了海蟹、湖蟹和江河蟹3类，每一类中又依地域划分了几大区：海蟹——京津冀地区、辽东半岛、山东半岛、舟山地区和潮汕地区；湖蟹——江苏阳澄湖以及阳澄湖之外的太湖、溱湖、固城湖；河蟹——沪浙地区的崇明岛、苍南炎亭、嘉兴南湖、湖南大通湖、广西钦州、武汉周边五大江蟹等等。当然，如果按科学分类，湖蟹

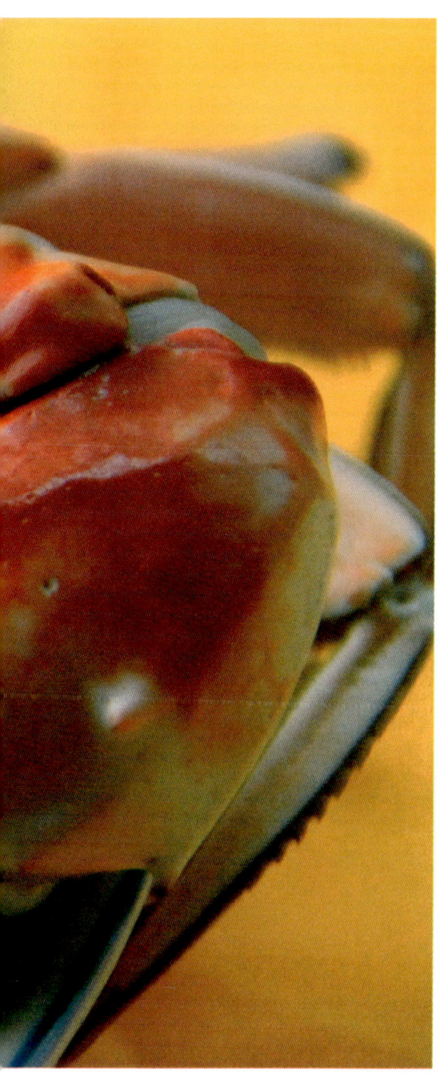

和江河蟹都属于“河蟹”，不过为了让“蟹客”们一目了然，这样细分也无妨。其中也有几个地方河湖海蟹俱全的，免不了有交叉，但为了避免地名重复出现，也会“越界”一下。

总之，无论淡水蟹还是海蟹，有一点是相通的，那就是金秋蟹肥。每逢9月中旬，全国各地的“蟹客”就会蜂拥奔向产蟹地，并且纷纷以吃到当地最好的蟹子为荣。

TIPS

第一个吃螃蟹的人

国人食蟹的历史，最早可追溯到西周时代。从《周礼》和晋代《字林》记载可知，我国已有两千七八百年的吃蟹历史。那么，谁是第一个吃螃蟹的人?

相传几千年前，江湖河泊里有一种双螯八足，形状凶恶的甲壳虫。不仅挖洞使稻田缺水，还会用螯伤人，故称之为“夹人虫”。后来，大禹到江南治水，派壮士巴解督工，夹人虫的侵扰，严重妨碍着工程。巴解想出一法，在城边掘条围沟，围沟里灌进沸水。夹人虫过来，就此纷纷跌入沟里烫死。烫死的夹人虫浑身通红，发出一股引人的鲜美香味。巴解好奇地把甲壳掰开来，一闻香味更浓。便大着胆子咬一口，谁知味道鲜透，比什么东西都好吃，于是被人畏惧的害虫一下成了家喻户晓的美食。大家为了感激敢为天下先的巴解，用解字下面加个虫字，称夹人虫为“蟹”，意思是巴解征服夹人虫，是天下第一食蟹人。

因为螃蟹面目可憎，关中人曾把它叫做“唧唧鬼”，言其凶恶。宋沈括在《梦溪笔谈》里记载:“关中无螃蟹，怖其恶，以为怪物。人家每有病疟者，则借去悬门户”，关中人把螃蟹挂在门上驱邪，沈括戏谑道:“不但人不识，鬼也不识也。”

以上是传说，并无出处。目前我们可以找到的，关于“天下第一个吃螃蟹”的最早明确记载，只有东汉郭宪撰的《汉武洞冥记》简称《洞冥记》。其卷三有：“善苑国尝贡一蟹，长九尺，有百足四螯，因名百足蟹。煮其壳胜于黄胶，亦谓之螯胶，胜凤喙之胶也。”善苑国是西域诸国之一，据《太平御览》引用的《岭南异物志》云：“尝有行海得州渚，林木甚茂，乃维舟登崖，系于水旁，半炊而林没于水，其缆忽断，乃得去，详视之，大蟹也。”由是可知，中国人第一次吃的螃蟹，可能是海蟹，百足蟹也许是海蟹的文学形象。

汉武帝是否是中国第一个吃螃蟹的人，也无从查考。可以肯定的是，中华民族是较早懂得吃蟹的民族。《周礼》中载有“蟹胥”，据说就是一种螃蟹酱，可见早在两千多年前，螃蟹已作为食物出现在我们祖先的筵席上了。北魏贾思勰的《齐民要术》介绍了腌制螃蟹的“藏蟹法”，把吃蟹的方法又提高了一步。后来陆龟蒙的《蟹志》、傅肱的《蟹谱》、高似孙的《蟹略》，都是有关蟹的专著。

吃蟹作为一种闲情逸致的文化享受，却是从魏晋时期开始的。《世说新语·任诞》记载，晋毕卓（字茂世）嗜酒，间说:“右手持酒杯，左手持蟹螯，拍浮酒船中，便足了一生矣。”这种人生观、饮食观影响了许多人。

海蟹 京津冀
明朝螃蟹的那些事儿

◆ 吃蟹主题：春日黄蟹肥，七尖八团秋蟹追，雪花飞时，银鱼紫蟹替补回。

◆ 吃蟹地：天津北塘、天津汉沽、河北乐亭

◆ 配酒：京津冀地区对螃蟹的配酒没有一定之规，除了与江浙人一样喝点儿黄酒之外，就是北京本地的二锅头和天津本地的花津、大直沽，这些高度白酒虽然不是配蟹的最佳选择，但是也不会相克。就北方人豪爽的性格而言，红泥炉小黄酒不太搭，还是大口吃蟹大碗白酒来得过瘾。

京津冀地区与辽东半岛、山东半岛同属环渤海地带，因为围绕着京城的关系，不但蟹的消费能力强，历史也久远。现在的北京人一提起吃海鲜就是秦皇岛北戴河，其实这是忽视了传统，忘记了那紧邻的渤海湾。津冀沿海，最有名的莫过于津门蟹了。

老天津卫喜吃螃蟹之风起源于明朝。明、清两代天津都把螃蟹作为贡品运至京城供皇家享用。《天津卫志》载："津门蟹，肥美甲天下。"明代宫廷时兴吃螃蟹，更把蟹风蟹俗玩到了极致。中秋时节，螃蟹用蒲包蒸熟后，众人围坐品尝，佐以酒醋。食毕饮苏叶汤，并用之洗手。宴桌四周，摆满鲜花、大石榴以及其他时鲜，演出中秋的神话戏曲。

不只是大观园里的鼎食之家，中秋前后，在天津卫家家户户都把注意力集中到了螃蟹身上。乾隆戊申举人杨无怪所作《天津论》中有关于螃蟹的记载："说着来到竹笋巷，上林斋内占上房，高声叫跑堂，干鲜果品配八样，绍兴酒开坛尝，要有炒鸡片，要有熘蟹黄……"这也就难怪清代嗜蟹如命的李渔要把秋天称为"蟹秋"了。

津门黄蟹，从春吃到秋，无愧大海的慷慨馈赠

吃海鲜，老辈子天津人传下一句话："当当吃海货，不算不会过。"这话一直沿袭不衰，不仅居委会的大妈们奉为"圣经"，就连利顺德里的洋先生们也能说顺了嘴。天津卫"五方杂处、俗尚奢华"，素有"抢鲜"的食风。清代天津即有"凡海咸河淡，应时而登者，素封家必争购先尝，不惜赀费，相率成风"的记载，因此民间才留下了"吃上一顿鲜，死了也不冤"等馋嘴语录。老天津卫视螃蟹为上品美食。以

【汪建宏/摄】

吃蟹而言，则有春吃海蟹、秋吃河蟹、冬吃紫蟹的口福。

清明之后，正是渤海湾螃蟹上市的大好时机。天津俗谚中有“海螃蟹，大加级，豆瓣绿的大对虾”一说，就是说海鲜的时令已到。渤海湾所产海蟹，因其壳盖两头尖，全身呈梭形，又名“黄蟹”和“梭子蟹”。天津沿海产的黄蟹个大体肥，煮熟之后，盖通红，肉白嫩，蟹仔赤黄，味道鲜美，营养丰富，可谓是“壳凸红脂块块香”。“津门三月便持螯，海蟹堆判兴尽豪”、“嫩拌香椿尝海蟹”等诗句，道出了当年天津人吃海蟹的热闹场景。早些年，渔民将海蟹捞上来直运天津，串街走巷喝卖，这一传统并未绝迹。海螃蟹从前只吃圆脐，仿佛没有尖脐。其实只是因为老天津人吃蟹之讲究，尖脐不上市、不入城罢了。

五一长假正是吃渤海梭子蟹的好时候，爱往天津跑的北京人最喜欢的就是往北塘的海鲜馆里扎。每人餐前一大只顶盖儿肥的圆脐螃蟹，拿在手上大口啃嚼，就着二锅头，就是一场天津卫的新派螃蟹宴。

外地人读《红楼梦》经常会纳闷饺子怎么还有螃蟹馅做的。其实，在食蟹的旺季里，天津人常吃放蟹黄蟹肉的三鲜蟹黄提褶大包或饺子，以及螃蟹卤做的打卤面，这些可都是款待上宾的好吃食。现在因生活节奏加快，加之蟹价不菲，这些做法多数已经失传。虽然本地一些饺子园也有螃蟹馅的饺子，但多数味道寡淡，缺乏鲜美之味。

当年天津还有“生吃螃蟹活吃虾”的说法。所谓生吃螃蟹是指用酒腌醉蟹，清香可口，堪称美食一绝。天津醉蟹多选用上好的鲜活肥蟹，用炒熟的花椒和盐放进螃蟹脐里，装入

坛中，放进酒、糖、醋。现在多选用“灯笼子儿”小蟹，将小蟹洗净放瓮内，内洒烧酒、料酒、花椒盐水、香料。醉蟹一般封坛七天后即可取食，用以佐酒，醇厚怡人，足快朵颐。

天津昔日“八大家”宅门菜中，食螃蟹相当讲究，一般家中备有如同雅致的工艺品般的“蟹八件”，将螃蟹的各部位丰脂美膏，细细出净，尽情品尝。在整桌酒席中，凡有螃蟹菜肴都要配上烩乌鱼蛋汤、软溜鱼扇等菜品调节口味。

天津大闸蟹，即将消失的“七尖八团”

秋天到天津卫只能吃河蟹。老天津人吃河蟹讲究“七尖八团”，俗话也叫“七上八下”，意即七月尖脐者（雄）丰，八月团脐者（雌）肥。也有一种解释，河蟹七月上市、八月下市，当然这指的都是农历。天津一带所产河蟹，个头不如太湖蟹个大，但腿细壳薄，其壳油黑发亮（俗称“油壳”），肉多而肥，大的可达200~300克。雄者体大黄少，以七月所产最肥；雌者体小而黄多，以八月最肥。一过此季，蟹已产卵，便体瘦多腥、食之无味了。从前天津附近的胜芳、军粮城、芦台等地都盛产河蟹。每年七八月前后，这些地方的火车站装蟹的大木桶都堆积如山，等待运往天津、北京、东北等地。及至此时，天津人总要大吃特吃几顿才叫过瘾。虽不能效法

“右手持酒杯，左手持蟹螯”的古人高吟什么“拍浮酒船中，便足了一生”，亦不能像过去富贵人家那般大排蟹宴、饮酒赋诗，不过要是有机会在这个时节来欣赏一下天津人吃螃蟹慢条斯理、细吹慢打、有滋有味的一等吃蟹功夫，也是令人叫绝的。

天津人喜食河蟹，至今仍然留下了“一盘蟹，顶桌菜”、“螃蟹酒，最可口”等俗谚。蟹的吃法，最正宗的当然要算是整个煮熟而食，蘸姜末醋芝麻油。当然也有分着吃的。相声《报菜名》中，就有糟蟹、熘蟹肉、熘蟹腿、炒蟹肉、清拌蟹肉、蒸蟹肉、蟹肉羹等不同做法。

至于“螃蟹酒，最可口”，更为讲究。“一碟子酸沙藕，一碟子拌海带。一碟子小酥鱼，一碟子拌菠菜。一碟子炸蚂蚱，一碟子咸螃蟹。”从前，天津有家专卖螃蟹的饭馆叫“郇酒香”。每逢螃蟹旺季，总是顾客盈门、座无虚席。“郇酒香”地点在旧法租界二十四号路（长春道正兴德茶庄对面），专备胜芳和本地产的一斤两个的大螃蟹和各地的陈年老酒。馆内还备有全套的吃蟹工具，如小墩子、小槌子、小镊子等，供顾客借用。这家的大河蟹都用绳扎紧，保证肥美，可谓旨酒美蟹，美不胜收。

初夏的河蟹，天津人又叫之“油盖”，昔日什锦斋的“熘油盖”和天一坊的“油盖儿茄子”，

先得月饭庄的“油盖烧双菜”、“熘油盖”，都以此号召天下。而昔日讲口味重于讲排场的“二荤馆”中，中立园的蟹黄蛋黄羹、蟹黄馅煎饺，慧罗春饭庄的“汆蟹脚”，茗园饭庄的炒全蟹、汆全蟹，在当时都是最有名声的招牌菜，极受天津食客的欢迎。这些菜品至今还是天津风味饭庄的代表菜品。

如今，天津河蟹的声望越来越不如海蟹，海蟹可以从春吃到秋，河蟹的时间就短一些，只有每年 10 月和 11 月，而且由于从前的许多野生河蟹产地都已经被污染或者捕捞过度，正宗的野生河蟹已经是凤毛麟角，市面上能够买到的通常都是养殖货。养殖的河蟹通常都是两年一成熟，所以许多地方也就有了大小年的区别。

天津紫蟹，别看个头不大，却是明朝入京的皇家贡品

隆冬时节，按理说没什么好吃的了吧？不是。昔日津门

TIPS

蟾宫折桂之灵蟹

在明代文物收藏中经常出现白玉螃蟹的形象。曾经看过一件佳作：螃蟹仿生写实，厚实，和田白玉，玉质佳，色若凝脂。以仿生圆雕憩息河蟹，结构准确自然，细节生动传神。不过，虽形象刻画较细，蟹甲、螯钳打磨抛光仔细，蟹腹、镂空及下凹细部仅稍事打磨，反映了“粗大明”的时代风格。

为什么经常以蟹为题？古代科举有三甲之制，三甲之中以一甲最尊贵难得。蟹，有厚壳护身，犹如壮士披甲；故蟹被视为一甲的象征；古代以蟾宫折桂来比喻高中状元。肥壮的蟹以它的蟹爪来攀折桂树的枝叶，有金榜题名之兆；另外一层意思是蟹为水中物，故极能生水、助水，随身佩戴一甲折桂白玉蟹做护身符得五行属水的灵蟹相助，可化解是非，使财运更上一层楼。明代科举制度大兴，从而造就了“灵蟹”的倍受推崇。

《随息居饮食谱》蟹，甘咸寒，补骨髓，利肢节，续绝饬，滋肝阴，充胃液，养筋活血。爪可催产，堕胎。

有“银鱼、紫蟹、铁雀、黄韭”四珍之说。记得清代有位文人写过“赚得南人思乡暖，白鱼紫蟹四时肥”的诗句。紫蟹为天津特产，明清时曾为皇家贡品。大者如银元，小者如铜钱，并非河蟹的幼苗。据说早年是炸货铺里油炸小螃蟹那种东西。此物虽小，但腹部洁白无泥，滋味鲜美。因其蟹黄异常丰厚，透过薄薄的蟹盖，呈现出一层紫色，故名。每逢入冬蟹黄饱满，人们从河堤泥窝子中破冰把它掏捕出来，加到滚烫的火锅里，品尝那扑鼻的香味。

昔日天津菜肴中以紫蟹为主料的菜品有二十多种，其中以醉杀紫蟹、七星紫蟹、炸熘紫蟹、菊花紫蟹火锅最为脍炙人口，为冬令时节天津大饭庄必备的招牌菜。尤其是银鱼紫蟹火锅，将冬令双绝珠联璧合，入口奇鲜，其香无比，成为津沽冬令的传统名菜。有诗人赞曰：“丹蟹小于钱，霜螯大曲拳，捕从津淀水，载付卫河船。官阁疏灯夕，残冬小雪天。盍簪谋一醉，此物最肥鲜。”

“天子脚下”的京城老少，冬天要吃个鲜，还得往天津跑。清乾隆年间即有诗云“春秋贩卖至京都，紫蟹团脐出直骨。辇下诸公题咏遍，持螯风味忆江南”，道出了当年从天津往北京贩运螃蟹的盛况。昔日北京吃蟹最有名的地方是正阳楼。据熟悉京津两地饮食掌故的美食家梁实秋回忆：“从天津运到北平的大批蟹，到车站开包，正阳楼先下手挑选其中最肥大者，比普通摆在市场或担贩手中者可大一倍有余。”（《雅舍谈吃》）由此亦可见京津两地蟹市贸易的悠久历史。

1 京津冀寻蟹路线之一 天津北塘

从北京东三环出发，走京通快速公路，上京津高速公路，在德仁务一桥转向津蓟高速，朝滨海新区/梅江会展中

心/S1方向，在水库泵站跨线桥从洞庭路/中新天津生态城出口下高速，进入集疏港公路，然后走黄海北路、泉州道、东海路到达北塘海鲜街，全程大概两个半小时。

北塘位于天津市塘沽区北部，是蓟运河、永定新河、潮白新河流入渤海的交汇处，水产资源丰富，盛产各种鲜美的鱼、虾、蟹、贝等。清中叶以后，北塘成为宫廷御膳海鲜品供应地之一。

经历了从船做到家烹，从家烹到宾宴的过程，“北塘海鲜”究其鲜，还是打上来就“船做”最鲜。我们包了一只渔船，出海痛快地玩了两个小时，回来一瞧，船老大的收获还真不少。再看岸边，所有的渔船直接把大筐小筐的螃蟹、皮皮虾、海螺、八爪鱼以及各种贝类放在岸边叫卖。距离岸边10米的地方，就是一排不下50家的大排档。大排档提供海鲜加工服务，加工费很便宜，蒸一大锅的螃蟹和皮皮虾也只要10块钱。这里绝对可以保证从海鲜出水到烹制熟的时间在两小时以内。也就是说，从海鲜出水到吃进嘴里的时间，最多只要两个小时，能不鲜吗？

2 京津冀寻蟹路线之二 天津汉沽

从北京东三环出发，走京通快速公路，上京津高速公路，在德仁务一桥转向津蓟高速，朝芦台/汉沽/唐山/G2501方向进入滨保高速公路，然后朝汉沽/滨州/G25方向进入长深高速公路，从汉沽出口下高速，朝天津开发区方向，走环岛第三出口进入滨唐线，再左转进入汉蔡线，由环岛走第二出口前行进入渔航路，到达蔡家堡海鲜一条街。全程大约两小时50分钟。

天津另外一个很棒的吃蟹去处，就是汉沽的蔡家堡渔村。这里几乎每家每户都可以为客人端上十几道海鲜菜肴，而且都是非常纯朴的自然口味，绝没有采用繁琐工艺进行加工，吃的就是一个自然、畅快。

“千年盐城”汉沽，地处京津唐大城市群中间地带，西距天津城区60公里，南距北塘22公里。它拥有中国历史最为悠久的盐场——长芦汉沽

［汪建宏/摄］

盐场，而且还有一个著名的滨海航母主题公园。于是，看航母吃海鲜就成了汉沽的一个代名词。这个蔡家堡渔村的旁边就是那艘有3个足球场大小的基辅号航母。在这艘庞然大物的阴影之下，我们的“豪华小客轮”——租的渔船也悠悠出海了。包船平常是200元左右，小长假的时候会涨一些。这次特别幸运，捞上来满满一箱鱼、虾和螃蟹。一边品着新鲜的蟹黄，一边瞧瞧这条蔡家堡海鲜街。据老板说，这里有两百多条渔船、二十余家餐馆，都是以鲜活的鱼虾贝蟹为主料，以渔家传统的烹调技艺熬梭鱼、煮海虾、熘扇贝、蒸海蟹、炸鱼酱、炖八带、滚鱼……要说明的一点是，海边买的螃蟹比饭店里便宜几十元，还是自己买了直接让船家加工得好。

3 京津冀寻蟹路线之三

河北乐亭

从北京东三环出发，上京哈高速公路（限速120公里/小时），156公里处右转唐山东出口（滦南/乐亭/京唐港出口）上津唐高速。约行20公里后，京唐港出口（“开平区、京唐港”字样）上唐港高速（限速110公里/小时）乐亭出口下（或至高速终点下）。后进乐亭县城，走大钊路往东南直行到京唐港开发区，京唐港西南行约8公里到达乐亭新戴河（浅水湾）度假区。全程大约四个半小时。

乐亭县位于河北省唐山市东南沿海地区，建县至今已有近900年历史，素以“冀东粮仓”、“燕东天府”、“渔米之乡”著称。早在八九年前，乐亭的“新戴河浅水湾浴场”就已经有些名气，不过因为当地的海边经常会出现大如伞盖的蛰人水母，所以浴场不甚兴旺。后来，人们渐渐发现了这里的海鲜既便宜又好吃，比起当时最著名的京城海上后花园——北戴河来说，算是一块新兴的海货大市场，于是海鲜食客们纷纷涌来。

比起从前只有一两家小旅馆的时候。现在在新戴河度假村内已经分布有大大小小、档次不同的宾馆、农家乐十余家。它们分布在著名的“乐亭三岛——菩提岛、月坨岛、金沙岛上，所以一般游客都可找到适合自己的食宿地。比起这巨大的变化，10年来才从不要门票涨到门票10元，实在很划算。乐亭的海鲜也比较亲民，文蛤、青蛤、四角蛤、毛蚶、蛏子等等，都是老百姓消费得起的东西，就是乐亭梭子蟹，一斤不过50到100元，而且多数是从船上直接拿下来就进锅，鲜美就不用说了。其他海产品也可让人过足海鲜瘾，尤其是特色菜“八带鱼炖肉”别有风味。当然，要特别注意的是，6月1日到9月1日是黄渤海地区的休渔期，这段时间要是到乐亭，只能尝尝外地运来的海鲜，那价钱就不可同日而语了。

TIPS

起于明朝的蟹八件

食蟹似乎是一件大有讲究的雅事。早在明代，能工巧匠即创制出一整套精巧的食蟹工具。明代最初发明食蟹餐具的人名叫漕书，为了吃蟹减少麻烦，吃得方便畅快，他创造了锤、刀、钳三件工具来对付蟹之硬壳，后来逐渐发展到八件。

据明代美食指南《考吃》记载，明代初创的食蟹工具有锤、镦、钳、铲、匙、叉、刮、针8种，翻译成现代汉语就是腰圆锤、小方桌、镊子、长柄斧、调羹、长柄叉、刮片、针，故称之为“蟹八件”。

食蟹又分“文吃”和“武吃”，所谓的“武吃”吃的是快意，“文吃”吃的是工具，指的就是“蟹八件”。用“蟹八件”食蟹，把吃蟹做成了一件闲情逸致的高雅餐饮活动。后来从明代至民国初年，在此基础上，又发展到蟹三件(鼎、签子、锤)、四件、六件、八件、十件、十二件，后发展到鼎盛时期最多的一套吃蟹工具竟多达六十四件(《美食家》)。这些食蟹工具一般用铜制作，考究的则用白银制作。因为从坚韧度来说，金虽贵重但硬度不及银，而铜又很容易污染食品，所以按理说，上乘的“蟹八件”也应该是白银制的。其工艺极为精巧，刮具形状有点像宝剑，匙具有点像文房中的水盂。盛蟹肉用的是三足鼎立的爵。这些食蟹工具，又都配有圆形或荷叶形状的盘，盘底下有雕成龙状的三足。

螃蟹蒸煮熟了端上桌，热气腾腾的，吃蟹人把蟹放在小方桌上，用圆头剪刀逐一剪下二只大螯和八只蟹脚，将腰圆锤对着蟹壳四周轻轻敲打一圈，再以长柄斧劈开背壳和肚脐，之后拿钎、镊、叉、锤，或剔或夹或叉或敲，取出金黄油亮的蟹黄或乳白胶粘的蟹膏，取出雪白鲜嫩的蟹肉，一件件工具的轮番使用，一个个功能交替发挥，好像是弹奏一首抑扬顿挫的食曲。当用小汤匙舀进蘸料，端起蟹壳而吃的时候，那真是一种神仙般的快乐，风味无穷。

酒未敵腥還用菊，
性防積冷定顺姜。
于今落釜成何益，
月浦空餘禾黍香。

摘自《红楼梦》

桂靄桐陰坐舉觴，
長安涎口盼重陽。
眼前道路無經緯，
皮裏春秋空黑黃。

海蟹 辽东半岛
亚洲渔港的前世今生

◆ 吃蟹主题：盛名之下的大连海鲜，不甘人后的小海岛梭子蟹

◆ 吃蟹地：大连大长山岛、瓜皮岛、獐子岛、兴城大小海山岛、盘锦（河蟹）

◆ 配酒：辽宁人与京津冀一带的人生活习惯差不多，吃着海鲜也喜欢来点儿烧酒，尤其是在海边，不管是散装的白酒还是老窖的烧酒都能喝得尽兴。辽宁本地有名的配蟹白酒有老龙口、道光二十五、绥中特酿、鞍山老窖等等。

辽东半岛的海鲜曾经有很多年都是渤海湾的重头戏，几乎每座大城市都有一个店叫“大连海鲜”，并且基本上都是昂贵海鲜的代名词，而这些身价不菲的小家伙们都来自大连湾。大连湾是辽东半岛最南端的海湾，隶属于大连市甘井子区和金州区，以拥有亚洲最大的渔港闻名，是中国北方最大的水产品交易中心和集散地，也是东北亚最著名的水产品加工中心。

亚洲渔港并不是现代的产物，1879年，在李鸿章上奏给光绪皇帝的折子中，将大连周围二十余座小岛合围的海湾统称为大连湾；光绪十三年，在和尚岛及附近的港湾大规模兴建海防栈道及炮台设施；甲午战争后，这些海防设施被废弃，众多渔船借此靠泊交易，逐渐形成自发的群众性渔港；到20世纪30年代，大连湾已发展成为当时闻名的海产品集散地，每天渤海湾周边近千艘渔船在此靠泊交易，众多捕鱼归来的渔船和商贾渔贩在此聚集，很是壮观。当时的媒体惊呼：“这是亚洲最大的群众性渔港”，“亚洲渔港”由此得名。

如果穿越一下回到唐朝，会发现今天已经拥有十几个码头、几千艘渔轮的亚洲最大渔港那时只是一个叫“青泥浦”的小渔村，以至于到明清时期，仍然是“青泥洼口”。从小渔村到亚洲渔港，很难想象它是经历了怎样的沧桑和蜕变，但有一点可以肯定，“大连海鲜”绝不是因为有了一家连锁店才深入人心。以辽渔集团为例，该集团拥有国内最大的远洋及近海捕捞船队，几十万吨级低温贮藏冷库群，水产品年加工能力近十万吨，是东北亚最大的水产品交易中心及集散地。

这样的大连，就注定了不会只有海鲜大排档。虽然我们

并不拒绝大排档的新鲜、便宜和渔家味道，但在大连不去几家正宗的海鲜酒楼也很难体会到蟹的高级吃法——天天渔港的大连总店就在延安路上；解放路正对着劳动公园东北角的地方还有一家“万宝海鲜坊”；金石滩附近的一家“春妮饭店”虽然未尽奢华，但却有几个独门的特色吃蟹术。说句俗语吧，天天馒头咸菜，不妨也偶尔尝尝满汉全席，不必经常吃，但不能领略其中至味也算憾事。

1 辽东半岛寻蟹路线之一 大长山岛

大连的吃蟹地可以从北京、天津开车过去，但也可以到当地租车。从大连国际机场出发，走沈海高速公路，朝庄河 / 丹东 /G11 方向，过大连湾特大桥转鹤大高速公路，朝丹东 / 皮口方向，经鹤大线到皮口港。全程大概 1 小时 50 分钟。然后在皮口港乘交通船到大长山岛鸳鸯湾码头，时间 40 分钟。交通船可以载车，船费 150 元左右。

大长山岛是一片难得的静土，水清沙白，很有点《夏日么么茶》海滩的味道。我们到的时候恰逢退潮，一位当地的老大娘正猫着腰赶海，只见她右手的小铁钩在沙石之间飞快地连刨带挖，左手的小竹篮里分门别类地摆放着蚬子、海带等等，看得我们手直痒痒。

海边有不少渔家乐，有些

店主还拥有自己的船，他们都好客得很，只要住在他们店里，就能坐上他们的渔船出海，一切设施都由旅馆出，包括船、钓具、鱼饵、救生衣、选择渔场、钓鱼指导等，每人才不过20元的费用。而且，钓回的鱼全归游客，旅馆还给免费加工。在这里住一夜加一天三餐，每个人的费用不到一百块，简直让人乐不思归。不建议住岛上的宾馆，标准间要480元一晚，条件还不怎么好。露营也是不错的选择。

要好好说说大长山岛的海鲜，每一家都保持着非常原汁原味的做法——用海水和大颗粒盐煮螃蟹，用大铁锅炖海鱼，用海菜来包包子，味道绝非景区的海鲜馆所能匹敌。大长山岛上的人热情、淳朴，还都喜欢喝酒，无论男女都是高手，要是在酒桌上找不到对手，去大长山岛就对了。

2 辽东半岛寻蟹路线之二 瓜皮岛

从大连国际机场出发，走沈海高速公路，朝庄河/丹东/G11方向，过大连湾特大桥转鹤大高速公路，朝丹东/皮口方向，经鹤大线到皮口港。全程大概1小时50分钟。然后在皮口港乘交通船到瓜皮岛码头，载人船费25元，载车小车船费不超过200元。

瓜皮岛是大连长山群岛中的一个小岛，因貌似西瓜皮状而得名。岛上绿树成阴，周围既有石崖，又有海滩，海水清澈，海产丰富。此岛距离陆地约8海里，面积3平方公里，住户200余家，很安静，海边的自然风光绝没有人工雕琢的痕迹，岛屿上大片分布的松软沙滩，目前尚处于“养在深闺人未识”的状态。

想想那惬意的感觉吧：松软的沙滩上，支起一排排五颜六色的帐篷，喜欢早起，只要睁开眼睛就可以透过纱窗一览日出的壮观；走出帐篷，赤脚走在沙滩上，循着潮水的退去捉几只落伍的小蟹，任它在你的掌心放肆舞动双钳，有没有回到童年的冲动？

在瓜皮岛钓鱼，不用海竿，只需把鱼饵挂在钩上，用手抡起鱼线投向海中。不消片刻，一条石斑或黄花就上来了。虽说垂钓是所有海岛的特色，但瓜皮岛的鱼儿格外憨厚，有钩就咬，让垂钓者很有成就感。

3 辽东半岛寻蟹路线之三 獐子岛

自驾车到大连的朋友可以直驱大连港，如果想歇一天，从大连国际机场坐出租车到大连港，然后从大连港乘坐海轮去獐子岛。每日两班高速快船，票价一等舱398元、二等舱298元、三等舱189元。船程大概1小时40分钟，不能载车。要开车上岛需从皮口港坐混装船过去，载人151元/人，载车小车500元左右。也有高速快艇，但不能载车。

獐子岛的最大看点是遍布全岛的欧式建筑，白墙红瓦，一座座二层小楼随山就势地掩映于青山绿水间，背倚青山面临大海，颇有法国普罗旺斯的影子。

在獐子岛的海边，总会看到有人一手拿个捞子，一手攥块石头，在海边巡行，别惊讶，他们是在砸海蜇。在港口附近每天都有数十头海蜇游弋，它们常常会游到岸边，有经验的渔民拿石块把它砸晕，然后立刻用捞子捞上来。

钓鱼砸海蜇很容易，要捡到贝壳可就不容易了，因为獐

子岛不是沙岛，但在海边岩石上剥海瓜子，却易如反掌——海带、紫菜、海瓜子等海产品都附着在海岩上。只要有耐心、慢慢捡，一天的收获也是十分可观的。

在獐子岛吃螃蟹和瓜皮岛一样，只要不是禁渔期，就坐在渔船边等着尝鲜吧，小海岛的梭子蟹，个头不是最大，但只只肥美。如果住在渔家，通常 200 元 / 人就能包住宿一晚加两正餐一早餐，正餐都是海鲜。想出海的话，平均 120 元 / 人，一只小船能坐 4 个人，赶上拼大船还能更便宜。在禁渔期其实也能吃到不少海鲜。虾夷扇贝是獐子岛的特产，体大肉肥，白灼尤其香。

【注意】

皮口港早 8 时开始售票，但若 8 时以后去买票是很难买到第一班船的，要 7 时多售票大厅一开门就去排队。第二班船要 10 时以后才有，到各岛一般要开一个小时以上，所以尽量坐早点儿的船。

4 辽东半岛寻蟹路线之四 兴城大小海山岛

从北京自驾车去菊花岛跟从大连开过去差不多，都要 6 个半小时左右。从北京出发走京哈高速公路，向秦皇岛 / 沈阳方向，从沙后所出口转沙上线，然后过后王村进入国道 102 线，再转滨海公路到达兴城码头，从兴城码头到菊花岛码头有班船，行程约 40 分钟，往返票 90 元（七日内返程有效）。

兴城是辽宁人吃海鲜的重地。京城人提起兴城经常说“兴城葫芦岛”，其实真到了当地

《本草经疏》跌打损伤，血热瘀滞者宜之。脾胃寒滑，腹痛喜热恶寒之人，咸不宜服。

才知道自己叫错了，应该是“葫芦岛兴城”，因为兴城只是辽宁省葫芦岛市的一个辖区。这个人人称赞的海滨度假地和海鲜品尝地在人们印象里应该是一进城就满街海鲜馆子，其实不然，兴城最著名的东西不是海鲜，而是泳装和温泉。不了解还真不知道，一个小小的兴城，泳装企业居然有500多家！

单说海鲜，在离兴城县城东南的海面上，海天交接处隐约可见一座起伏的山峦，两端高耸，中间凹陷，这就是菊花岛。菊花岛，又称“觉华岛”和“大海山岛”，唐代有个更梦幻的名字叫“桃花浦”，距海滨18海里，是辽东湾最大的岛屿。菊花岛有许多自发形成的海鲜市场，请人加工新鲜海蟹相当容易。菊花岛的螃蟹种类不少，主要以花蟹为主，还有蜘蛛蟹、梭子蟹、香螃蟹等等。

除了大吃一顿螃蟹，菊花岛还有几样很特别的海鲜菜肴。清水煮杂色蛤，里面有菊花岛特产的蛤叉（蓝面镜蛤）、杂色蛤，鲜美异常，在其他沿海地区罕见；

红烤全虾，主料是不除皮、只除肠的全对虾，加姜、葱、植物油煸炒后，加绍兴酒、白糖、精盐，再放到锅里用慢火烤，收净汤。出锅后的大虾，头尾连在一起成花瓣形，盛在大圆盘中，犹如一朵盛开着的牡丹花；咸鱼饼子，虽然不是什么名菜，但跟地道的农家饭里必有的玉米饼子一样，缺了它就好像少了什么。

比起远近闻名的菊花岛，面积只有1.14平方公里的小海山岛似乎可以忽略不计。它原本荒无人烟，没有名字。自从上个世纪50年代海军某部将该岛及其围岛海域确定为轰炸训练靶场后，它才有了“人气”，取名“小海山”。岛上原来常年驻守着一名战士，负责岛的警戒巡逻、维护靶标和管理靶场。现在守岛战士已经撤离，岛上已无常住人口。不过，新兴的露营玩家们却瞄准了这块处女地，约齐了够一船的小伙伴，带上几顶防风的帐篷和烧烤用具，去享受“鲁滨逊的幸福”。

在兴城滨海大道的码头乘船，出海向右转过石头坝就是小海山岛方向，它距离陆地大概5海里左右。岛上出奇地安静，没有旅馆，没有商家，只有月亮和海风。不管年龄多大，职位多高，到了这儿仿佛就瞬间回归了童年，光起小脚丫，环岛一圈儿去探险。从礁石上起下一只生蚝，直接就可以送进嘴里；敢玩潜泳的勇敢者，省了任何钓竿，可以直接扎到海

底抓螃蟹。这里的海水清澈见底，所以即使潜到几米深的海底也没有丝毫的压迫感。就在我们忘情游走之时，一只死了的大海蜇从身边的海水里漂过，而就在不远处一只鲜活的大海蜇在水中游弋……即使它的生命如此短暂，也让人感叹世事无常，一死一生，并非前啄？

【注意】

菊花岛上虽然有农家院，但是价格较贵，而小海山岛是荒岛，完全不提供住宿，只能露营，所以住在兴城也是个好主意，只要离码头不远，不影响上岛玩耍。可选择的有绥中东戴河假日酒店等等。因为兴城码头离止锚湾非常近，那边有很多卖海鲜的渔船，价格便宜，所以也可以去那边买蟹。在小海山岛露营，离下船地点不远，向右侧沿海边走大概 500 米左右，有一处特殊的石头，两侧白中间黑，而且这里流淌的居然是淡水，至少可以用来洗漱。

5 辽东半岛寻蟹路线之五 盘锦

从北京开车去辽东半岛吃海鲜，兴城的下一站就是盘锦了，盘锦的螃蟹产地在盘山县。北京到盘山县是走京哈高速公路，约 448 公里左右，过梁屯大桥以后转上丹锡高速公路，行驶 75 公里后往北镇 / 阜新 / 沈阳 / 铁岭再上京哈高速公路，在 305 国道 1 号大桥从盘锦北 / 盘山 / 医巫闾山 / 红海滩景区出口离开，在杜家台大桥右前方转弯进入国道 305 线，在盛世桥左转，前行到达终点。

开车走在京哈高速公路上，一进入辽宁境内，就会感到一种畅快，尤其是在天高云淡的秋天，东北平原的一马平川会让人产生极好的驾驶乐趣，加上路边到处都是金黄色与浓绿色相间的农田，让人心底里也会产生一种收获般的满足感。当然，最满足的还是奔向著名的盘锦螃蟹产地——盘山县。

先到盘锦市转了一圈儿，城市不大，下高速后不久就可以顺利进到市区。在最热闹的

街区，有一条街全是收购、销售螃蟹的，当地叫螃蟹专卖店。螃蟹由小到大价格不等，从10元/斤到50元/斤的都有，当然所有的螃蟹都是鲜活的。买了以后拿到小饭馆里面加工，只要付5块钱加工费就行。这些螃蟹个个有黄儿，吃起来很是过瘾。

到了盘山县这个“蟹都”简直就被螃蟹包围了。这里是全国最大的河蟹产地，而且盘锦河蟹非常有特点——海水里生，淡水里长。盘锦面临渤海的辽东湾，有广阔的海域、充足的海水，使河蟹得以“生”；同时，内陆充足的淡水资源和丰茂的水草，又使河蟹得以“长”。盘锦境内沼泽河滩坑塘星罗棋布，大小河流交错纵横，苇塘数百万亩连片。更为重要的地理条件是，盘锦市境内有中小河流二十多条，条条与渤海相通，使河蟹“生和长”的回游畅通无阻。最有意思的是，盘锦河蟹分3种：稻田河蟹、河套河蟹和湿地河蟹。一般的地方很难同时拥有这几种蟹，尤其是湿地河蟹，是盘锦河蟹中的上品，被当地人亲切地称为“溜达蟹”，它们的家在湿地中，天然饵料异常丰富，小鱼、小虾、水草、微生物等等，把它们喂得肥肥的，每年一进9月就开始黄满膏满。个那么大，肉那么肥，而且野味十足，还有盘锦地区独特的盐碱地味道，不由不唇齿留香。

TIPS

买蟹五看三除

◆五看：

一看蟹壳：壳背呈墨绿色的，一般都体厚坚实，呈黄色的，大多较瘦弱；

二看肚脐：肚脐凸出来的，一般都膏肥脂满，凹进去的，则膏体不足；

三看蟹足：蟹足上刚毛丛生的较好，还可将倒数第二足拎起来，观察其是否充盈；

四看雌雄：九月（农历）吃公、十月吃母，挑选时主要看肚脐，肚脐圆的属雌，肚脐尖的属雄。

五看活力：将螃蟹翻转肚皮朝上，能迅速用蟹足弹转翻回的，健康鲜活。

◆三除：

买来生蟹后，无论采用何种吃法，都要做到“三除”

除蟹腮、蟹胃和蟹心。蟹腮在蟹体两侧，呈条状排列，形如眉毛，其上有病菌和脏物；蟹胃位于蟹体前半部，内有大量污泥和病菌；蟹心紧连蟹胃位于蟹黄中间，味涩，也应除去。

螃蟹买回家应马上食用，如果存放时间过久，会影响其鲜度和丰润度。

螃蟹在淤泥中生长，体内往往带有一些毒致病微生物。食用时一定要蒸熟煮透，水烧开后再蒸煮8~10分钟为宜。螃蟹死后体内会产生毒素，即使蒸熟了毒素一样存在，因此死蟹坚决扔掉。

海蟹

胶东半岛

遍游海岸线，寻找最鲜蟹味

◆ 吃蟹主题：从微山湖湿地的河蟹出发，沿途寻访山东沿海各种海蟹，一次吃个够

◆ 吃蟹地：济宁微山湖、日照、威海成山头、烟台长岛、莱州

◆ 配酒：江南以黄酒配蟹，胶东半岛却别有一番滋味，不说别处，就是国道206线上烟台境内的几十家酒庄，就足有上百种干白会成为蟹子的绝配。

对于自驾车来说，从北京去山东的路途稍微有点远，尤其是对于一次以吃为主的旅行，一路上辛辛苦苦的驾车行驶，即使是到了目的地，胃口也会大打折扣。因此，到山东吃螃蟹秋游，可以选择先乘坐火车或飞机，然后到当地租车自驾的办法。吃爽了，车一还，上火车或者飞机悠哉返家。

为了能把胶东半岛的吃蟹地一网打尽，我们特意设计了一条相对合理的路线。坐高铁到曲阜东站，租车先去微山湖吃充满荷香的湖蟹；然后转回头奔日照，看看一年四季都能吃螃蟹的地方9月的母蟹如何肥；在青岛可以停留去啤酒节，但一定要注意螃蟹不能与啤酒同食；威海沿海吃蟹的地方也多，但最好去威海荣成的成山头；烟台就不用说了，长岛、养马岛、莱州……无一不是大吃特吃蟹子的绝妙去处。

因为只有少数的租车公司才能曲阜取车烟台还车，所以吃完螃蟹也可以沿着荣乌高速公路转青银高速公路去潍坊看看风筝，去淄博领略一下“聊斋俚曲”和“陶瓷炼制”等等非物质文化遗产技艺，然后直驱济南。沿胶东半岛的海岸线转了一个圈儿，也算是不辜负这个“中国海鲜最棒的地方之一”。

1 胶东半岛寻蟹路线之一 滕州微山湖

微山湖红荷湿地隶属于滕州市微山县，从曲阜东高铁站到微山湖红荷湿地大约73公里，经孔子大道、曲阜南互通立交上国道104线，行驶约25公里上省道342线，4公里后转入省道345线，再

行驶 25 公里转入省道 104 线，19 公里左右到达终点，总共行车约两小时。

中秋节前后是到微山湖吃螃蟹的最好时节，这个季节的微山湖螃蟹，无论公蟹母蟹都是肉肥黄多，十分鲜美。微山湖是中国第五大淡水湖，也是中国北方最大的淡水湖。由于刘知侠的长篇小说《铁道游击队》取材于此，一曲《弹起我心爱的土琵琶》使微山湖名扬中外。抗日战争时期，以微山湖为根据地的“微湖大队”、“运河支队”、“铁道游击队”等革命武装，出没在千顷芦苇荡里，活跃于津浦铁路线上，创造了许多可歌可泣的英雄事迹。当然，如今那水上游击的岁月已经成了历史，唯有湖上醉人的夕阳和晚归的渔船在依稀的光影里还能使人怀念和追忆。

微山湖风物，尤以有“花中仙子”之称的荷花最为耀眼，在微山湖百多里的湖面上生长着几十万亩的荷花，它们是随着明末清初湖成而生的。荷花分布大小片不等，接天连壤，十分壮观。单是微山岛周围的荷花就足有十万亩之多，而且这里的荷花纯系野生。每至盛

TIPS

高铁+租车

许多济宁的租车公司现在都开通了曲阜东高铁站交车还车的业务，可以选择赫兹、神州、一嗨那样大的租车公司，不过缺点是只能在济宁市或者曲阜市里面提车，优点是可以到烟台或者济南还车。还了车坐上高铁，悠哉游哉返家。

《随息居饮食谱》蟹，多食发风，积冷，孕妇及中气虚寒，时感未清，痰嗽便泻者，均忌。反荆芥，又忌与柿食，误犯则腹痛吐利。

夏，湖面上花团锦簇，争奇斗艳，荷香袭人，红的嫣然如霞，白的清丽典雅。面积如此之大的荷花荡，非但山东省罕见，乃至全国亦不多见，这成为微山湖一大独特的奇观，所以微山县才被称为“中国荷都”。

9月，荷香变成了藕香，鲤鱼正嫩，蟹子正肥，微山湖的红荷场也渐渐成了饮酒吃蟹的好去处。这里并没有如阳澄湖或者西湖边那种奢华的酒楼，朴实的农家院就是最好的度假居所，微山湖蟹出自寻常百姓家，味道却绝不差，而且那黄那膏，透着农家的实在。

2 胶东半岛寻蟹路线之二 威海成山头

从青岛走青威高速公路，到威海出口往新港（成山头）方向，从海埠路右转至环海公路（S704）按成山头、西霞口指示牌30分钟可达成山头。

之所以略过了日照和青岛不提，不是因为这两个地方的螃蟹不好，事实上整个胶东半岛的海鲜都非常棒，只是为了找寻更加原生态的海鲜品尝地，就把大城市里的海鲜餐馆暂时忽略吧。

从威海到荣成的一路之上，处处可见渔家乐，但是都不足以让人停留，似乎处在最东端的那个海角有什么特别的吸引力，那样强大，让人不能自已，那就是成山头。成山头又称“成山角”、“天尽头”，位于荣成市龙须岛镇，因地处成山山脉最东端而得名。成山头三面环海，一面接陆，与韩国隔海相望，仅距94海里。因为这里是中国最早看见海上日出的地方，自古就被誉为“太阳启升的地方”，春秋时称“朝舞”，有“中国的好望角”之称。

公元前219年和公元前210年，秦始皇两次到此巡视

并举行盛大的祭日大典。当时属于偏远边陲的成山，远离皇都咸阳数千里，始皇为何而来？其一是对齐国存有戒心，“以示强威，服海内”；其二就是巡游东极，拜日神。

东极对于秦始皇的魅力是一统天下，而对于我们这些现代小民来说却是那一艘艘渔船难以想象的丰富渔获——螃蟹、大虾、海参、牡蛎、花蛤、海螺、海葵、鲍鱼及各种鱼类……连渔家乐的老板们都变得异常慷慨，很便宜的住宿成本，还三餐海鲜管够。这是得了什么地气呢？原来，成山头集海洋和海岸生态系统、海湾生态系统与海岛生态系统于一区，具有极其丰富的海洋生态系统多样性，这在中国沿海是罕见和不可多得的。同时，由于地处独特的地理区位，又受到不同性质水团的影响，成山头就成了中国北方海域海洋生物物种多样性最为丰富的海域。这里当然也有一些景点和景区，但游客寥寥，几乎每个人一到成山头就迫不及待奔海鲜去了。酒足饭饱，也心满意足，照样不进景区，直接再买上一些新鲜的海鲜开车返程了。

3 胶东半岛寻蟹路线之三 烟台长岛

从成山头到烟台长岛要先走环海公路向西，过滨海大道，上省道201线，之后转荣成高速公路，其中走一段烟台的绕城高速公路，然后再走荣成高速公路，向莱州/东营/G18方向，然后从栖霞/蓬莱/长岛出口下高速，转省道211线、国道206线、省道213线最后到达蓬莱港客运站码头。蓬莱发往返长岛的船30分钟1班，早6点到晚6点都有，价格23元/人。50分钟抵达。

去长岛的大趸船非常平

鲁长渔养60489

渤海
黄海
長島
CHANG DAO
交滙處

TIPS

长岛寻蟹旅行指南

岛上交通：出租车要讲价，千万不要相信司机拿出的所谓“官方价格表”。以下价格谨供参考：从码头到店子村15元；从月亮湾九丈崖到林海烽山50元；从月亮湾九丈崖到望福礁15元；从林海烽山到仙境源15元；望福礁到仙境源是7~10元。旺季全天包车费200元左右，包括到码头接送，以及通票上的各个景点，和到海产品店买特产。不过一天玩下来，时间很赶，不能尽兴。

食宿：住在南岛乐园村比较热闹，有市集、海鲜大排档和夜市，还有林海－峰山景区；住在北岛店子村清静，可以看晨昏海景，附近有九丈崖景区。两个村子几乎全村都是渔家乐，价格也比较统一。平时60元/人/天，包吃住；旺季70/人/天，包吃住。

稳，不像一艘船，倒像是一个海上钻井平台，让有些晕船的朋友心里非常踏实。在这趸船上，小轿车和我们的越野车都成了小字辈儿，连运送建筑物资的大卡车两辆并排放在船上，地方也还十分宽绰。

绿林掩映的长岛其实并不算一个很美的海岛，惊涛拍岸，礁石陡峭，还有些小悬崖犬牙交错地突出在海边，但是海鲜确实绝了，不能说是全国最好的，也是在我的海岸线之旅中性价比非常突出的。一般的游客都会去看景区，什么庙岛、宝塔礁、猴矶岛、高山岛……其中猴矶岛和高山岛都能看见非常壮观的海鸥群。不过，我们却兴趣不大，直接选了一家网评比较好的渔家客栈住进去。长岛的渔家虽然也有个别宰客的情况发生，但大多数都很朴实。我们住了两天，吃了六餐，每天都有生蚝、青口、蛏子、花蛤堆着吃，用脸盘上菜，吃饱为止。想我在青岛和珠海吃生蚝，都是4~5元/个，没想到，在长岛是敞开了吃。当然，螃蟹、海参、鲍鱼这些比较高档的海鲜不包括在每天几十元的食宿费内，不过价格比其他地方也便宜很多。到长岛最让人垂涎的东西是鲅鱼饺子，虽然每个吃海鲜的地方都有这口儿，可是长岛的就是格外鲜，说不出原因。

海蟹 舟山群岛

你方唱罢我登场，蟹之盛会

◆ 吃蟹主题： 可抓，可钓，可捞，舟山群岛，岛岛蟹横行

◆ 吃蟹地：台州、温岭、三门

◆ 配酒：从传统上讲，“蟹螯即金液，糟丘是蓬莱”，吃大闸蟹是要配上黄酒，这其中自有道理，蟹性寒，黄酒暖，可以中和，同时黄酒可以去腥解腻。舟山群岛的吃蟹地尽是江南古城，也就集中了最地道的一些老酒。

蟹是人间的至味，谁说不是呢？一年到头，台州的菜场上都有蟹卖，梭子蟹、青蟹、田蟹、岩头蟹（三眼蟹）、沙蟹等等，不一而足，椒黄路一带把沙蟹中的“红钳头”称之为棺材蟹，大概是取其身材像棺材板。早些年，温岭的梭子蟹名声在外，近年来，三门青蟹成了台州蟹中的名角儿，被誉为海蟹之王，一说到青蟹，三门人口出狂言，搬出明代才子祝枝山的“真乃天下第一蟹也”这句话。三门青蟹几成了三门的形象代言蟹，高速公路一到三门境，大凡眼尖的人都会看到路边竖着的巨大的广告牌，上面写着吓人的一句话：三门青蟹横行天下！三门青蟹的产量占全国五分之一，三门人当然有理由口出狂言，傲视群蟹。每每见到这张牙舞爪的三门青蟹，坐在车上的台州人都发出会心的微笑，保不定有几个贪吃的还口水横溢。

一桌风流螃蟹宴，飞入寻常百姓家

人们把吃蟹，饮酒，赏菊，赋诗，作为金秋的风流韵事，而且渐渐发展为聚集亲朋好友，有说有笑地一起吃蟹，这就是“螃蟹宴”了。

说起“螃蟹宴”，一定会联想到《红楼梦》里有趣热闹的一幕。吃蟹的余兴节目开始，宝玉提议：“咱们作诗。”先赋菊花诗，最后又讽螃蟹咏，各呈才藻，佳作迭见。其中薛宝钗的咏蟹一律云：“桂霭桐阴坐举觞，长安涎口盼重阳。眼前道路无经纬，皮里春秋空黑黄。酒未敌腥还用菊，性防积冷定顺姜。于今落釜成何益，月浦空余禾黍香。”这首诗小题目寓大意义，被认为“食螃蟹的绝唱”，也是螃蟹咏里的压卷之作。

不过，贾府的螃蟹宴却并非曹雪芹的独创。刘若愚《明宫史》记载明代宫廷内的螃蟹宴，是另一种模式：“（八月）始造新酒，蟹始肥。凡宫眷内臣吃蟹，活洗净，用蒲色蒸熟，五六成群，攒坐共食，嬉嬉笑笑。自揭脐盖，细细用指甲挑剔，蘸醋蒜以佐酒。或剔蟹胸骨，八路完整如蝴蝶式者，以示巧焉。食毕，饮苏叶汤，用苏叶等件洗手，为盛会也。”

清张岱《陶庵梦忆》中有一篇《蟹会》，是专谈美味甘旨的。文章中有云：“稻粱俱肥，壳如盘大，中坟起，而紫螯巨如拳，小脚肉出，油油如。掀其壳，膏腻堆积，如玉脂珀屑，团结不散，甘腴虽八珍不及。一到十月，余与友人兄弟立蟹会，期于午后至，煮蟹食之，人六只，恐冷腥，迭番煮之……饮以‘玉壶冰’，蔬以兵坑笋，饭以新余杭白，漱以兰雪茶……今思之，真如天厨仙供……”张岱年轻时候是一个豪贵公子。后来国破家亡，穷途末路，弄到披发入山，甚至想自杀。可是螃蟹宴仍旧萦回在他心中。此等螃蟹宴，更不是美味可以穷尽，简直能用“绝响”来形容了。蟹文化的日趋势微，昭示了贵族独享的去而不返，也迎来了寻常百姓的“品蟹时代”。

到三门，不仅有一个专门的“青蟹节”，现在在节上还推出了睽违已久的螃蟹宴。全蟹宴共十二道，以青蟹为主料，配上反映三门当地特色景观的“日出三门湾”“琴江跨彩虹”“华夏第一蟹”“蛇蟠千洞岛”等菜名。比如“日出三门湾”，就是用南瓜雕成三根柱子中间用蛋黄象征一轮红日，周边以青蟹肉为主，加以猕猴桃、橘子和霉干菜等三种不同口味的原料调制而成。

“食过螃蟹有菜无味”，横行者极尽哀荣

台州人爱吃海鲜，“无鲜勿落饭”，对螃蟹的感情绝不亚于李渔们。秋风起，蟹脚痒，这时不弄几只蟹吃吃岂非辜负大好秋光。秋天吃蟹，好像开春一天要吃笋，清明一定要吃青团一样，这已经融入台州人的生活。人生的乐趣大抵也是来自琐琐碎碎的生活细节中。要是秋风起时，不吃上几只螃蟹，很多台州人觉得这一年是虚度了。人生许多事都虚无不定，只有吃进嘴里才有踏实的感觉。

螃蟹生前横行霸道，死于非命后却极尽哀荣，“食过螃蟹有菜无味”，做蟹做到这份上也算功德圆满了。历代文人咏叹螃蟹诗无数，而厨子们对付螃蟹的方法更多，蒸焗煎炒往往能弄出个七七八八，周作人感叹螃蟹无头无颈只能腰斩，或是囫囵蒸煮，认为这是一种非刑，但无从改良。

关于蟹馔，各地都有高招，广东有潮式冻花蟹，京菜里有芙蓉蟹黄，四川有香辣蟹，杭帮菜里有蟹酿橙，台州有年糕炒蟹之类，林林总总不下五十种。

年糕炒蟹是台州许多酒店的招牌菜，有时菜单上会有“蝤蠓炒糕”，这蝤蠓指的就是青蟹。许多台州人小时候都吃过家常的青蟹汤面，那要选上等三门青蟹（别的什么蟹都不行），将其腰斩，裹上淀粉，放油锅里过一下，然后待水滚时放入手打面和天萝丝。一碗面有红有绿有白，其鲜无比。

TIPS

吃蟹九步

◆剪掉大闸蟹的八只脚，包括两只大钳，放凉后其中的肉会自动与蟹壳分开，很容易被捅出甚至是被吸出，因此要留待最后来吃。

◆将蟹掩（即蟹肚脐部分的一小块盖，公蟹母蟹形状不同）去掉，顺势揭开蟹盖。

◆先吃蟹盖部分，用小勺把中间的蟹胃部分舀出，轻轻将外面包裹着的蟹黄吮干净。注意，不要吮破中间那个呈三角锥形的蟹胃，应将其丢弃。

◆吃完蟹盖轮到蟹身，先用剪刀将多余的蟹脚、蟹嘴和蟹肺剪掉。

◆用勺柄将蟹身中间一个呈六角形的片状物挑出来，那是蟹心部分，丢弃。

◆用小勺舀点醋淋在蟹身上，然后把蟹身的蟹黄蟹膏吃干净。

◆把蟹身掰成两半，此时可见成丝状的蟹肉。只要顺着蟹脚来撕，就可以将蟹肉拆出。吃干净的蟹壳是完整呈半透明状的。

◆用剪刀把蟹腿剪成三截，最末一截蟹脚尖可充当工具。先用蟹脚尖细的那一头把蟹腿中段的肉捅出来，再用蟹脚尖粗的那一头把蟹腿前段的肉捅出来。

◆将蟹钳分成三段，前两段都可将蟹壳直接剪开，用勺舀出肉。最后的那只钳子，技巧是剪开两边，然后用手往相反的方向掰两只钳脚，钳壳就完整地分开了。

青蟹一统天下，溪坑蟹则是孩子的玩物

台州的螃蟹虽然种类多，但台州人最爱丰腴肥美的青蟹和青壳白肚、黄毛金钩的湖蟹，第三才是梭子蟹。台州人嘴刁，吃蟹讲究个“七尖八圆”，在农历七月，尖脐的雄蟹满腔脂肪；到八月中秋，菊花开时，圆脐的雌蟹满是蟹黄。区分螃蟹雌雄，除了看脐，也有些聪明人看腿识蟹：雌蟹仅两螯上有灰黑的一团绒毛，余腿光洁，而除螯上有毛，八条腿上还有一排细毛必是雄蟹。男人腿毛重，雄蟹想来也是如此。

蟹主散诸热，治胃气，理筋脉，消食。醋食之，利肢节

除了青蟹、湖蟹之类，也有人拿溪坑蟹和“蟛蜞”（小螃蟹）下酒。溪坑蟹和蟛蜞在本地不稀罕，孩子小时候到溪坑里玩水，翻开石头底，多半能找到溪坑蟹，竖着两只圆眼瞪人。有时玩着玩着，冷不防脚丫子就被溪坑蟹夹住了，拼命甩也甩不脱。

假日里，台州人会带着孩子到灵江边的滩涂上捉蟛蜞，退潮后的滩涂地上蟛蜞到处乱爬。螃蟹大多横行，因而被人们称为“横行介士”，黄昏时候，几乎所有的蟛蜞都倾穴而出，三五成群，自得其乐地横爬着。那双潜望镜似的眼睛，总是警惕地向四周张望，稍有响动，就遁入洞里。不过，滩涂上的蟛蜞密密麻麻，手一伸就能捉住，把它放到玻璃瓶里，看着它吐着泡泡，也怪有意思的。曾经有一些买不起螃蟹又想解馋的人，把蟛蜞糊上面车在油锅里炸了来咬嚼，据说味道不错。作家阿成说它“小球球一样，可以一吃一口，吃在嘴里香香的，脆脆的，如同古怪的小吃、美妙的糖丸”。夏天晚上到临海的江边去散步，见一些人家把桌椅搬出闷热的老屋，桌上就有一碟子蟛蜞当下酒菜，有些台州人还将它腌了过饭。

到温岭、玉环等地能吃到醉枪蟹，醉枪蟹是用糯米酒、盐、糖、姜、葱、花椒、八角、茴香等腌制而成的，吃时极为清爽，但很多人不敢吃，怕坏了肚子。还有台州人的蟹酱，咸极，两千多年前的《周礼》中就载有“蟹胥”，据说就是螃蟹酱，不知台州的蟹酱是否师出其中？

百种吃法敌不过，一个“清蒸”了得

螃蟹的下场离不了蒸焗煎炒，实际上，在真正的美食家眼里，清蒸才是对一只螃蟹最高的礼遇。素来虾蟹自带油盐，清蒸为上，张岱在《蟹会》中说：“食品不加盐醋而五味全者，为蚶，为河蟹。”袁枚同样以为，蟹最好独吃，不宜搭配他物，这看法是有见地的。

清蒸蟹以青蟹和湖蟹味最鲜，而这两种蟹身上多带有污物，清蒸前须将其净身，蟹壳中的污泥有时并不易洗净，人多半以牙刷刷洗。清蒸蟹时蒸架也是有讲究的，宜放在竹蒸笼上，不宜用盘子，用了盘子，蟹内流出的汤水会积存影响蟹味；也不宜用铝制蒸架，箅子上全是圆眼，螃蟹腿尽插其中，几条腿零落残缺，像残兵败将。用刚买的竹蒸笼蒸蟹，蒸过之后连蟹都带有竹的清香。

吃清蒸蟹时的调料也是马虎不得，醋要镇江的老香醋，酱油要用酿制的，生姜和大蒜少许剁成细末，再撒几星白糖。蟹肉蘸上这样的姜醋酱油，鲜得人魂飞魄散。大闸蟹也可以这样如法炮制。

吃蟹最“细腻”的是上海人，有人说，上海人去北京，上火车前带上一只螃蟹，到一站撕一条腿，下车才吃完，上海人吃蟹时不过几口老酒，就不算上海人。若一位上海小姐吃蟹，要翘着兰花指，轻轻地将蟹肉剔下来，小口地品。上海人吃蟹最忌把整个蟹身都蘸上调料咬着吃，说这无异于牛饮上等的龙井，而台州人却不然，两只大螯，喀嚓一声，皮开肉绽。因为，台州蟹实在太多了，吃不胜吃。台州人在吃蟹上的口福，真是没得说。

44153

海蟹 潮汕地区 南海水蟹自多情

◆ 吃蟹主题：南海的短腿蟹族，饱满鲜美

◆ 吃蟹地：汕尾南澳岛、品清湖、台山侨乡（花蟹）、湛江吴川县（芷寮蟹）

◆ 配酒：因为广东沿海地区一向是通商口岸，国际间往来交流之地，所以很早就融入了许多西方人的生活习惯，包括蟹之配酒，已经不局限于黄酒、白酒，而是隆重地将干白、起泡酒之类的洋酒纳入席间了。

潮州古城的城墙虽然泛着新建材特有的时代感，但依然可以很轻易地勾起我对于一座古城的向往。进下水门，就是城墙内的潮州老城。太平路上曾经立有明清石牌坊47座，是国内著名的牌坊一条街，后被尽数拆除，如今重修了24座，站在街口一望，坊与坊之间组成奇妙的透视。很多可爱的小食，就隐藏在牌坊群两侧的骑楼中，其中最出名的莫过于潮汕赤蟹。潮汕赤蟹腿粗肉满，膏满脂丰，清蒸之后，鲜美异常，营养价值甚高。

潮汕赤蟹学名叫锯缘青蟹，是广东潮汕地区的著名海产。膏蟹就是卵巢最丰满的雌蟹；已受精但卵巢不太饱满的雌蟹称“母”；略微饱满的叫“花蟹”；而雄蟹只供炒用，与未受精的母蟹统称“肉蟹”。捕自海中的雌蟹，卵巢饱满的不多，要进行人工育肥，使之成为“膏蟹”。养殖好的膏蟹，腿粗肉满，膏满脂丰，清蒸之后，鲜美异常，营养价值甚高。

所谓菊香蟹肥，十一月正是在潮汕品尝螃蟹的最好时候。打开香喷喷的蟹盖，白嫩嫩的蟹肉展露无遗，无论清蒸还是爆炒，油焗还是煮蟹粥，都是无敌美肴。仅仅在广东省境内，便有许多不同特点的名蟹可供追寻。当然，如果从北方自驾车去潮汕未免太过折腾，直接飞到厦门或者广州租车是最方便不过的了。大城市的租车公司就不在此赘诉了，选择几大著名品牌即可。

1 潮汕地区吃蟹地之一 汕尾南澳岛

从厦门自驾去南澳岛要比从广州过去近一半的路程，先走招银疏港高速公路（编号S1591），朝漳浦/诏安/汕头/G15方向，转上与沈海高速公路重合的新圩大桥，行驶约150公里以后，从钱东/樟溪/X084出口下高速，走两

公里 X087，再转国道 324 线，5.6 公里上金鸡公路，21 公里之后转省道 336 线，8 公里左右到达莱芜渡口。

从莱芜渡口到南澳的长山尾渡，不开车的话是 20 元 / 人（回程免费），小车过渡 190 元（免司机一人过渡费、乘客需要另行买票）；渡船每小时一班，（8：00-18：00）；全程需要 40 分钟左右；晚上没渡船；大雾天、台风天渡船停开。

潮汕南海之滨，海岸线连绵近 400 公里，东至饶平县东界镇上东乡，西至海丰县，当中有达濠、汫洲等 17 个天然渔港，还有广东省唯一的一个渔业县——南澳。南澳岛不仅是广东省两个 A 级沐浴海滩之一，还有“天然植物园”黄花山国家森林公园和“候鸟天堂”自然保护区，又有亚洲第一岛屿风电场和历史悠久的总兵府。当然，最棒的就是这里数不胜数的渔产种类。十分诱人的是，这里没有海上作业的淡旺季，也没有禁渔期，一年之中只有捕捞品种的不同而已。时下正是捕蟹的黄金季，在南澳岛任意一个海港附近的海鲜馆里都可以品尝鲜美的潮汕赤蟹。

由于南澳县地处闽粤交界，台湾海峡的西南口，又位于韩江口外，北回归线横贯南澳岛。岛屿多，礁盘多，涌升流强，又受五股不同属性的水系交汇影响，造成水中营养物质丰富、浮游生物特多。同时，不同的水系自有不同的生物种群，加上复杂的底质，于是形成了南澳海区的一个独特现象，即生物种群结构非常复杂，真可谓是一个不可多得的海洋生物世界博物馆。已查明有鱼类 700 多种，虾蟹类 40 多种，贝类 500 多种、藻类近百种。

不说其他季节的海鲜怎样让南澳渔民赚得盆满钵满，随着秋季的到来，汕头市南澳岛的各式海蟹已悄然蓄膏凝脂，肥美可口。在南澳岛的深澳镇，我们有幸随主人的渔船出海，捕蟹归来的时候简直震惊了，各种“青脚”、“冬蟹”、“六月白”等海蟹应有尽有。岛上

的海蟹经集中收购后，暂时都放养在网箱中，结果这一个个“渔排”完全成了“蟹排”。产蟹旺季，一户渔排一天收购的海蟹就得三四百公斤，而全岛每月销往福建和广东珠三角等地的海蟹可达10万公斤，产值达500万元。像“青脚”海蟹，目前一公斤售价只有20多元，但到春节前后最高可以卖到100元左右，而且供不应求。

2 潮汕地区吃蟹地之二 汕尾品清湖

同样是汕尾，品清湖离南澳岛却有两百多公里，还是从广州自驾过去比较方便。从广州市先上广州环城公路，在萝岗大桥朝增城/惠州/汕头/G35方向，转上济广高速公路，然后在小金口上广惠高速公路，56公里后朝福州/G15/汕头方向，转上沈海高速公路，75公里后从汕尾/海丰/S242出口下高速，上海汕公路转汕尾大道，然后沿市内路牌指示驶达终点。

要在汕尾寻找螃蟹，不可不到品清湖，这里是我国大陆最大的滨海潟湖，也是我国重要的渔业养殖区.其所产的水蟹肉质清甜可口，味道极鲜，膏蟹可谓“白富美”，膏黄甘香。在汕尾地区极受欢迎的“生地水蟹汤”，所采用的原料就是来自品清湖的水蟹。

品清湖非湖，实际上是直通大海的，所以这里没有湖湾只有海湾。坐在红海湾岸边的水榭之中，或者索性泛舟湖上，都可以随时点选品清湖的膏蟹。好的膏蟹最宜清蒸，蒸熟之后配醋姜相佐，让膏蟹的鲜味完全保留在蟹内，咬下去蟹汁横流，那真是吃膏蟹的至高享受。红海湾一向被称为“粤东的黄金海岸”，不仅因为海鲜一流，更因为这里海水纯净，是天然的浴场，不过这里游泳和晒日光浴的人非常少——大部分游人都是食客，有那么美的膏蟹、鲍鱼、海胆在桌上等着，还在海边附庸风雅做什么？海鲜吃美了，再尝尝这地道的汕尾小吃——糯米饭、菜粿和蒸饺，怎能不吃到肚儿圆？

3 潮汕地区吃蟹地之三 台山侨乡

从广州市上广州环城公路，朝肇庆/佛山/S15/S55方向进入广佛高速公路，直行进入沈海高速广州支线，在龙山跨线桥朝开平/江门方向，稍向左转进入沈海高速公路，朝S364/S49方向，进入新台高速公路，行驶29公里，从台城/四九出口离开，沿路牌驶入台山市区。也可以再转西部沿海高速公路，在上下川岛出口下高速直接去海边旅游区。

早就知道台山，因为它离以碉楼著称的开平不远，不过到了台山才知道，其实它也是一个有名的侨乡，而且建筑也多以碉楼为主，这算是收获了一个意外的惊喜吧。

台山的海岸线长达587公里，海产资源异常丰富，新鲜肥美的海产如虾、海鱼、蟹、螺贝类等等，都是寻常百姓的家常菜。台山蟹有花蟹、膏蟹、青蟹等各类品种，分布范围极广。在台山市的都斛镇、广海

镇和铜鼓镇等地，都有许多捕蟹，养蟹的渔户，而且这些地方的蟹子都非常便宜。

凡是广东人一提起台山，肯定会说一句话：“去台山吃蒜香蟹！”这是因为，台山花蟹多以姜葱拌炒，膏蟹则清蒸后用蒜泥拌食。而蒜香蟹是台山风味蟹的代表作，肉美膏甜的台山膏蟹经烹调后，佐以特有的蒜香蘸料食用，风味独具。待上几天，蟹吃腻了，就可以去风景秀丽的上川岛和下川岛，这两个互相依偎的小岛上海产更甚，像膏濑尿虾、清蒸石斑、炸虾球都只能算家常菜，个别的时候，有被搁浅死亡的鲨鱼时，焖鲨鱼肉也可以吃到。晨昏时分，还可以到下川岛去欣赏太阳曼妙的东升西落。

4 潮汕地区吃蟹地之四 湛江吴川

品过台山蒜香蟹，就可以沿着新台高速公路向南，朝台山核电站/沿海高速方向转上西部沿海高速公路，朝湛江方向转上开阳高速公路，19 公里以后直行上沈海高速公路，沿沈海高速公路行驶 125.8 公里，在三丫江大桥从吴川/化州出口离开转省道 285 线到达终点。

从厦门到广州的沿海地区我们一直在追寻海蟹的身影，其实在这条线上西去湛江，还有曾经名气不亚于阳澄湖大闸蟹的一种江蟹——芷寮蟹。这种蟹在宋代就已经被奉为上品，是当时的中国四大名蟹之一，因其出产于湛江吴川吴阳镇的芷寮村而得名。先不忙品尝这蟹的味道，只看这个产地

《本草纲目》蟹不可同柿及荆芥食，发霍乱，动风。蟹爪堕生胎，下死胎。

如此之僻远，还能被开封汴梁府的宋朝贵族们津津乐道，就能想见蟹之一斑了。

芷寮蟹为什么会如此特别？它的肉质鲜美倒在其次，而其特有的“顶角膏”才是真正的秘处。当打开芷寮蟹的蟹壳，可见一层淡黄色的蟹膏覆盖在雪白的蟹肉上。煮熟后，蟹肉雪白，蟹膏金黄，入口鲜美嫩滑。昔年的北方娇客们，虽然极尽尊贵之能事，然而这美妙的海物于他们还是不可多得的珍馐美味，自然爱极。可惜，由于上世纪70年代的围海造田，芷寮蟹几近灭绝，如今已经很难再看到纯天然的芷寮蟹踪迹，只能通过自然圈养方式养殖芷寮蟹。

秋后的芷寮蟹不但长得肥大，硬壳底下还会长出一层软壳，不但蟹肉蟹黄美味可口，那层软壳更令人百吃不厌。所以，时至今日，芷寮蟹的人气依然很火爆，大部分养殖场的芷寮蟹往往都是一上岸就被贩往广州、深圳、珠三角一带，甚至空运到北方一些大城市。就连湛江的海鲜酒家，如果不是当地老板经营的，也很少能拿到货。因此，即使在芷寮村的海边码头附近，想尝上一口正宗的芷寮蟹亦需要机缘巧合。小海鲜馆里，均专门以吴阳沙螺和芷寮蟹为招牌菜，但由于数量稀少，常常有价无市。但是，走访了一些当地人，他们都说：“这养殖的芷寮蟹不是那么回事喽！”一位老吴阳人认为，现在市场上出现的所谓“芷寮蟹“，其实是“水蟹”，块头显得较大，和早年间天然生成的、有肥厚蟹膏的芷寮蟹已不可同日而语。

TIPS

吃蟹五宜

◆宜配黄酒：蟹是大寒食物，胃肠虚寒的人吃蟹后常会腹痛腹泻。黄酒中丰富的氨基酸和酯类物质不仅有调味的作用，除腥增鲜。而且性温的黄酒可抑制蟹的寒凉。加上酒味香辛散，可促蟹活血通窍之功。黄酒中以花雕为佐蟹最佳极品。

◆宜配姜醋：姜能驱寒除腥，同时还具有保护胃黏膜的功效。醋不仅能杀菌，还能提升其鲜美度，让蟹味更加鲜美。

◆宜配紫苏：蒸蟹时加入紫苏叶和鲜姜，理气和胃，解蟹毒，促进消化液分泌，增强胃肠蠕动。

◆蒸蟹宜捆：蒸螃蟹时应先将其捆住，防止蒸后掉腿和流黄。生螃蟹去壳时，先用开水烫3分钟，这样蟹肉很容易取下，且不浪费。

◆五谷养蟹：买回螃蟹后不用水冲洗，放入干净的缸、坛里，用糙米加入两个打碎壳的鸡蛋，再撒上两把黑芝麻将蟹盖淹没，然后用棉布蒙住缸口，使空气能流通，但又不能使蟹见阳光，这样养3天左右取出，由于蟹吸收了米、蛋中的营养，蟹肚即壮实丰满，重量明显增加，吃起来肥鲜香美。

湖蟹 江苏阳澄湖
巴城的名头绝没有“蟹城”响亮

◆ 吃蟹主题：阳澄湖大闸蟹，从百姓家的盘中小菜，变成了礼品单上的悬案。

◆ 吃蟹地：苏州相城区莲花岛、工业园区唯亭镇、昆山巴城

◆ 配酒：地道的江苏黄酒——沙洲优黄，虽然不如绍兴黄酒那样醇厚，但是独具半干甜的清香口感，所以当地人都会热心推荐。

从前说到中国食用蟹的“人气王”，那是非阳澄湖大闸蟹莫属的。每年9月的中下旬，全国各地的传统蟹粉皆闻风而动，奔向同一个目的地——昆山巴城。那青背光泽、白肚无瑕、金毛刚直的大闸蟹正是那叫人朝思暮想的主儿。

作为人气王，阳澄湖大闸蟹果真气度不凡，被捞到船板上也不服帖，八只蟹脚直挺挺地撑着，貌似临危不惧的将军。难怪有“虾兵蟹将”之说。原来阳澄湖湖底布满了大大小小的鹅卵石，这就锻炼了大闸蟹的爬行能力。于是它们就像运动健将一般长了一身的“腱子肉”，个头也比一般的小毛蟹要健硕许多。尤其是到了菊黄蟹肥的金秋时节，阳澄湖大闸蟹正脂满膏丰，挠得食客人心发痒。

不过，当人们趋之若鹜奔赴巴城要一亲芳泽时，却不知道阳澄湖水究竟有多深——2012年，阳澄湖3.2万亩的养殖面积，大闸蟹产量仅为2100吨左右，而国内大闸蟹年消费量已超过30万吨。苏州阳澄湖大闸蟹行业协会会长杨维龙说，当年阳澄湖大闸蟹直接产值为四五个亿，但其带动的旅游、餐饮等相关行业的产值接近150个亿。更有业内人士直言，市面上真正的阳蟹比例不到百分之一，阳澄湖大闸蟹俨然已成为蟹中“茅台”。而且，它盛名与繁荣之下的真相是，假货遍地开花，真蟹一蟹难求。

尽管如此，人们奔向阳澄湖的心始终未冷，9月底的阳澄湖镇蟹王市场仍然是热闹非凡。这里聚集着上百家大闸蟹门店，店主们各自经营着红火的生意，忙着招呼前来看货的客人，而几乎每家店的门前都高堆着成箱打包好的大闸蟹，准备发往全国各地。这些大闸

蟹的价格至少比官方公布的少了三分之二，而且敞开供应，随要随有。它们究竟是何方神圣呢？其实也算是阳澄湖大闸蟹的邻居——太湖或者附近一些小湖泊的蟹，在阳澄湖里洗了一个星期最多一个月的澡，就摇身一变成了“正宗阳澄湖大闸蟹”。

我们的目的是吃蟹不是打假，既然冒牌的大闸蟹没有待价而沽，而是以跳水的白菜价甩买，只当是普通的湖蟹尝尝也无妨。而巴城各个餐厅里的螃蟹做法还是值得细品。权当是去淘扩大了数百倍范围的“和田玉”吧，只要不跑出昆仑山去都分一杯羹——阳澄湖附近的所有湖泊都因它而得了势，不再是朝不保夕的鱼米之乡，而是“贵妃出浴”的大闸蟹镀金池。有失必有得，过去在礼品单上雷打不动的阳澄湖大闸蟹，现在连礼品单都送不出去了，也就不用再乔装改扮，索性素颜以对好了。

1 阳澄湖吃蟹地之一 苏州相城区莲花岛

到阳澄湖吃螃蟹，可以从上海租车，一路沿着江苏各个螃蟹产地随意开，走到哪里吃到哪里。第一站当然是苏州。从上海市中心到苏州的相城区莲花岛码头非常方便，只有100公里左右，走南北高架路、沪嘉高速公路、沈海高速公路、沪宜高速公路可达。

苏州相城区是著名的中国大闸蟹美食之乡，中国阳澄湖湖八鲜美食之乡，拥有阳澄湖70% 水域资源，每年有超 1300 吨的大闸蟹出产。莲花岛是阳澄湖中唯一的岛屿，岛上所有蟹农自发布置庭院环境，房前屋后栽种树木花卉，遍植瓜果蔬绿，驾快艇带游客湖上兜风，介绍养蟹、捕蟹、吃蟹知识。十多年来已吸引上岛休闲度假、品蟹观光的海内外游客近百万人。

【吃蟹餐厅】

◆苏州阳澄湖维景国际度假酒店：相城阳澄湖旅游度假区湖港路 1 号

◆田园居：相城阳澄湖旅游度假区清水村（紫荆公园北）

◆莲花居、邻湖舫、湖景楼：相城阳澄湖旅游度假区莲花岛

2 阳澄湖吃蟹地之二 苏州工业园区唯亭镇

工业园区唯亭镇地处阳澄湖东湖，拥有阳澄湖湖岸线 33 公里，水域面积和围网养蟹面积列苏州沿湖各乡镇之首。从莲花岛码头可以走澄林路接青澄路，然后上阳澄湖大道到终点。

唯亭镇又称唯亭街道，是苏州工业园区的北部城市副中心，东连昆山市，西临苏州古城，南靠园区中心地带，北濒著名的大闸蟹产地——阳澄湖，环抱青剑湖。唯亭镇虽然不是

著名的旅游度假区，但是以阳澄湖船餐、浅水湾美食街、阳澄农庄为代表的蟹之美食还是让它逐渐热了起来，甚至在阳澄湖大道上建起了国际蟹城。

【吃蟹餐厅】

◆国际蟹城：苏州工业园区唯亭镇阳澄湖大道

◆阳澄湖大码头：园区星湖街北

◆阳澄农庄：苏州工业园区唯亭镇阳澄半岛

◆浅水湾商业街：阳澄大道北阳澄半岛南部

3 阳澄湖吃蟹地之三 江苏常熟沙家浜

这沙家浜不仅在戏剧中脍炙人口，在螃蟹产地上也是远近驰名。从上海内环高架去常熟沙家浜很方便，转上沪宁高速公路即可直达。

常熟是著名的阳澄湖清水大闸蟹的重要产区之一，大闸蟹养殖历史悠久，近年来，沙家浜以蟹为媒，形成了旅游套餐、螃蟹美餐、文化大餐为特点的旅游产业链，海内外来品蟹者络绎不绝。

沙家浜有令人难忘的十大蟹菜：螃蟹豆腐、汽锅大闸蟹炖鱼脑、长虹鱼蟹锅、虾兵蟹将、蟹粉桃胶烩虾仁、蟹之鲜、蟹粉大三元、药膳炖秋蟹、澄湖丰收蟹、弄家酱油蟹。如果能吃遍这十样菜，就算是真跟阳澄湖大闸蟹有缘分了。不管蟹的真假如何，交情是结下了。

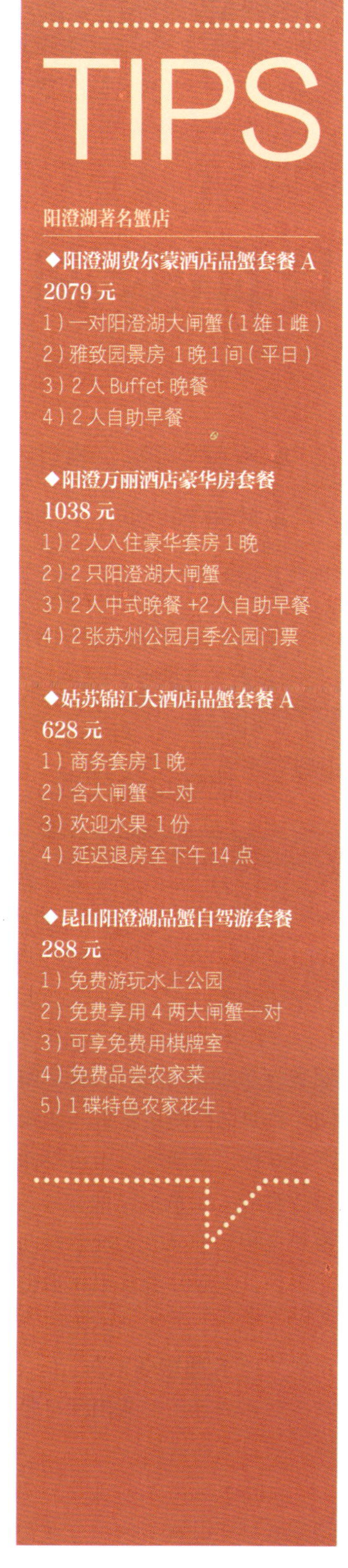

TIPS

阳澄湖著名蟹店

◆阳澄湖费尔蒙酒店品蟹套餐 A 2079 元

1）一对阳澄湖大闸蟹（1 雄 1 雌）
2）雅致园景房 1 晚 1 间（平日）
3）2 人 Buffet 晚餐
4）2 人自助早餐

◆阳澄万丽酒店豪华房套餐 1038 元

1）2 人入住豪华套房 1 晚
2）2 只阳澄湖大闸蟹
3）2 人中式晚餐 +2 人自助早餐
4）2 张苏州公园月季公园门票

◆姑苏锦江大酒店品蟹套餐 A 628 元

1）商务套房 1 晚
2）含大闸蟹 一对
3）欢迎水果 1 份
4）延迟退房至下午 14 点

◆昆山阳澄湖品蟹自驾游套餐 288 元

1）免费游玩水上公园
2）免费享用 4 两大闸蟹一对
3）可享免费用棋牌室
4）免费品尝农家菜
5）1 碟特色农家花生

湖蟹 江苏非阳澄湖比阳澄湖大闸蟹更真实

◆ 吃蟹主题： 也许个个都被贴上过阳澄湖的标签，但风味各个不同。

◆ 吃蟹地：吴江七都和吴中东山太湖、泰州溱湖、高淳固城湖

◆ 配酒：太湖的蟹宴可以搭配一款名为“西塘1618”的黄酒。这是一家老字号，采用源自1618年的纯手工工艺酿制而成，口感纯正，营养丰富。泰州还有一种为了纪念京剧大师梅兰芳而命名的梅兰春酒，它恢复了古代泰州“雪醅”、“秋露白”、“枯陈”等美酒的酿造技艺，并在百年陶坛中长期贮存，配蟹也是佳品。

为什么选择太湖？因为太湖有许多亮点：第一，黄金假期，相对热门景点来说人比较少；其次，风景好，不论是面对浩渺的太湖湖水放松心灵，或是漫步七里风光长堤感受湖光山色，都是一种难以比拟的感受。当然，最重要的是眼下正值大闸蟹肥美的季节，而太湖的好水质养出的大闸蟹可是极品，怎么能错过？

太湖水域离大名鼎鼎的阳澄湖水域十分近。因为水域相近，太湖的清水蟹与阳澄湖大闸蟹可以说十分接近。从体型上说，太湖清水蟹好比阳澄湖大闸蟹的表哥，同样青背白肚，个子更大，肉质更紧，油更足，黄更多。难得的是，它的身价却要比“表弟”低很多了。某些蟹行家还曾经揭秘说，不少标榜阳澄湖大闸蟹的其实用的都是太湖清水蟹。

太湖的水质达到了国家二级饮用水的标准。要知道水质好的水体，不但确保安全卫生，该水体的生物链也十分丰富完好。所以，大量的水草中栖息着成群的螺蛳和鱼，这些都是蟹喜欢的天然饲料。从这个层面说，太湖清水蟹好比农家乐的走地鸡，滋味自然是鲜美灵动。

1 江苏其他吃蟹地之一 吴江七都镇和吴中东山镇

从上海内环高架转至沪宁高速公路，再转到苏嘉杭高速公路，在绕城高速东山出口下，沿环湖路抵达东山太湖。

七都太湖蟹素有“金爪黄毛、青背白肚”之美称。七都镇拥有沿太湖各镇中最长的岸线，是闻名遐迩的太湖蟹生产基地，是华东地区太湖蟹最大的养殖基地。每年，七都养殖的太湖蟹产量都在3000吨以上，占太湖蟹总产量的三分之一，具有“中国大闸蟹美食之乡”的美誉。

自太湖网围整治，统一规划与部署后，太湖蟹四分之三的养殖面积安置在了东山镇境内的太湖水域，被中国渔业协会河蟹分会授予“中国河蟹之乡”的称号。

2 江苏其他吃蟹地之二 泰州溱湖

从上海走沪嘉高速公路、沿江高速公路、过泰州大桥，从广靖盐高速公路转入宁靖盐高速公路，往盐城方向到溱潼出口下。

溱湖簖蟹自古与阳澄湖大闸蟹齐名，有“南闸北簖”之称。与阳澄湖这样的大家闺秀不同，野生的簖蟹有着彪悍的一生。在溱湖，吃簖蟹有很多小餐馆可以选，如果想吃的干净清爽环境好一点，湿地公园里的喜鹊湖度假村是不错的选择。这里不仅价格公道，佳肴做得也还精致。吃好午餐还能接着游湿地。

3 江苏其他吃蟹地之三 高淳固城湖

从上海内环高架转至沪宁高速公路到南京后，往禄口机场方向走，经过收费站后再走宁高高速公路，在双牌石下高速，按指示牌前往淳溪。

目前的阳澄湖大闸蟹很多都来自高淳，所以在蟹商和老食客眼里，高淳已经成了真正的“螃蟹之乡”。而且在上海、南京等地，已经有越来越多的旅行社开始组织来高淳的吃蟹旅游团。

固城湖的螃蟹很特别，是有绿色食品喂养的新品有机蟹。在有机食品红遍农家乐的时候，有机蟹也开始爬上了蟹粉的桌面。这种蟹种油多肉肥，外型特殊，在头胸甲处可以看见明显的隆起。所谓的有机就是说它们是用玉米、豆饼等人工调养的。

固城湖的捕蟹场面被誉为高淳古街之外的另一道风景。湖里插着一根根木桩，等到每年7月到9月湖水一涨，蟹农就会在木桩上搭一座桥，布上网，然后再用黄色的灯光增加诱蟹力。但为美而自投罗网的有机蟹实际上却是个“粗人”，它的蟹味要比一般的螃蟹浓郁，所以这里吃蟹讲究重醋，不然口味清淡的食客会承受不住。固城湖有个规矩，一根蟹脚要过三两白酒。怕了吧，是的，这里吃蟹配的就是白酒。

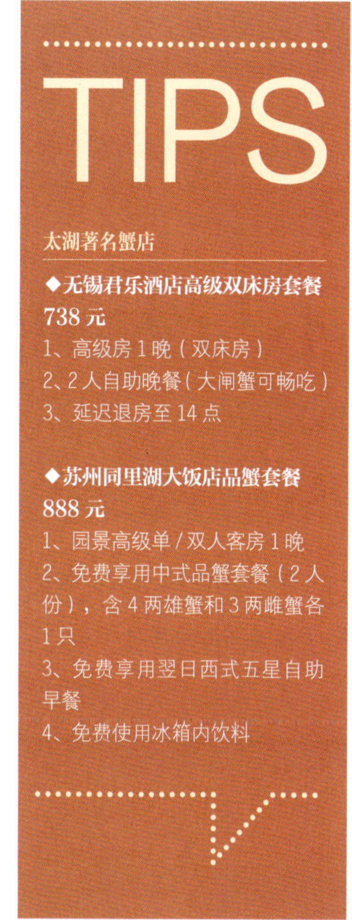
TIPS

太湖著名蟹店

◆无锡君乐酒店高级双床房套餐 738元

1、高级房1晚（双床房）
2、2人自助晚餐（大闸蟹可畅吃）
3、延迟退房至14点

◆苏州同里湖大饭店品蟹套餐 888元

1、园景高级单/双人客房1晚
2、免费享用中式品蟹套餐（2人份），含4两雄蟹和3两雌蟹各1只
3、免费享用翌日西式五星自助早餐
4、免费使用冰箱内饮料

河蟹 沪浙地区
不与大闸蟹为伍的小清新

◆ 吃蟹主题：毛蟹、江蟹、小湖蟹，自有其独特的腥香。

◆ 吃蟹地：上海崇明岛、浙江苍南炎亭

◆ 配酒：只有一种酒可选，就是绍兴老酒了，不管什么牌子，只要确实是绍兴本地产的，就随便挑吧。

上海大概是唯一一个不需要去解释为什么有那么多美食的地方，一贯的精致，一贯的从容，只把老派新派的八大蟹店列举如下，自待食客赏析。

1、成隆行蟹王府

【地址】上海市黄浦区九江路216号（河南中路路口）

【推荐理由】上海成隆行成立于2002年。在大闸蟹最大的集散地，旗下有成隆行蟹王府酒楼和成隆行颐丰花园。其古朴的装修风格，精致的蟹宴以及经典的民乐演奏，形成独特的蟹文化风格。以批零精品大闸蟹为主，兼售自产蟹粉、醉蟹、蟹黄油。在上海独有的明清式徽宅中，您不仅能吃到鲜美的湖珍海味，传统的中国民乐表演更会让您赏心悦目。

【推荐菜】大闸蟹、清炒蟹粉、蟹斗、醉蟹、蟹膏银皮、蟹粉豆腐、清蒸蟹钳

2、图安蟹味馆

【地址】上海市徐汇区高安路1号上海图书馆后花园

【推荐理由】坐落于上海图书馆后花园内，绿树成荫，环境幽雅，蟹味馆以大闸蟹及各类蟹宴菜、燕窝、鱼翅、鲍鱼为特色。

【推荐菜】清炒蟹粉、蟹粉豆腐、芦笋炒蟹钳、大闸蟹、蟹粉配面包、盐烤蟹

3、新光酒家方亮蟹宴

【地址】上海市黄浦区天津路512号（广西北路路口）

【推荐理由】听说过，全羊宴、全素宴……当然也有“蟹宴”。方亮蟹宴，不同价位的“套餐”，里头有清炒蟹粉、芦笋炒蟹柳、蟹膏炒银皮……每道菜都和蟹

《本经逢原》——蟹与柿性寒，所以二物不宜同食，令人泄泻，发症瘕。

有关，从造型到口味无可挑剔。拆蟹还能由服务员代劳，不用动手就能尝到美味。几个套餐，价格都不便宜，但每一道卖相都相当精致，味道更不用说。

【推荐菜】清炒蟹粉、芦笋炒蟹柳、醉蟹、蟹粉小馄饨、蟹膏炒银皮、大闸蟹

4、凌泷阁蟹宴

【地址】上海市长宁区虹许路951号2楼(延安西路路口)

【推荐理由】凌泷阁的特色就是这里一年四季都能吃到蟹，秋冬是“国蟹”，春夏就上进口荷兰蟹。服务员感觉都经过专业训练，剥蟹的动作非常熟练。整个酒店的装修是中式风格，环境古雅。店内不设大堂，只有一间间以“龙凤”来命名的包间，不时会有“悠扬”的古筝声传进来。在这样的环境下吃蟹，也能吃出一点情调来吧！

【推荐菜】荷兰大闸蟹、蟹粉担担面、水晶蟹钳冻、清炒蟹粉燕窝、蟹粉盏

5、新花城蟹粉馆

【地址】上海市静安区乌鲁木齐北路538号1-2楼

【推荐理由】上海顶级的蟹粉料理专门店。餐厅以乳白色为主基调，天花板上悬挂着喜气的大红灯笼，墙面上几幅精美的抽象画，长方形餐桌，黑色大理石桌面，乳白花纹地砖，落地玻璃窗。

【推荐菜】蟹宴、燕翅鲍之类。品种比较单一。用的都是非常贵的原料，味道很好。

6、王宝和大酒店宝和厅

【地址】上海市黄浦区九江路555号王宝和大酒店

【推荐理由】王宝和吃蟹已经是老字号的了。“蟹大王，酒祖宗”这话可是“王宝和”叫响的，每年逢到吃蟹的季节，来这儿的老饕那叫一个多。出品里道道都少不了蟹的影子，分量足、味道鲜，若是搭配加了姜丝温热的王宝和老酒，滋味更是美。

【推荐菜】大闸蟹、蟹粉小笼、蟹粉豆腐、清蒸大闸蟹、蟹壳黄和本店老酒

7、名轩(浦东店)

【地址】上海市浦东新区商城路 679 号 (世纪大道路口)

【推荐理由】名轩作为著名的高端餐饮品牌，以经营经典沪粤菜、鲍翅燕、蟹宴为特色，在国内外享有极高的知名度。名轩“全蟹宴”还被评为上海名宴一等奖。

【推荐菜】蟹柳芦笋、蟹粉鱼翅、蟹粉生煎

8、汇海餐厅

【地址】上海市浦东新区东方路 778 号紫金山大酒店

【推荐理由】位于酒店二楼的汇海餐厅是集法式大餐、日本料理、韩国烧烤、东南亚美食、意大利披萨、印度薄饼等正宗美食及酒吧、雪茄吧为一体的新概念餐厅，由来自香港半岛酒店的行政总厨带领的烹饪大师们在明档边妙手演绎。

【推荐菜】南洋黑椒炒肉蟹、泰式咖喱炒肉蟹、蟹肉白酒汁炒意面

1 沪浙吃蟹地之一 上海崇明岛

这个地方确实不用写交通攻略，因为就在上海人家门口，说是从上海租车自驾过去都有些牵强。就算是沪浙皖地区的吃蟹第一站吧。

崇明老毛蟹，原名中华绒螯蟹，因其两只大螯上有绒如毛，故崇明人称之为“老毛蟹”。崇明老毛蟹，是崇明岛上最有名的土特产之一，它没有阳澄湖大闸蟹那么大，一般不超过 3 两。它个小、壳薄，肉质细密而有香味，雌性蟹黄足，雄性蟹脂多。在中华绒螯蟹中最有声誉的是白洋淀的胜芳蟹、阳澄湖的清水蟹和崇明的老毛蟹。胜芳蟹和清水蟹因其个大、壳硬、色绿而受人青

睐，但美中不足的是肉质较粗松而欠香。唯崇明老毛蟹独具风味。

崇明老毛蟹出身地就在崇明岛的长江口水域。蟹苗随潮水进入岛上的内河水域后，除水质的盐度降低外，其他因受长江通潮水的制约，与长江口水质相近。而长江口水质富含多种营养盐类和浮游生物，能满足蟹苗的生长需要，使其肌肉组织紧密而不疏松。岛上还孳生田螺、河蚌及底栖生物，这些又是河蟹适口的天然动物性饵料，为蟹的生长提供了良好的生态环境，使肉质格外细嫩。

除了品尝崇明毛蟹，当地的农家菜自然也是不能错过的，崇明有名的散养鸡、白山羊肉都要尝个遍。

2 沪浙吃蟹地之二 浙江苍南炎亭

去苍南吃江蟹如果不赶时间的话，可以从上海一路开过去，沿海景致和蟹子都不错，如果时间不充裕，也可以飞到杭州再包车，经宁波、台州去温州，这样可以把上面提到的舟山群岛海蟹路线一并走了。如果不去舟山，就走杭金衢高速公路转沪昆高速公路再转诸永高速公路，最后走一小段沈海高速公路到终点。

1980年寒冬时节，一架银白色客机穿云破雾，徐徐降落在日本东京成田国际机场，早在此等候的日本商人，迎来的不是贵宾亲朋，而是从货舱里搬出一箱箱标有“中国温州”字号的水产品。小纸箱净重仅4公斤，打开封口，只见箱内装着淡黄色木屑（锯木），然而将其扒开，里头静卧着10只梭子蟹（俗称江蟹）。蟹壳青紫发亮，蟹肚洁白似雪。令人惊奇的是，没多久，一只只江

蟹像从睡梦中醒来，伸个懒腰，便张牙舞爪，不时挥动大螯。

活蟹出口试验的成功几乎震动了中日水产界。订单似雪花般飘来，一时难以组织货源，只得婉言回绝。首批6吨活蟹从原产地由冷藏保温车运至上海虹桥机场，再乘飞机抵日本，经历40多个小时，在常温下全部苏醒，无疑是一个新的创举，也才叫真正意义上的炎亭活蟹爬上了日本人的餐桌。

据史载，早在明代嘉靖三十四年（1556年），朝廷就下旨在炎亭“屯扎人员、建通衢、捕御蟹、专供御用”。相传，当时温州人在朝廷做官，捎土特产进京，红膏江蟹为其中一种，美味令皇帝、皇室及文武百官倾倒。

炎亭江蟹如此出名，无疑与当地的地理环境及自然条件有关。此处系鳌江入海口，水域流速平稳，水温适中，饵料充沛，盛产虾蟹鱼鲜。难怪五代时温州知府钱昱在《十国春秋》一书中叹道：“要有蟹吃，无通判处”。

上世纪五六十年代，梭子蟹属低值水产品，未列入统购统销行列，全市年产量在5000吨左右，且价格低廉，每公斤约两三毛钱，城里人下班回家途中，在路边的地摊上任意挑肥拣瘦，讨价还价，掏几毛钱，拎回几只“张牙舞爪”的梭子蟹，红烧、清煮、醉生、制蟹浆……美食一桌，齿颊留香。

可是，好景不长。由于酷渔滥捕，梭子蟹资源日见衰竭，据2004年统计，炎亭梭子蟹产量不足500吨，仅为量高年份的十分之一。而本地市场的梭子蟹价格一路飚升，从20世纪90年代初每公斤20元，涨至2010年的240元，比20年前上涨了二十余倍。

野生梭子蟹资源持续衰竭，取而代之的是人工养殖正在蓬勃兴起。“西风响，蟹脚痒”，时值菊黄蟹肥之际。温州人总是念念不忘以量多个大，肉肥膏腴而驰名遐迩的炎亭江蟹。由炎亭本地厨师烧制的“江蟹炒年糕”更是一道名菜，就算是养殖蟹，也一定要去尝上一尝。

河蟹

湘桂地区
长三角之外的异军突起

◆ 吃蟹主题：洞庭湖周边的“蟹湘军”

◆ 吃蟹地：湘阴鹤龙湖、湖南大通湖、常德西洞庭、广西钦州

◆ 配酒：在湖南和广西配蟹一般喝的都是白酒，如湖南的老名牌——酒鬼酒、浏阳河，常德当地产的武陵源和德山大曲等等。

一般的寻蟹人都会在长三角地区活动，殊不知在洞庭湖畔，“蟹湘军”的队伍正异军突起，其中，最为突出的就是大通湖大闸蟹。

虽然曾长期处在养在深闺人未识的状态，但大通湖大闸蟹也不算是蟹市场的新兵，早在2003年它就先期进入了长沙市场。经过连续参加几届湖南省农业博览会，和其他大通湖特产一起获得了几次金奖，大通湖大闸蟹现在已经为长沙市民所青睐。目前，设在长沙市马王堆的销售点已有门庭若市的架势。

湖南不靠海，但在“秋风吹、蟹脚肥”的吃蟹黄金季，省内各地螃蟹产区都已经全部开湖大批量集中上市，市内各大餐馆也精心烹饪了各类螃蟹美食，等着长沙吃货们尽情饕餮一番。吃货们如何省钱省力地吃到最美味大螃蟹？通过连日走访结合市民推荐，我们绘制出“吃蟹地图”，为您今秋吃蟹指路。

1 湘桂吃蟹地之一 岳阳鹤龙湖

从长沙市自驾到位于岳阳市湘阴县的鹤龙湖镇，走省道102线，大约67公里左右，全程一个半小时可达。

鹤龙湖是湘阴县最大的万亩内湖，闸蟹产量很大，蟹黄厚实，肉质细嫩。附近有一条专门吃蟹的街，捞完蟹回来，就可以等待着现做的闸蟹。

鹤龙湖牌大闸蟹分口味蟹和清蒸蟹两种。国庆节前后吃蟹是最佳时机，农历十月后的公蟹更有吃头。

著名的湘军统帅——左宗棠就是湘阴县人，如果时间允许的话，可以驾车南下40分钟左右到达左宗棠故居柳庄。也可以去南洞庭湖中的青山岛上看鸟，这是一座自然孤岛，与县城相距20公里左右。青山岛位于世界三大鸟类迁徙飞

《本草衍义》此物极动风，体有风疾人，不可食。

行线路的亚太飞行线上，在冬季候鸟迁徙高峰期，这里鸟的总量可达20多万只，鸟类多达207种，其中珍稀鸟类就有42种。

2 湘桂吃蟹地之二 益阳大通湖

从长沙到益阳市南县大通湖区，走岳麓西大道，转长张高速公路，再转省道204线，到茅草街镇转省道202线，全程约180公里，3.5小时可达。

大通湖被誉为洞庭湖的掌上明珠，这里出产的大闸蟹蟹苗和阳澄湖一样，都是从长江口崇明岛引进的长江系苗种。专家表示，大通湖产蟹的优势还在于和阳澄湖基本处在同一纬度，因此光照等气候方面的要素大致相同。

虽然大通湖大闸蟹在国内的名气还不怎么响，但实际上这里出产的大闸蟹都已经挂上"身份证"，被空运至全国等地。光是香港一地，今年的计划就是输送5万公斤！况且还有更多的大闸蟹将销往长沙、北京、上海等地。

"山美张家界，水美大通湖"。大通湖是洞庭湖的湖中湖，素有"三湘第一湖"的美称。如今，大通湖不仅以水美吸引游人，还用它那叫板阳澄湖蟹的大通湖大闸蟹引得食客如织。今年11月大通湖将举行"大湖捕捞节"和"河蟹美食节"。

除了吃蟹外，也能在当地的渔家乐体验当渔夫的乐趣。除了垂钓外，还可以随当地的渔民乘船到湖中去撒网、收网，感受更地道的渔民生活。而想体验佛缘的朋友也可以去大通禅寺看看，从吃蟹的地点驾车去大通禅寺仅需10分钟。

3 湘桂吃蟹地之三 常德汉寿西洞庭湖湿地

从长沙市去西洞庭湖湿地可以走岳麓西大道上长张高

速公路，行驶 86 公里，从军山铺 /G319 出口下高速，转 XJ27 县道，再 30 公里到湿地保护区，全程约 135 公里，两小时 20 分钟可达。

常德汉寿西洞庭湖湿地公园是一个以水为主的生态公园，得益于景区水质清澈水草新鲜的特点，这里的螃蟹也非常肥大清香，价廉物美，透着一股纯朴的气息。在杨幺水寨品尝独特的水产螃蟹及天然野菜。

汉寿当年是湘水要道，杨幺水寨就是历史遗留下来的印迹，每到节假日有具有当地民族特色的盛大表演，能体验到当年民众的古老民风。

4 湘桂吃蟹地之四 广西钦州

从广西首府南宁到钦州市，直接走广昆高速公路，全程 127 公里，约 1 小时 45 分钟可达。

别看钦州地方不大，却有一种青蟹是以钦州来命名的，学名“锯缘青蟹”。钦州青蟹很早就是钦州市的名贵海产之一。它味道鲜美，营养价值很高，也是传统的出口水产品之一。钦州青蟹的背甲呈青绿色，体扁椭圆形，胸板呈灰白色，两边共有五对附肢。成熟蟹一般每只半公斤左右，大的（公蟹）可达 1~1.5 公斤。

钦州沿海有多条河流注入，在咸淡水交汇的河口区出产的青蟹，无论从体色，还是味道方面比较都胜于其他地区的产品。而且，在钦州有一道

人人称道的名菜——青蟹与中药生地熬汤便是有名的“青蟹生地汤”，是宴席上的佳肴。

钦州青蟹身上全是宝，蟹腿上的肉可干制成蟹肉，便于贮存和长途运输，也是味道鲜美的上佳食品。钦州出产的青蟹远销广东、福建、港澳等。青蟹一年四季都有产，但以每年农历八月初三到廿三这段期间，青蟹壳坚如盾，脚爪圆壮，只只都是双层皮、民间有“八月蝤蛑抵只鸡”之说。著名诗人苏东坡在《蝤蛑》一诗中也曾写有“半壳含黄宜点酒，两螯斫雪劝加餐”的诗句。

TIPS

长沙蟹店

◆九子香辣蟹

【地址】坡子街从河边往步行街走 50 米的左边

【特色】香辣蟹的味道比较入味，加土豆条，吃完后加汤吃火锅。九子香辣蟹的蟹肉很嫩、有特别的香味。

◆一品香辣蟹

【地址】白沙路碧水蓝天旁

【特色】老品牌，味道浓厚，香辣可口，配料会额外加土豆。螃蟹称重的时候分了带绳和不带绳，再另有折扣。

◆天福土菜馆

【地址】车站北路王府花园旁边的巷子里面

【特色】老品牌，生意火爆，常常需要提前订位。香辣蟹非常独特，肉鲜美，嫩滑。同时，汤可以“打包回家”，煮点面条在里面，味道不错。

◆光头香辣蟹

【地址】天心区天心公园东门

【特色】此店用料特殊，叫青蟹，此蟹最大的特点就是壳脆肉鲜，调料还是老板的祖传秘方。另外，这里的火锅端上来却发现没火，叫冷火锅。

◆马王堆“闸蟹一条街”

【地址】马王堆海鲜水产批发市场旁边

【特色】真正吃货的必去之地，各种螃蟹都有。

河蟹 武汉三镇 五大螃蟹产区一网打尽

◆ 吃蟹主题：武汉周边的五大螃蟹产区

◆ 吃蟹地：江夏梁子湖、鄂州长岭、洪湖闽洪、监利容城、汉川汈汊湖

◆ 配酒：湖北一般也都用白酒配蟹，比如经典白酒白云边和黄鹤楼，另外枝江大曲和演义酒的上桌率也非常之高。

十月是最佳吃蟹季，湖北各地螃蟹产区陆续开湖上市，江城吃货们是否打算尽情饕餮一番？据不完全统计，武汉人一年要吃掉近8万吨螃蟹。螃蟹，已成为武汉市民秋季餐桌上不可或缺的美味。

去年，湖北省提出打造百亿河蟹产业，当年产量11.55万吨，排名全国第二（仅次于江苏），全年产值突破50亿元大关，成为湖北“三大水产航母”之一。湖北河蟹养殖主要分布在武汉、监利、洪湖、鄂州、汉川等地。

眼下，这些养殖产区今年产量如何？螃蟹有哪些特点？价格如何？

耳听为虚，眼见为实。当我们实地探访了武汉周边五大螃蟹主产区以后，胸中就有了一幅细致的“武汉吃蟹地图”。

1 武汉吃蟹地之一 江夏

梁子大河蟹牛山湖养殖基地：武汉市城区走三环线——光谷大道——流芳大道——凤凰园三路——101省道（路边有指示牌）

梁子大河蟹南北咀养殖基地：武汉市城区走二环线——珞狮南路——三环线——文化大道——梁子湖大道（路口有指示牌）

武汉螃蟹主产区，是以梁子湖为中心的江夏区，养殖面积达到30余万亩，今年预计总产量将超过3000吨。

开车到梁子湖的北嘴码头，坐快艇就可以到梁子岛，上岛之后沿湖边以及路两边基本都是餐馆和卖螃蟹的摊子。江夏河蟹是湖北省主推的“梁子”牌大河蟹的领军品种。近年来，梁子湖螃蟹价格逐年上涨，尤其是今年，以前基本都是按斤卖，今年只可以按只卖。

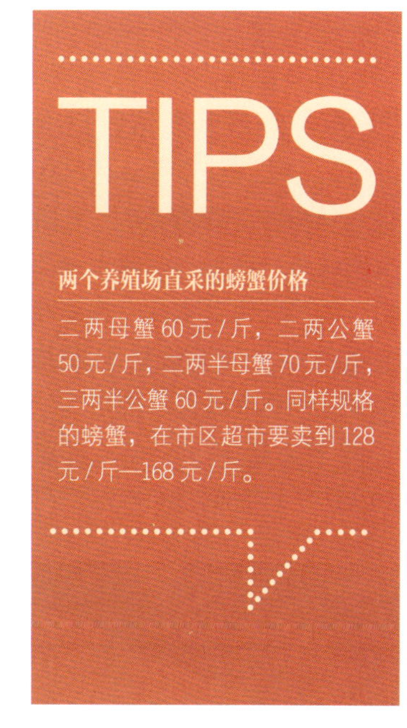

TIPS

两个养殖场直采的螃蟹价格

二两母蟹 60 元/斤，二两公蟹 50 元/斤，二两半母蟹 70 元/斤，三两半公蟹 60 元/斤。同样规格的螃蟹，在市区超市要卖到 128 元/斤—168 元/斤。

二两多点的母螃蟹大概 12 元一只，三两差点儿的 18 元左右，或者四十多元一斤，还要公母搭配地称。

虽然有点儿小贵，当然不能白来一趟，就在岛上湖边的位置找了一家比较干净的小餐馆，除了螃蟹，还点了活虾、叼子鱼、菱角梗子、豆腐煮黄鳝、剁椒炒花饭，4 个人花了五百大元，感觉还不错。螃蟹自然很肥，尤其是母蟹的黄，虽然还没有完全凝固但是已经比较饱满了，那叫一个鲜。另外新鲜的叼子鱼也值得一提，至少在城里很少看见这么大的叼子鱼，而且肉的味道非常嫩，远非养殖的可比。

这时候母螃蟹的黄还没有完全凝固但已经比较饱满了，要吃的自驾玩家建议过了“十一”再去。那里的大叼子鱼不错，建议带几条回来。

2 武汉吃蟹地之二 鄂州

武昌东湖——欢乐大道——武鄂高速——下高速拐往梁子岛——鄂州长岭旅游码头。全程一个多小时，通行费 35 元。

去年鄂州养蟹面积 21.5 万亩，产量在 5000 吨左右，今年产量增加了 10%，价格比去年稍贵一成。正在举行的梁子岛捕鱼节将一直持续到 10 月中下旬。长岭码头口是螃蟹集散地。在养殖场，公母各半的混搭价为：三两及以上 48 元/斤，二两至三两 40 元/斤，二两以下的是 25 元一斤，母蟹价格每斤上涨 10 元。

3 武汉吃蟹地之三 洪湖

洪湖闽洪原产地水产品批发市场：武汉市城区走三环线——汉洪高速——直行进入

103省道——乌林大道——茅江大道——文泉西路——新堤大道

洪湖市罗山官墩十万亩生态示范养殖基地：从洪湖市沿新堤大道往岳阳方向直行两个小时，看到路口指示牌时右转。

洪湖市河蟹养殖面积46万亩，今年预计河蟹总产量超过5万吨。“洪湖清水”大闸蟹的规格一般是：二两半至四两，雄性三两至半斤，占总产量的50%。今年价格上涨约30%，养殖基地直采价格为，二两半公蟹40元/斤，母蟹80元/斤，三两公蟹60元/斤，母蟹100~110元/斤，四两公蟹80元/斤，母蟹150元/斤。

4 武汉吃蟹地之四 监利

容城、朱河大型集贸市场：武汉市城区走三环线——江城大道——汉宜高速——仙桃毛嘴段转随岳（S49）高速——监利或朱河出口下高速至容城镇或朱河镇

湖乡宝公司有机河蟹标准化养殖基地：监利县城出发——经棋盘乡往东深入洪湖湿地风景区——东港子（可再坐快艇至养殖户住处）。

监利县河蟹养殖总面积40万亩，今年产量有望增产8%~15%，预计超过4万吨。10月下旬才会大量成熟上市，母蟹大的有六七两，公蟹最大的有八两以上。主打“监湖牌”河蟹。目前二两公蟹25元/斤，母蟹38元/斤；二两半公蟹38元/斤，母蟹60元/斤；三两公蟹60元/斤，母蟹100元/斤；三两半公蟹80元/斤，母蟹140元/斤。三两母蟹论“只”卖，每只48至80元不等，折合每斤150~240元。

5 武汉吃蟹地之五 汉川

武汉城区走二环线——吴家山107国道往孝感方向（左方有往汉川指示牌）——汉川公园右转进入汈汊湖——南干渠桥头螃蟹集散地

目前汈汊湖养蟹面积约有6万余亩，产量占到了全市6500吨的近八成，而且个头大、品质好。在一家名为桥头蟹行的店内，老板开价是四两螃蟹68元/斤，公母各半；全母的要78元/斤。在湖区的养殖户家，公母各半的混搭价为：三两及以上的50~55元/斤，二两至三两的38~42元/斤，二两以下的是28元/斤，全母蟹价格每斤上涨15元。

TIPS

吃蟹七忌

1、螃蟹性咸寒，又是食腐动物，所以吃时必蘸姜末醋汁来祛寒杀菌，不宜单食；

2、醉蟹或腌蟹等未熟透的蟹不宜食用，应蒸熟煮透后再吃，存放过久的熟蟹也不宜食用；

3、不宜与茶水、饮料、啤酒同食，黄酒最好，白酒或者干白次之；

4、蟹肥正是柿子熟的季节，应当注意忌蟹与柿子混吃，花生也不行；

5、挑选蟹时应注意：用手翻过螃蟹后，能够马上翻过身来，好的河蟹还能不断吐沫并有响声；

6、螃蟹清洗：先在螃蟹桶里倒入少量的白酒去腥，等螃蟹略有昏迷的时候用锅铲的背面将螃蟹抽晕，用手迅速抓住它的背部，拿刷子朝着已经成平面状的螃蟹腹部猛刷，角落不要遗漏，检查没有淤泥后丢入另一桶中，用清水冲净即可；

7、有食蟹过敏史的人，或者有荨麻疹，过敏性哮喘，过敏性皮炎等疾病的人，都不宜吃河蟹；患有伤风、发热、腹泻、胃病的人也不宜吃螃蟹，容易加重病情；患高血压、高血脂、冠心病、动脉硬化的人最好少吃蟹，以免胆固醇增高。

SPECIAL ROAD

公路专辑

从前以为后工业时代的许多革新都会与传统形成悖谬——飞架空中的路桥在城市里还不显突兀，但在大自然中定会破坏山川之美。现在，这种想法正渐渐被美好的现实改变……在山腰蜿蜒的公路不是山的伤痕，而是为葱绿衣衫的美人系上腰带；在陡坡上盘旋辗转的螺丝桥不是坡的桎梏，而是打破了寂静山岭的单调；穿越山腹的隧道不是无情的利刃，而是打开山之隐秘的九连环……

有形的公路和无形的心路都没有终点，总以为阅尽天下美路、险路的人，不妨再多看一看，转过一道弯，路仍然在延伸……

12 年前，第一次随自驾车队远行，环塔克拉玛干沙漠。那时，我是坐在后座的“菜鸟”，甚至不会开车。在叶城一个路口，开车的老哥说这里是新藏线零公里处。在他眼中，这里是一个传奇的开始，在我心里，这是以后一段旅行的起点，或是终点。

沈海高速公路，那条著名的东部沿海高速公路大通道，串起了一个个经济发达的沿海省份，这些地区虽然不见得是文明程度最高的地区，但是却极大地促进了一些非物质文化遗产的迅速发展。在这明媚的晚秋时节，不一定非要看层林尽染的风景，也可以去走走这条路，去领略民间非遗的文明色彩。

天上的 G219

沈海非遗路

天上的 G219

撰文、摄影/**白继开**

12 年前，第一次随自驾车队远行，环塔克拉玛干沙漠。那时，我是坐在后座的“菜鸟”，甚至不会开车。在叶城一个路口，开车的老哥说这里是新藏线零公里处。在他眼中，这里是一个传奇的开始，在我心里，这是以后一段旅行的起点，或是终点。

死人沟的名字在地图上没有标注，地图上叫泉水沟。这里海拔 5100 多米，从界山达坂至此近两百公里距离，海拔一直在 5000 米以上，而从麻扎沟过麻扎达坂至此，海拔迅速提升，许多人由于强烈的高原反应长眠于此。

两年前，因工作从拉萨飞狮泉河，再从狮泉河坐车回拉萨，走了半程新藏线，这段路基本完成修缮，大多是油路，虽说一睹冈仁波齐的风采，但只是远远看看。毕竟是随团队走，不能按自己的方式感受这条路，从狮泉河到叶城的魔鬼路段更无法体会。

年初，朋友周子元邀请我和他的几个朋友一起开车出门撒撒野，在西宁集合，青藏进、新藏出。我爽快答应下来，因为能全程走新藏线，如果现在不走，再过两年道路就全线完成修缮，到那时，路况好了的新藏线单从路况上讲，也将不再是传说中的魔鬼路线。

从拉孜的小萨迦寺出发

萨迦寺外的山坡上，机械吊臂在一座十万佛塔的废墟上转动，现代的钢筋混凝土覆盖着那传统但无力抗争的废墟。我们的新藏线之旅就这样开始……

如今到西藏旅行，已不像十多年前那样艰难，公路、铁路、航空让这片雪域高原不再有那么强烈的距离感，没了距离感自然也不再有那么神秘。如果说，西藏现在还有什么地方让旅行者觉得难以抵达，在旅行者心中依旧留有一份神秘感，那就是阿里。虽说 2011 年开通航线，但由于机场海拔太高，每架从这里起飞的航班只能载不足额定满员一半的旅客起飞。想去阿里旅行，新藏线依旧是绝大多数旅行者的必选之路。

新藏线准确的名字是国道 219 线，起点为新疆叶城，终点为西藏拉孜，全程 2342 公里。它

TIPS

国道 219 线（叶拉公路）

叶城至拉孜公路是连接新疆、西藏两自治区的惟一一条国道（编号 G219），又称新藏公路。路线北起新疆叶城，南至西藏拉孜，全长 2269 公里。分别在叶城和拉孜与国道 315 线和国道 318 线相接，途经的县城有叶城、日土、噶尔、仲巴、萨嘎、昂仁、拉孜。

穿越闻名的昆仑山、喀喇昆仑山、冈底斯山、喜马拉雅山，翻越16个冰达坂，全线经过的大部分地段为“无人区”。平均海拔4500米以上，是世界上海拔最高、道路最险、路况极差和环境最恶劣的高原公路。

拉孜是新藏线的东端，在这里与国道318线分开后一路向西，越往西越艰辛。在即将离开川藏318线，准备踏上新藏219线时，我们来到离路边不远的一个村落中的小寺院，这里有个响亮的名字——萨迦寺，虽然同名，但不同于拉萨那座众人皆知的萨迦寺，很少有游人来到这个只有几十户人家的村落中的只有几位僧侣的小寺院。没有了游人如织，这里能感受到人们心目中的西藏，宁静的西藏。没有了羊卓雍错边围着你买劣质小商品，牵着藏獒往你身边凑的商业化居民，满村是平和、羞涩的男人、女人、长者、孩子。与席地而坐捧毛线的村民坐在一起，一个微笑、一份小礼物就能沟通，内心的沟通，他们会操着半生不熟的汉语给你讲这个寺院的历史。

从拉孜到萨嘎的旅程总体说较为平淡，道路平坦，只是临近萨嘎的百十公里以土路为主，行车没有困难，只是到了进萨嘎前的检查站，麻烦来了。

自打进西藏开始，检查站就没有断过，一路到底遇到多少也不记得，总之到一个县城辖区自然少不了先查证件，从新藏线开始，不只登记身份证，还有边防证。到萨嘎已是夜里十点半，本打算进城后吃罢晚饭就可以早点休息，不成想负责收证件的武警战士半小时后来发证件，老周的身份证却不知去向。大家多方寻找，未果。混乱之中，检查站的一位领导前来解围，先是给我们预定的宾馆打电话，告知有游客的证件在检查站丢失，然后对我们表示，先去宾馆休息，他们会继续查找，如果找不到，也会开具证明材料，不会让我们的旅行受到影响。

第二天一早，老周拿到了武警与公安盖章的证明信，上面盖章证明身份证在检查站遗失，

小萨迦寺外，两位村民席地而坐撵着牦牛毛线。在这青藏高原深处，村民依旧保留着那份淳朴。

G219 的路碑是很好的纪念照拍摄道具

水毁路断是家常便饭，路过车辆如果不能顺利通过，只能求助一旁开着拖拉机等待的村民，价格面议。

但没写明是他们弄丢的。老周说在检查站那边各级领导不断地跟他敬礼、赔不是，他也就没再说什么，能继续旅行是最重要的。

近瞻冈仁波齐

“在距离冈仁波齐 3 公里的一片山坡上，已经累趴下多次的老周用尽力气突然冲上坡顶，走到冈仁波齐面前是他此行的最大心愿，只是没想到自己体能这么差。在距离冈仁波齐不足 3 公里的地方小憩 10 分钟后，在云雾中隐匿了大半天的冈仁波齐突然云开雾散，也许这是为了老周的那份执着……

从萨嘎到巴嘎也是一路平坦，巴嘎是新藏线与普兰道路的岔口，从这里拐上省道207线向南，路左边的是玛旁雍错右边是拉昂错，自然不能错过。夜里 12 点，离冈仁波齐最近的村子——塔钦的落脚旅店不再供电，这个住满转山香客与旅行者的村子不通电，旅馆自己用发电机发电，供电也只到 12 点。经过一天赶路，我们大家还没吃晚饭，在旅店门厅里拿出野营装备煮

前往冈仁波齐途中，有两只小狗加入队伍，此时的神山从早上起一直被云层覆盖。

点方便面当夜宵。我出门到院子里的车上拿装备，发现天顶的银河璀璨无比，一头是神山冈仁波齐，另一头是圣湖玛旁雍错。赶忙告知正在擦嘴的同伙们，大家一起享受这震撼了所有旅行者的夜空，本想支起赤道仪、望远镜在这里拍深空的几个星云、星系，但考虑天一亮还得去冈仁波齐山下徒步，只好放弃想法，进屋休息。

青藏高原之上，有数不清的神山雪峰，稍有当地习俗及宗教常识的人都很清楚，珠穆朗玛海拔虽然最高，但地位最高的非冈仁波齐莫属。冈仁波齐是冈底斯山的主峰，屹立在阿里普兰县境内。冈仁波齐的海拔说法不一，有的说 6656 米，还有的说是 6638 米。不过，高度对冈仁波齐来说其实并不重要，因为它的神奇不在于有多高，它的高度甚至不如与其相对的纳木那尼，但它是独一无二的神山，它是一座跨越宗教、文化与国界的神山，被藏传佛教、本教、印度教以及古耆那教认定为世界的中心，受到不同宗教信仰的藏族人、蒙古人、印度人、

国道 219 线 1612 公里处的沙丘与雪山交相辉映

萨嘎以东的数十公里路段因道路损毁，只能在路基外行驶。

知道阿里的人几乎没有人不知道传奇的王国——古格，但很少人知道这片神奇地域上历史更悠久的国度——象雄。

尼泊尔人的崇拜。来自印度、尼泊尔、不丹及我国各大藏区的朝圣者历经千辛万苦来此转山。据说，转山一圈可洗去一生的罪孽，转十圈可在轮回中免去地狱之苦，如果转上一百圈则在今生便可升天成佛。

冈仁波齐的峰顶终年冰雪覆盖、白云缠绕，经过时若能看到峰顶，通常会被认为是吉兆。雪水从山顶向东南西北四个方向流淌，成为狮泉河、象泉河、马泉河、孔雀河这“四大圣河”的源头，估计正是如此，在信教者的心中，这正是冈仁波齐成为“千山之宗、万水之源”的真正原因。

清晨，纳木那尼先从云雾中露出来，我们准备出发，徒步去冈仁波齐山下，此时的冈仁波齐还在厚厚的云层之中。冈仁波齐的转山路分外转和内转，外转是以冈仁波齐为中心的环线，大约有50来公里，一般的游客需要两至三天完成。内转则是绕冈仁波齐南侧因揭陀山的线路，距离不到30公里，虽然不是真正意义上的转冈仁波齐一圈，但可以近瞻神山，直达山体，与神山做最近距离的接触。

萨迦寺外的山坡上，机械吊臂在一座十万佛塔的废墟上转动。

由于时间有限，我们选择走到冈仁波齐山下，因情况而定返回的位置。出发时，一只大狗友善地跟着我们，这里有很多狗，他们有自己的地盘，时不时的能从游客那里得到一些食物。而到了第一个山坳，跟着我们的大狗不再前行，这里是别人的地盘，另两只狗开始随我们上山。两只狗不只是等我们给吃的，更多时间是自己试图抓路边的大草原鼠和旱獭，可一路没见它们得手过。

来到冈仁波齐是周子元此行最大的心愿，他也是转山的倡导者，因时间问题同意大家只是近瞻神山的决定。不曾想只走了一公里来远，叫的最欢的周子元已经落在最后，腿越来越沉。

走了3公里多，过色龙寺没多久，周子元已经近乎崩溃，每挪动一步都很费劲，挪上十几步就支在登山杖上喘气，这里海拔在5000米左右，此时，冈仁波齐依旧隐匿在厚厚的云层中。

为了看看前面的道路状况，我一人快步向前，在距离神山两公里多的地方，原本时隐时现的小道完全没了踪迹，再向前只是一道陡峭的砂砾山梁。此时，冈仁波齐左右两侧的厚重积雪露了出来。正在犹豫之际，前方走来两个人，其中一位说他是拉萨来的导游，带两位外国游客去冈仁波齐，但前面实在太难走，到了冰川处没法向右绕过去，只好返程。既然如此，我也只好就此停步，返回去看老周的状况，这里距塔钦已有十多公里，刚出来就两腿打转的他走到这里已经实属不易。

向下走了几百米后，我看到一点儿一点儿向上挪的老周，当得知我所处的山坡已能正对冈仁波齐，之间已没有任何遮挡时，已经累趴下多次的老周用尽力气冲上坡顶，走到冈仁波齐面前是他此行的最大心愿，只是没想到自己体能这么差。在距离冈仁波齐不足3公里的地方小憩10分钟后，当天一直隐匿在云雾中的冈仁波齐云开雾散，也许这是为了老周的那份执着……

象泉河对岸的曲龙银城，赤银相间的陡峭山崖上那片古堡震撼着所有的人，赤色山岩间的银色，的确很像一只展翅的大鹏鸟。

穹窿银城与古格遗址

曲龙村河对岸，赤银相间的陡峭山崖上那片古堡震撼着所有的人，赤色山岩间的银色，的确很像一只展翅的大鹏鸟。对于我来说，这里到底是不是象雄王朝的穹窿银城并不重要，我不是考古者，只是感叹眼前这座比古格遗址还要震撼的遗迹，这里与古格遗址简直就是阿里文化遗迹的双星，闪耀、夺目……

离开冈仁波齐，我们的下一站是穹窿银城。知道阿里的人几乎没有人不知道传奇的王国——古格，但很少人知道这片神奇地域上历史更悠久的国度——象雄。到了札达，古格遗址是游客大都会去的地方，买的门票是扎达县各个景点的通票，其中有一处叫“穹窿银城”，这穹窿银城在哪，很多人都没去过，甚至没有听说过，可就是这个闻之甚少的地方，有着比古格王国更古老的历史，以及更震撼的峭壁建筑群。

我知道穹隆银城也就是这两年的事。一年前同事甘南结束援藏，自己一人开车走新藏线时，折腾了大半天才找到这座古遗迹。后来看他拍的照片时把我震撼了，再后来他让我看金书波的《从象雄走来》，对早于古格千年的那个曾经统治阿里的王朝有了初步的了解。

从古格遗址前的象泉河向上游数十公里，隐匿着象雄王朝的中心——穹窿银城。而那附近有两处遗迹，一处是故如甲木寺附近的遗迹，一处是相隔十多公里的曲龙村边的壮观城堡。到底哪处该是穹窿银城，不同的人有不同的观点。经甘南电话指点，我们沿国道219线从门土乡转下小道，过了故如甲木寺后，我们沿着象泉河走进险峻峡谷。在烂路上折腾一小时后，终于与穹窿银城隔河相望。这座依山而建的古城，让大家想起《指环王》上，那座山谷中人类最后的城堡——“刚铎”。

象雄是古代青藏高原西部的一个王朝，它的存在早于吐蕃王朝，汉代典籍中就有记载。象雄的图腾是大鹏鸟，藏语称为“穹”，而象雄人创立的本教至今仍有影响，按照本教典籍的记载，象雄的历史距今至少3000多年。据称象雄曾经有过十八代鹏王。据《敦煌本吐蕃历史文书》之《赞普传记》记载：松赞干布把妹妹萨玛噶嫁给象雄王李迷夏为妃。可李迷夏萨玛噶不和，并让其常年住在玛旁雍错湖边，松赞干布借此名义出兵灭掉了象雄。

若想较为深入地了解西藏的宗教文化，便不能不接触西藏最原始的宗教——本教。本教到底产生于什么年代？已经找不出确切的依据。如果按照本教自身的说法，则已经有3800多年的历史。不管怎么说，起码在公元前本教已经统治了象雄广大地区。

西藏早期文明史中，象雄王国的都城所在地均记载为“穹窿银城”。近年来，为数不少的中外学者对“穹窿银城”进行了一系列的研究与探寻，但似乎并没有一个标准答案。其中影响比较大的说法是故如甲木寺北侧的卡尔东遗

在烂路上折腾一小时后，终于与穹窿银城隔河相望。这座依山而建的古城，让大家想起《指环王》里，那座山谷中人类最后的城堡——“刚铎”。

自驾之余徒步走走，登山杖是必备品，用以降低膝关节的损伤。

古格王朝遗址

址为穹窿银城遗址。“穹窿银城”这个词是汉藏合璧，藏语该叫“穹窿威卡尔”。“穹窿”是有大鹏鸟的地方之意，“威卡尔”的意思是银色的城堡。“穹窿威卡尔”译成汉语就是“大鹏银城”。时间久了，“穹窿银城”这个藏汉合璧的词成了人们称呼象雄故都的专用词。

曲龙村河边有一个供游客看的牌子，上面写着“曲龙银城”，估计是为与专家认定的“穹窿银城”——故如甲木寺北侧的卡尔东遗址区分开，可“曲龙”与“穹窿”本就是一回事，只不过是藏语发音，用汉字标注而已。从两处遗址的保存状态来看，卡尔东遗址历史更久远，可如果看两处遗址的形象，无疑是曲龙村边的更形象，山崖上的银色区域，完全就是一只展翅的大鹏鸟。

开车绕过河，一大片泥石流造成的鹅卵石冲击带挡住我们的去路，只好徒步前行。头一天徒步累劈了的周子元在车里休息，这个自称对西藏人文、历史如何痴迷的家伙就这样，躺在一座雄伟壮观的历史遗迹不远处，只是睡大觉。

山洞中的一处熏黑的墙壁上，有本教的标志——“卍”，与藏传佛教的“卐”不同，一个逆时针，一个顺时针。本教与藏传佛教的教徒在冈仁波齐转山时也是如此，一个逆时针、一

如今的古格遗址声名远扬、游人如织。这几年一直在搞修缮，可修缮后的很多建筑过新，本来沧桑的古城现在反而有些缺乏历史感。

沿象泉河河谷前行，大块的鹅卵石考验着车辆的通过能力。

随着风雨侵蚀，曲龙银城通往峭壁石窟的道路已不复存在。

个顺时针。本教是西藏最原始的宗教，按照本教的说法，他们已经有3800多年的历史。可以肯定的是，在公元前本教已经盛行于象雄，并传播到西亚、南亚一些国家。

时过正午，我们折返回程。在故如甲木寺外，几位藏族青年在清理挖掘一处墓葬，两位从京城来的考古工作者坐镇指挥。他们说很多人以为曲龙村那边的遗址是"穹隆银城"，真正的"穹窿银城"是这里往北一公里远的那片山坡。其实我不关心这种专业评判，只是喜欢那片有着银色大鹏鸟形象的山崖，并被它所吸引。

回到国道219线上，我们再前往札达，那里还有传奇的古格遗址。可刚到札达岔道口，晓义说他们的车油表已经报警，这里离札达县城还有117公里，全是蜿蜒山路。头一天我们7个人去徒步，晓义和老涂开车去了玛旁雍错，来回100多公里，路过巴嘎乡的正规加油站还没加油，更要命的是去穹窿银城他们一路还开着空调。坚持了80多公里，在一个能看札达土林的平台上，晓义拎着油桶上我的车，一起去县城买油。虽说只有三十来公里，但我认定这已经报警后还跑了80公里的车不可能坚持到县城，与其冒着下坡没油失去动力以及损坏油泵的危险再往前努力，不如干脆一辆车来回多跑60公里去买油，其他人在这里看风景，等着。

顺利到了县城，结果唯一的加油站竟然没油，说是加油车第二天一早才能来。此时，我的车油箱也余油不多，无奈之下，晓义到处跑着打听哪里能买到散油，对于严控散油、加油站实名制加油的西藏来说，这不是一件简单的事。好在半小时后，晓义找到一家修车行，说是能弄来93号的油，40升500元，在这座加油站也是9块多一升的阿里腹地县城，人家没黑我们。又过了一个多小时，油弄来了。

从札达出发，没多久到达古格遗址，这是第二次来此。穹隆银城建在山崖之侧，而古格遗

古格遗址中部的几座寺庙分别为度母庙、红庙、白庙，古格壁画是古格艺术的精品，历经数个世纪，如今依然光彩照人。

址则是坐在一个山头之上。

古格王朝是吐蕃王室后裔所建，距今有1300年的历史，前后经历700年。古格王国遗址占地约18万平方米，从山麓到山顶高300余米，密布着房屋建筑、佛塔和洞窟，全山达600余座，形成一座庞大的古建筑群。

古格王朝的前身可以上溯到象雄，王朝大约是从9世纪，统一西藏高原的吐蕃王朝瓦解后建立的，到17世纪结束，前后世袭了16个国王，其统治范围最盛时遍及阿里全境。

17世纪时，古格已经有了西方来的传教士，当时的古格王和他的兄弟——古格的宗教领袖矛盾比较深，为了巩固自己的势力，古格国王开始借助西方传教士的力量削弱佛教的影响。1633年，僧侣们发动叛乱，古格王的弟弟勾结了与古格同宗的拉达克王室利用拉达克的军队攻打古格都城，推翻了古格王朝。战后，除了在战争中逝去的人以外，十万之众的古格人去了哪里，依旧没有一个极具说服力的说法。

古格遗址中部的几座寺庙分别为度母庙、红庙、白庙，古格壁画是古格艺术的精品，历经数个世纪，如今依然光彩照人。遗憾的是，几座庙宇中的塑像基本都被损毁，损毁时间只有三四十年，破“四旧”。

遗址中上山的路上，一位女孩儿将石块从大门外背到半山腰，每天反复数十趟。石块用来维修建筑，加固山崖。如今的古格遗址声名远扬游人如织，这几年一直在搞修缮，可修的很多建筑过新，本来沧桑的古城现在反而有些缺乏历史感。

告别古格，我们继续向前，前面就是狮泉河，阿里地区现在的行政中心，我们将从那里开始新藏线最艰难的一段旅程。

最具挑战的行程

原本打算一早从狮泉河出发后能赶到400公里外的大红柳滩过夜，不成想到了黄昏才走了两百多公里，还在离界山达坂50多公里外的土坑道路上艰难地向前挪动。走这条路，千万不能自我感觉良好，对他该有份敬畏之心，这是新藏线，真正的天路……

从班公湖往西，道路修缮没有完工，暴土狼烟随时陪伴。

如果没有开烂路的经验，在此难免遇到陷车困扰。

距阿里地区的经济、行政中心狮泉河镇还有40公里时，即将竣工的阿里天文台出现在右侧山顶，一轮上弦月挂在湛蓝湛蓝的天空上，如果老姜能与我们一同来到阿里，我们也就能到上面先睹为快了。但公务缠身的老姜从西宁就返回了北京。

刚过天文台处的山口，我说这是大家近段时间第一次白天赶到目的地。晓义接过话说：不一定！紧接着，老周的车传出消息，他们遭遇爆胎。大家在山坡上停下车，这是第一次有人抢过“爆胎王”刘晓义的风头。面对爆胎的周

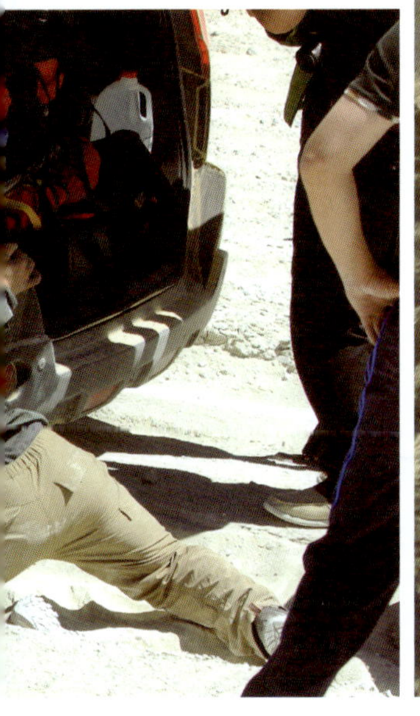

因大货车的反复碾压，时常需要下车查看便道上隐藏在浮土下的大坑。

子元，刘晓义释然的一笑——终于有人把他一路爆胎的晦气带走了，从北京出发开始，“爆胎王”已经干掉了4条车胎。

熟练地换好车胎，我们继续向前，几公里后，转过山坳，狮泉河镇出现在眼前，山梁之上还有一排大字——“毛主席万岁”，不知是什么时代留下的。这排字让我想起之前在扎什伦布寺，一面有精美壁画的墙壁上也有这类内容，只是在前面加了“伟大的领袖”五个字。随着那场闹了十来年的运动的结束，人们把那一排扎眼的大字抹掉，但如今依稀留有痕迹。

到了狮泉河，第一件事是办边境证。如果没在户籍所在地办好新疆、西藏都能用的边境证，从这里开始，需要再办阿里至叶城的边境证，好在这里公安、边检的办证工作人员对待游客都很友好，两小时不到全部办妥。其他人到宾馆休息，我和耀峰去买车胎，换他们车上损失的那一条。

休整一晚，我们开始了新藏线最具挑战的一段行程。从狮泉河到叶城1058公里，其中日土至叶城的近千公里没有加油站，全线平均海拔高度4500多米，从界山达坂到死人沟的两百来公里一直在海拔5000米之上，一路崎岖颠簸，加上高原造成的反应迟缓，这段道路才是真正意义上的新藏线。

上午10点，我们用派出所开的证明在加油站给3个备用油箱加满油，单凭车自身的油箱肯定到不了叶城，大红柳滩的散油质量又没法保证，

雨后傍晚，一片七彩之光飘在玛旁雍错湖面之上。

行驶在海拔 5000 多米的高原荒漠之上

所以最好在狮泉河带上备用油。出发向日土，那里是西藏最西端的一个县城，有西藏最西端的一个加油站。一路是新修的柏油路，相当平坦，我们心说，照这样跑下去，当晚怎么也得到大红柳滩，高原上能把路修成这样的确不易。董姐发现路边有两头藏野驴，两头野驴看到我们后也跟着在路基下奔跑，藏野驴有这样的特性，喜欢跟车跑。我降低车速让大家拍照，同时想看看这两头年轻野驴会干什么，结果野驴看它的速度比车快后，突然在车前 5 米处横穿跑过马路。

经过这么一出趣事后，我们到了日土。日土县城只有一条 300 多米长的街道，两旁的建筑是比较新的藏式风格的小楼，临街商铺多是餐馆、商店和汽修店。时近正午，再次加满油的我们在一家餐馆吃饭，由于餐馆老板看人下菜碟，先顾另一间包厢的县城老顾客，我们一顿

新藏线上的汽车兵有句顺口溜：“天不怕地不怕，就怕从大红柳滩到多玛”，这条路的艰险，我们才刚开始体验到。

路遇水患无法通行，只能合力将车推过软硬交界的路基与路肩。

走新藏线，工兵铲、垫板是必备之物。

饭用了两小时工夫。这让大家担心是否能赶到大红柳滩。穿过日土县城向北方没走儿公里，一只海鸥从车窗外掠过，到班公湖了。班公湖是阿里的名湖，狭长的湖面坐落在中国和印控克什米尔境内，奇怪的是，湖水在中国境内是淡水，在印控克什米尔境内却是咸水。盛夏时节，上万只海棕头鸥来此繁衍后代。

班公湖边，大量完工的路碑摆在一起，他们安放在道路两边之时，也是这条重修的道路即将竣工之日。离开班公湖，崭新的柏油路也随之消失，这里距离多玛乡还有100来公里，四周是光秃秃的荒山，路面虽都是沙土，但比较宽，车速也比较快，也不会太颠簸。大家欢快的在这条路上发飙，只担心别一路都是新铺的柏油路，大家想撒撒野都没地方。

没跑儿公里，开始出现状况，前方的道路被大货车轮胎碾压出两条沟，如果直接走必然会被中间凸起的硬梁托底。我用对讲说，过这路段需要拧着S型走，一定不能偷懒。话音未落，老涂告知，他托底了。为不让车底盘受到损伤，只能用工兵铲挖车下的土梁，此时不能偷懒，一定要挖得彻底，否则事倍功半。道路越来越崎岖，土坑越来越松软，车速在减缓，此时我确定，当晚赶到大红柳滩是痴心妄想，前面那段平坦的新路让我们低估了这条路的难度，它可是新藏线。

因为修路的缘故，大货车将路基下的便道压得破烂不堪，一不小心就会被松软的土坑陷住。离多玛乡还有三十多公里时，碰到一对老夫妻开着一辆瑞虎在土沟里艰难前行，大妈下车到前面查看路况，他们在犹豫是到多玛，还是在此掉头回日土。两位问我，我说向前只有30公里，既然来了，为什么不继续呢。经过3个多小时的跋涉，我们从日土赶到多玛。在多玛检查站，瑞虎老哥和我们聊到一处，听说我穿越过罗布泊，老哥和我说起了楼兰、跃进桥，还有新老开屏。他和老伴儿曾在罗布泊当兵，转业后一直对西部有着无限怀念，此次两人一起打算开车走新藏线，但疲惫的他们决定当晚就住在多玛乡。新藏线上的汽车兵有句顺口溜：“天不怕地不怕，就怕从大红柳滩到多玛”，这条路的艰险，我们才刚开始体验到。

挺进死人沟

从多玛向前，我们在正在修建的新路路基下前行，眼前，出现了最不愿见到的路况，高原洪水。水坑一个接一个，一个比一个大。在这里，有砂石的地方遇到洪水还好，如果是松软的虚土再被洪水浸泡，则极易陷车，黏稠的泥浆让

清晨，在营地做些热早点保持体力。高原旅行，有条件就尽量少露营，尽量休息好，保存体力。

你很难摆脱。最终，在一个半米多深的泥坑前我们打了退堂鼓，如果想继续向前，唯一的办法就是想法把车开过30厘米高的水泥路基坎，借正在修建的公路前行，通过洪水路段。可一边是松软的沙土，一边是坚硬的路面，中间则是隆起的水泥坎，我们开的也不是正经越野车。这种情况大家在周边抱来石块垫在路两边，然后小心谨慎地慢慢开过去，高海拔地区汽车动力不足，加上这里标着93号的汽油根本达不到标准，除开车的人外，大家还要合力推车。此时，两位修路的藏族朋友也来帮忙。

过了洪水路段，前方的土坑依旧没有减少的迹象，中午还在土路上发飙的大家都有些疲惫，在海拔4800米的地方开车爬30度角还遍布土沟、土坑的山坡，困难重重。

眼瞅天色渐晚，我决定开车在荒原上往里跑两公里找合适的地方露营，离公路远一些，一方面避开大货车卷起的飞扬尘土，二来也相对安全一些。这里距界山达坂只有几十公里。夜里12点，我和老涂开始拍星空，由于尘土等原因，此处的银河不及在冈仁波齐那晚的璀璨，但感觉也还不错。老涂又给我现场指导一些拍星空的技巧，人马座附近的银河，一些星团清晰可见。

露营一夜，在简单的早餐后我们继续出发向前。刚绕上公路不远，一只野狼出现在车前不远的公路上，路基下面也有一只。它俩不像头一天的野驴那样，见到车后汇合一处，在海拔接近5000米的荒原上狂奔而去。

界山达坂是新藏线沿途最著名的山口之一，位于日土县东汝乡松西村境内，界山达坂山口还是沿昆仑山南缘横穿羌塘无人区的三岔路口的起点，由阿里高原经克里雅山口进入塔里木盆地于田县普鲁村的进出西域的吐蕃古道也是以此为起点。由于测量手段和历史原因，公路养

界山达坂上空的银河

护及管理部门多次在界山达坂立碑，碑文都写明此处为新疆与西藏的区界，海拔6700米，这造成人们对它地理位置和海拔高度的误传。界山达坂距离区界还有几十公里的，海拔也只有5248米。2009年，武警交通八支队将立在山口的大理石碑上的“区界碑”和“海拔6700M”字样，改为了“界山达坂”和“海拔5248M”。我一直不明白，技术再落后，误差怎么也不至于有1500米呀！

过了界山达坂，新藏公路绵延在一望无际的荒原上，新藏线最让人忌惮的不是糟糕的路况，而是高海拔、氧气稀薄引起的高原反应，从界山达坂向前两百来公里都处于海拔5000米之上，一直到“死人沟”。死人沟在地图上没有标注，地图上叫泉水沟，而跑新藏线的司机都直接把这里叫死人沟。这里海拔5150米，气候条件非常恶劣，从新疆方向进藏，过了库地达坂海拔快速抬升，到了“死人沟”已是海拔5000米以上的高度，许多人由于强烈的高原反应长眠于此。这里气候多变，历年在这里因病、冻以及翻车而死的人员是新藏线上最多的。我们这次是从西藏进新疆，大家基本已经适应了高原，加上天气也很好，我们走的很顺利。出了死人沟往前，不记得走了多远，喀喇昆仑山出现在眼前。

重修完成之前的最后跋涉

距离大红柳滩不远，我们停车休息，同时把备用油箱里的油都灌进车里，这里离叶城还有500多公里，够用了。在翻界山达坂之前，我们搭了一位高原搭车客，休息时周子元突然发现，我们在冈仁波齐见过这位广东小伙子，刚高考完的他受诸多搭车游西藏的故事影响而来此，他说路上遇到的一些司机人不好，搭他要收钱。对此，我直接给他了一个不同的观点，为什么人家要免费搭你，问你要点车钱难道不应该吗？现在很多所谓的达人到处宣传如何几十块钱游西藏，以到处混吃、混喝、混住，整个就一混子！整个就是不以为耻反以为荣！自助旅游的悲哀……

新藏线最长的达坂是麻扎达坂，山口处海拔5300米左右，上下山各40公里，都是连续的大弯角坡道。“麻扎”在维语中是“坟墓”的意思，估计这附近有些墓地，因此而得名。麻扎沟处于麻扎达坂的深沟底，四面没有任何植物，空气也不太流动，所以缺氧严重。不远处，矗立着喀喇昆仑的雪峰冰川。雪峰之间还有一个叫康西瓦的烈士陵园，那里埋葬着100多位在1962年中印之战中牺牲的战士。

界山达坂山口石碑上的“区界碑”和“海拔 6700M”字样已被抹去，改为了“界山达坂”和“海拔 5248M”。

出了麻扎达坂，前面还有将近两百公里才能到叶城，此时我也很是疲惫，让老李帮着开车。午夜 12 点，我们到了库地检查站，这里的检查很严格，武警战士告诉我们，再往前翻过库地达坂就出山了，但山势险峻，建议我们在村子里休息，第二天一早再走。谢过检查站的战士，我们继续向前，翻库地达坂时下着雨，我和老李换开车的频率更快，大家都很累了，随时用对讲提醒后车，靠右！靠右！因为左侧黑暗之中就是山谷，一旦失误，没有活下来的可能。

凌晨 4 点，我们终于抵达叶城，走完了这最艰难的一段新藏线，再过一年，新藏线的重修工作就将完成。现在的新藏线已远没有十年前艰险，等重修工作完成，这条天路将更加好走，虽说对于我们这种希望体验艰辛的人来说，平坦的新路缺少了一份吸引，但对那些常走新藏线的货运司机来说，大家都盼着全线完成修缮的那一天。

沈海非遗路

撰文/**马明** 绘图/**刘超**

沈海高速公路，那条著名的东部沿海高速公路大通道，串起了一个个经济发达的沿海省份，这些地区虽然不见得是文明程度最高的地区，但是却极大地促进了一些非物质文化遗产的迅速发展。在这明媚的晚秋时节，不一定非要看层林尽染的风景，也可以去走走这条路，去领略民间非遗的文明色彩。

沈海高速公路日照段【万秀明 / 摄】

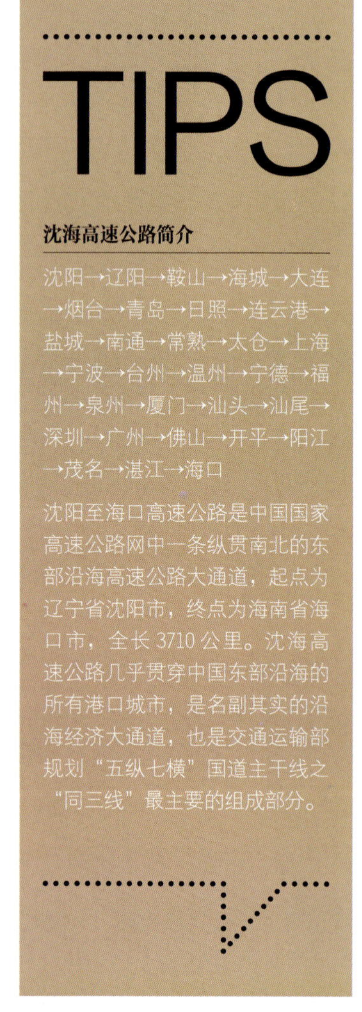
TIPS

沈海高速公路简介

沈阳→辽阳→鞍山→海城→大连→烟台→青岛→日照→连云港→盐城→南通→常熟→太仓→上海→宁波→台州→温州→宁德→福州→泉州→厦门→汕头→汕尾→深圳→广州→佛山→开平→阳江→茂名→湛江→海口

沈阳至海口高速公路是中国国家高速公路网中一条纵贯南北的东部沿海高速公路大通道，起点为辽宁省沈阳市，终点为海南省海口市，全长 3710 公里。沈海高速公路几乎贯穿中国东部沿海的所有港口城市，是名副其实的沿海经济大通道，也是交通运输部规划“五纵七横”国道主干线之“同三线”最主要的组成部分。

鞍山
日渐崛起的岫岩玉雕

鞍山是一个老工业城市，与文化遗产的事儿听起来不大沾边，但是鞍山下属的岫岩县在文玩爱好者的心目中却是一个圣地——中国软玉之乡。岫岩玉，简称岫玉，以产于岫岩县而得名，是中国软玉中的几大名玉之一。在和田玉资源日益稀少的今天，从前名不见经传的岫玉渐渐地登上了历史舞台。岫岩由于它特有的自然环境和复杂的地质构造，孕育了丰饶的玉石资源，所以就成为当代的玉雕工艺集中地和玉雕工艺品集散地之一。玩玉之人，不跑一趟新疆和田、广州的华林、四会和平洲，再加上鞍山的岫岩，还真不算是行家了。

不玩玉的人可能不太了解玉和玉石的区别，所以初到岫岩听当地人聊天可能会吓一跳。经常会听到这样的话：“我们家猪圈是玉石砌的”，“我们家盖的玉石房子”。岫岩人难道个个富可敌国吗？当然不是。一条玉脉可以有很多个玉矿，但大部分的玉矿所产的都只是质地一般的玉石，与大理石没什么区别，真正硬度高可以做摆件甚至小饰品的岫玉虽然比和田玉多一些，但比起玉石来说只是九牛一毛。

岫岩县的长途客运站对面就是一个玉器市场——东北玉

岫岩玉雕质纯的丝毫不亚于和田玉

器交易中心，不过玩家们不常去，大凡这种客运站附近的市场卖的都是一些比较廉价的劣制工艺品，多数都是游客会在此消费。市场内的玉器价格不是很高，可也绝对不低，以摆件为主。另外还有一个很大的“玉都”，跟北京的琉璃厂差不多，里面有几十家玉器店，店里当然不乏精品，但价格也不是一般的高。

岫玉虽然不是什么名贵的玉料，但历史悠久。五千年前的红山文化遗址中就出土了很多用岫玉制作的玉龙、玉猪、人面纹玉琮、兽面纹玉琮等被行家们称为“素活”的文物。红山玉器的特点就是朴拙、圆润,用刀不多,但是却极具神韵。在距今约4500年的岫岩北沟文化遗址,发掘出一大批古玉器，证明岫岩先民已经掌握了较高的琢玉技术。据考古发现，从新石器时期到明清时期，历代出土的文物中，都有用岫玉雕琢的玉器。1968年在河北满城陵山汉墓中出土的“金缕玉衣”，经化验确认2498片玉片大部分是用岫玉雕制而成。不仅东北地区出土的玉器，远在江苏、浙江一带出土的新石器时代良渚文化的玉器中也有不少岫玉精品。据传,清朝皇太极刻有“皇帝奉天之玉”的传国玉玺、乾隆皇帝刻有“国朝传宝记”的玉玺,也都是用岫玉雕制而成。

岫岩近代玉器生产起于清乾隆年间，渐兴于道光咸丰时期。清末民初，岫岩地区形成了有300多人从业的玉石街，出现了以江保堂为首的玉雕“八大匠”和以李得纯为代表的“素活二李”。当时玉雕有人物、花鸟、动物、花卉、素活等五大类产品，特别是素活工艺达到了较高的水平。20世纪50年代至80年代末，素活工艺又有了进一步的发展，其代表作品岫玉塔薰《华夏灵光》高3.15米，是迄今中国玉雕史上最大的一件瓶素工艺品，现藏于人民大会堂。

2010年1月，莒县阎庄镇大柏林村，村民史发民在刻制过门笺子。

由于岫玉没有和田玉的硬度那么高，所以岫岩玉雕的精品多以小件制品为主，如笔筒、镇纸、茶具、鼻烟壶、首饰等。清光绪二十六年，当时县城南门里有玉器作坊，“列肆而居，日夜琢磨”，时称“玉器街”。清末，县内杨朝工、杨朝华、徐魁元等人分别在大连、营口、安东等地开设商号，专门经销岫岩玉器，除内销外，还销往日本及东南亚国家和地区。

岫岩玉雕工艺多受河北、北京艺人影响，属中国北方流派。长时期受到北方民族民间文化的滋润，吸收了地方民间木刻、石雕、泥塑、刺绣、剪纸、影人和彩绘艺术等方面的精髓，融合渗透，逐渐形成了具有浓厚地方特点的艺术风格。以立体圆雕、浮雕为主，辅以线刻、镂、透雕等技法。岫岩玉雕造型简练古朴，打磨光滑，气韵生动传神，素有古辽河红山文化遗风。如获全国工艺美术百花奖的“华夏灵光岫玉塔薰”、“蝈蝈篓”等作品就是岫岩玉雕的代表。

值得一提的是，前些年和田玉造假的多，岫玉因为价格低廉造假的少，但现在随着市场上的和田玉越来越少，岫玉工艺品为了卖相也开始过度加工。造假者不断研究人工优化处理的方法，染色、辐照、烧色、改色各种方式无所不用。而且，据岫岩当地人说，岫玉中河磨玉的价格较高，所以市面上也出现了不少用硫磺来熏蒸造假河磨玉者，去淘宝一定要警惕。

日照
莒县过门笺的七彩年味儿

撰文、摄影 / 陈为峰

2011 年 1 月 8 日，山东省日照市莒县夏庄镇大庄子村，村民来逢强在制作过门笺，而我在旁边不停地按动快门。已经数不清自己是第多少次来拍摄过门笺了。虽然它只是人们过年时常用的一个物件儿，算不得什么高雅艺术，但那种质朴而欢乐的年味儿如果没有它就会完全失色了。可能也是源于对故乡民间艺术的强烈热爱，我一直执着地追拍着这个故事，并且乐此不疲。

过门笺，又叫挂钱、罗门笺、吊钱、门吊、花纸、吊挂、纸挂、活门钱、斋牒等，是春节期间贴在门楣上、窗上、水缸上等处的装饰刻纸，是我国传统的年节门（窗）楣吉祥装饰物。总的来说，它属于中国传统剪纸系列中的一个艺术品类，在山东集中流行于临沂、潍坊、枣庄等地，同时也是莒

2011 年，莒县夏庄镇大庄子村，村民来逢强制作过门笺的工作台。

县剪纸艺术的代表作。“门笺”一词最初见于《后汉书·礼仪志》，到了南宋，改称“春幡胜”，开始在元旦（即今天的春节）悬挂于门首。从幡胜到门笺，从丝绢到五色纸，走过了千余年的漫长岁月。

过门笺，一般都用红棉纸或其他彩纸裁制而成，呈长方形，普通的长约一尺左右，宽约七寸左右，四周镌有图案，镂空的背饰有方孔钱纹、万字纹、水波纹等。上为吉语题额，中为“吉庆有余”、“五谷丰登”之类吉祥语或吉祥图案，下呈多种多样变化的穗状。每逢春节（旧历新年），粘贴于门楣上，称作“喜笺”。“过门笺”是中国古老而富于传统的一门民间艺术，历史悠久，风格独特，不仅是普及最广的一种节日装饰，而且是一门独特的文化遗产。在民间每逢春节来临之际，各家各户都把备好的“过门笺”取出张贴在门楣上，与春联交相辉映，给节日带来了无限的生机、欢乐和喜庆。2007年，莒县过门笺被列入第一批山东省非物质文化遗产名录。一年之后又登上了国家级非物质文化遗产的殿堂。

在莒县，几乎每一个镇子每一个村子都有会制作过门笺的民间艺人，粗略算来我已经走了十几个乡镇。不过，我去的最多的当然是非物质文化遗产传承人来逢强家。来氏祖先在莒县过门笺的制作史上非常有名。据来氏家谱记载，明洪武年间（1389年），来氏祖先来自立是一位多才多艺的文人，因时局的变化，从浙江萧山县移民迁徙到莒县定居（当时村名叫千家店子，地处莒县东南角），由于当时的社会战乱频仍，路途遥远，加之长时间的徒走，所带的一些价值连城的字画、文物大部分都已失落，只剩下一少部分文物，其中就有“过门添子”——过门笺的一个著名样板。

来逢强自己制作过门笺的刀具

清朝是过门笺制作的一个繁盛时期。乾隆二十一年，社会安定，人民丰衣足食，生活水平提高了，人们对文化艺术的需求也相应提高。为庆祝社会的繁荣、家族的昌盛。当时来氏祖辈来栈（生于乾隆四十一年，是一位博学多才又爱好艺术的人）又开始制作“过门笺”，当时只是制作少许，分给本家族各家各户过春节时张贴。嘉庆四十年，来氏族人来广远继承祖业，在原来的基础上有所创新和发展。生活条件变好，又加之他文化程度更高（贡生），就自费办学，以教学为主。此后就把“过门笺”的技艺由老祖母传授于更多喜爱艺术的家族人中。当时男孩在学堂读书，女孩在家纺织、绣花、制作“过门笺”成了主要技艺。当时的“过门笺”内容为：一帆风顺、二字平安、三阳开泰、四喜齐来、五谷丰登、六合同村、鸿福临门、风调雨顺、世界大同、天下为公等，七种颜色为一门，（大红、大绿、黄、粉红、兰、紫、黑）。道光二十六年至咸丰四

莒县阎庄镇大柏林村，村民史龙河展示他设计的市场前景看好的过门笺。

年之间，此手艺由来广远之祖传授与来摩、来锡、来绅等。光绪年间，大庄子村来氏家族发展到数百人。居住、生活各方面的条件都逐步好起来，学习制作“过门笺”的人随之增多。当时由来摩、来锡、来绅又将此技艺传授与来昭君、来昭春、来昭宴、来昭逊、来昭壁、来昭苍等人，随着来氏族人的发展，男婚女嫁，亲朋好友的往来，制作“过门笺”的技艺后又传于莒县浮来山镇石灰窑村、闫庄镇的当门村、莒南县的大店、沂南县的七姓官庄等（由于当时制作精致，道具锋利，别处也有用木棒敲砸等形式）。

民国时期，在来氏家族的带动下，全村各家各户、男男女女都开始制作“过门笺”。抗日战争时期，由于战争不断，又加上一代传人放下农活，投身于党的革命事业，“过门笺”一度冷落。当时祖辈教训：要保护好祖上传下来的这门儿事业。族人们把当时的“四喜齐来、五子登科、富贵有余、人寿年丰、麒麟送子、观音送子、青云直上、过门添子、阖家兴旺”等样板保存了下来。

自清末民初以来，莒县过门笺的刻制工艺已形成了比较固定的模式：先定好过门笺的尺寸，按尺寸设计出图案，用牛皮纸、纸板、厚纸或袋子皮刻成模版，再按照图案的线条找工匠打制出各种刀具，用木板、石蜡和锯末做成一个蜡盘，把彩纸按尺寸裁好，一沓200张左右，然后把模版放在彩纸上面，用锥子扎上眼，再穿上纸捻固定，最后再放在蜡盘上，用各种刀具刻制，有些大的线条有时也用木槌敲击刀具砸刻，全部刻完后把刻下的纸屑捅出，这样整个工序就算完成。

莒县从古时对过门笺子的悬挂就有一定的讲究。每门每窗所挂皆为单数，多为五张或三张，每张一色。过去的五色原指青、赤、黄、白、黑，因在喜庆的民俗中人们忌讳黑、白二色，所以后来把五色定为大红、粉红、黄、绿和紫，其顺序为头红、二绿、三黄、四水（粉红）、五紫（取“五子登科”意），后期也把蓝色加上，一套六色(取“六六大顺”之意)。

上海
83项国家级非遗，堪称瑰宝原乡

早在2011年，就已经有一本收集了上海83项“非遗”项目的《上海市非物质文化遗产名录图典》出炉。当时国家级非物质文化项目“昆曲”“沪剧”“独脚戏”“评弹”等的代表性传承人蔡正仁、陈瑜、王汝刚、陈希安等都出现在签售现场。同时，一套“上海国家级非物质文化遗产名录项目丛书”也进行首发。

海派剪纸传承人林曦明【马明/摄】

露香园外景【马明/摄】

沪上海派，一向走在艺术前沿的上海不仅散发着浓浓的文化气息，更为难得的是，能把这么多非物质文化遗产保存下来留传后世。这些珍贵的遗产，涵盖了民间音乐、民间舞蹈、传统戏曲、曲艺、民间文学、杂技与竞技、民间美术、传统手工技艺、传统医药和民俗10个门类共83项。可以这么说，要体验老上海的十里洋场风情，只要去好好关注这些遗产就够了——上海港码头号子、江南丝竹、嘉定竹刻、朵云轩木板水印技艺、老凤祥金银细金制作技艺、龙华庙会、豫园灯会……从大的方向说，这些非遗项目反映了上海近现代历史、文化和工商业文明的演变过程；从旅行的角度，寻访它们的过程就是一个认识上海的过程，认识一个活色生香的上海。

◆在名门闺秀身上流动的顾绣

顾绣是上海地区工艺品中的瑰丽奇葩。顾绣因源于明代松江府顾名世家而得名。顾名世，字应夫，号龙泉，是明嘉靖三十八年进士，官尚宝司丞，就是在内宫管理宝物的官吏，晚年居上海。“名世性好文艺”，他见多识广，艺术修养较高，在他的影响和倡导下，他的女眷们也酷爱艺术，善丹青书法，精于女红，尤其擅长刺绣。她们从事刺绣的目的不仅是实用而是视作上层妇女的修养和更高层次的艺术追求。顾名世晚年在上海建筑了一座林园居住，取名“露香园”，穿池得一石，有赵文敏手篆“露香池”三字，因以名园（今九亩地露香园路，即为纪念此园得名）。顾家刺绣远近闻名，又因这露香园而被称为“露香园顾绣”或“顾氏露香园绣”或简称“露香园绣”、“顾绣”。它是以名画为蓝本的“画绣”，以技法精湛、形式典雅、艺术性极高而著称于世。

清初松江府状元戴有祺著作《寻乐斋诗集》“露香园缪氏绣佛诗注”曰：上海顾绣始于缪氏（缪氏是顾汇海之妾），尤其擅长山水人物。顾绣，作为绘画中的一种特别形式，早就引起了有祺的关注与兴趣。“顾绣始于缪氏”之说，是戴有祺第一个指出的，这是他悉心研究顾绣后的结果。据传顾氏的绣法出自皇宫大内，绣品使用的丝线比头发还细，针刺纤细如毫毛，配色精妙。绣制时不但要求形似，而且重视表现原作的神韵，且做工精细、技法多变。仅针法就有施、搂、抢、摘、铺、齐以及套针等数十种，一幅绣品往往要耗时数月才能完成。所绣的山水、人物、花鸟均精细无比、栩栩如生，受到官府和民间的广泛推崇。

明代还先后出现了缪氏、韩希孟和顾兰玉等顾绣名手。韩希孟是顾名世的孙媳，在顾绣诸名手中最有代表性。她具有很高的艺术素养，认为刺绣不应只是衣裙装饰的从属物，而应以它的独特风格，显示出独立的艺术地位。其绣品大多以宋元时期（10~14世纪）的名画为题材，她充分运用针锋特技来表现画面的神韵。所绣人物神采奕奕，呼之欲出。韩希孟的精湛技艺确立了顾绣的卓越地位，她的写真手法对后世仿真绣的发展具有启迪作用，苏绣也受她的影响很大。

到了清代（公元1644~1911年），顾名世的曾孙女顾兰玉开始设立刺绣作坊，广收门徒，传授“顾绣”技法。自此“顾绣”在上海附近地区流传开来，民间妇女争相仿制，商人开设绣庄，收购绣品，顾绣之名传遍江南。不过，因为顾绣的卓绝是以高素质的艺人和大量的工时为代价的，制约条件很多，所以难以普及，难以为继。清嘉庆以后，“顾绣”逐渐衰落，几至失传。新中国成立后，这项绝技得到了一定程度的恢复和发展。清末，顾绣渐趋湮没，以后几乎被人们所遗忘，被吸收顾绣技法和营养而崛起的苏绣所替代。

如今，顾绣在一代代艺人的努力之下又恢复了生机，数届顾绣艺术展览好评如潮。由于它从一开始就有别于苏、粤、湘、蜀四大名绣，专绣书画作品，所以恢复之后还是一门非常独特的刺绣艺术。今天的顾绣产品形式除传统画绣挂幅外，还有睡衣，浴衣、台布、枕套、被面、围巾等等。到上海能入手这样一袭华丽的顾绣衣裙，再去老的里弄里转转，也会有几分沪上名姝的心情了吧。

海派剪纸一点儿也不“海派”

上海剪纸上世纪已有出现，当时时常出现在民间的门笺、鞋花、绣花样上，在近百年的历史演变中，上海剪纸逐渐形成了与众不同的“海派”风格，在中国剪纸这一传统技艺中具有相当地位。在文化部编撰的《中国民俗文化丛书——剪纸艺术》一书中，列出了上海两位剪纸艺术大师：王子淦、林曦明。王子淦已故世，林曦明现为中国剪纸协会名誉会长、上海剪纸协会会长、上海美协理事、上海中国画院一级画师。

王子淦将北方剪纸的粗犷、大气和南方剪纸的细腻流畅，恰当的融为一体，继承了前辈的优秀技艺，表现出了极强烈的艺术个性。故而他的作品形成简练、夸张、装饰性强的特点，花鸟鱼虫、飞禽走兽、山水风景、人物建筑无所不能涉及。

世界级海派剪纸

林曦明为苏昧朔的入室弟子，70余年来创作了数百成千幅反映中国农村和城市变化的剪纸作品，相继在《浙江农民报》等省和全国报刊发表，在

上海城隍庙道乐乐团演出场景【马明/摄】

众多书籍中作为插图，蜚声民间艺术领域，成为上海民间美术中的一朵奇葩。他的剪纸作品结合了我国传统剪纸细腻质朴色彩，又融合了现代的粗旷、联想等元素；大胆运用他擅长的山水画中写意手法，把书画和民间剪纸融会一起，互相交融，相得益彰，这在我国剪纸艺术上堪称一绝。

2005年，海派剪纸被上海市经委同意认定为上海市传统保护技艺。海派剪纸作为祖国优秀传统文化的一个门类，我们应该继续做更大的努力来继承、总结，以保存其扎实的生存能力，让其得以延续。

◆城隍庙不仅有美食还有道乐

到上海的老城隍庙去听场道乐？可能很多人会不理解，道乐有什么好听？那就错了。这道教音乐不仅是道教仪式不可缺少的有机组成部分，还是一种能让人修心养性的天籁之音。尤其是上海的道教音乐，除了具备一般道教音乐的性质之外，还在发展的过程中形成了很多地域特色。

上海以前叫“松江”的时候只是小地方，比不上苏州这样的大城市。鸦片战争之后，上海才开始发展起来，道教活动也跟着社会条件的变化而发展，并形成了本帮、苏州帮、无锡帮等诸多帮派。旋律的婉转曲折作为上海道教音乐的民俗特色，包括了江南吴语地域的语言系统、生活习俗、民间俗乐（民歌小调、器乐、说唱、戏曲）等因素。另外，吹、拉、弹旋律器乐与声乐唱腔的紧密配合，唱腔中唱段之间的空隙由器乐伸延填补，使两者的旋律连续为一体，使唱腔更具有起伏连绵的音乐性，这也是上海道乐地域性风格的体现。

据说本帮道教音乐曾受到上海佛教法事音乐的影响，把当时已走向衰落的佛教做法事时使用的音乐吸收了过来，使它变成适用于道教科仪的音乐。上海市区道乐兼备正一、全真两派特点，以市内海上白云观和地处浦东的钦赐仰殿两大宫观为代表。两者有不同之处。前者含有东乡道乐的风格较浓。在风格上较注重庄严华丽的仙道气氛，曲目以细乐为主。而浦东的东乡道乐则以京胡为其重要的旋律乐器。今天的上海城隍庙道教乐团不仅经常为游客开音乐会，还经常去亚洲其他国家演出，尤其是被列入国家级非物质文化遗产名录之后，更是大放异彩。

台州
翻簧竹雕，那一种竹子的风情

翻簧竹雕，是浙江黄岩的传统工艺，始创于清同治九年，距今已有百余年历史。翻簧竹雕因雕刻在毛竹内壁的簧面上

翻簧竹雕的如意【马明/摄】

而得名。其工艺是将毛竹去青取簧，经过煮、晒、压平后、胶合或镶嵌在木胎、竹片上，然后磨光，雕刻成各种山水、人物、花鸟图案，再配上其他装饰材料，制成各种工艺品。产品色泽光润，类似象牙。浮雕和浅雕是翻簧的主要表现手法，线条粗中有细，疏密结合，特别精致。翻簧竹雕在国内堪称一绝，具有浓郁的地方特色。

1929年杭州西湖博览会和1933年南京全国工艺品展览会上，黄岩翻簧竹雕分别获银奖、特等奖。20世纪60年代初期是黄岩竹雕鼎盛时期，国内工艺美术界把黄岩翻簧竹雕、青田石雕、东阳黄杨木雕并称“浙江三大雕”。翻簧远销欧美等十多个国家，在美国世界博览会上深受国际友人的赞誉。1964年5月中国科学院院长郭沫若慕名特来黄岩，参观黄岩翻簧竹雕，并给予极高的评价：“黄岩翻簧竹雕采用国画手法，把绘画技巧与雕刻手法融为一体，有画面、有题款、有图章，构成一幅幅有诗情画意的工艺品。真不愧浙江三大雕之一。”

湛江
遂溪醒狮舞出一场广东大戏

广东湛江是汉、瑶、侗、苗等民族融合的聚居地，当地的东海岛人龙舞、遂溪醒狮、雷州歌、雷州石狗、吴川飘色、湛江傩舞、雷剧等先后被列入国家级非物质文化遗产名录。目前，湛江已有4万名农民自觉地加入到保护传承国家级非遗的行列，一起舞动遂溪醒狮。

遂溪醒狮起源于汉代，盛行于明清。为传承狮艺，遂溪县黄略镇文车村农民杨敖变卖了两间饭店，于2000年组建起文车醒狮团。2003年，文车醒狮团获邀参加北京第六届国际旅游文化节，为筹到10万元人民币的参演费用，杨敖低价卖掉“丰田”小汽车。2004年，杨敖又先后卖掉“蓝鸟”、“小霸王”小汽车，筹资参加全国民间民俗艺术节比赛，并赴法国巴黎参加“中法文化年”表演。文车醒狮团在获得中国民间艺术的最高奖“山花奖”后，又创下飞跨3.8米高桩的吉尼斯纪录。

遂溪醒狮的面具多以幽默诙谐的可爱类型为主

除了遂溪醒狮之外，到了湛江也要深切关注一下那些濒危的非遗。

雷州歌。雷州歌被誉为雷州半岛历史民俗文化的活化石。雷州市纪家镇田园村村民自发筹建中国雷歌馆，如今已建成雷歌陈列室和广场；村民符马活更自费编辑《中国田园村雷歌集》，收录了田园村300多年来村民口头创作、手抄传承的近400首雷歌作品。

湛江傩舞，已有700多年历史，但却濒临失传。麻章区湖光镇旧县村87岁农民彭英芳自幼开始学习跳傩，20多年来一直坚持在村传教傩艺，现村里傩舞队队员有4批32人。

东海岛人龙舞诞生于400多年前，从龙头、龙身到龙尾，全由真人扮演，素有“东方一绝”之称。东山圩村农民已捐资30多万元建设人龙舞训练广场，成立了人龙舞研究会。今年7月底，东海岛人龙舞参加了上海世博会广东活动周开幕式表演。不过，它的前景也十分堪忧。

MORE THAN DRIVING

自驾车旅行如果只是为了看一看风景，尝一尝美食，固然无可非议，但却略嫌单调。其实，通过自驾这种自由而美好的方式可以把很多玩法组合起来，做一个私人订制的旅行“变形金刚”，加徒步，加攀岩，加溯溪，加潜水，是自驾和户外的完美互赏；加度假，加考古，加探秘，加美食，则是为自驾旅行穿上了一袭华丽的嫁衣，待字路上。

穿越时空访契丹

一个以“镔铁”为名、精神坚不可摧的伟大族群，一个疆土曾经西达阿尔泰山、东至日本海的草原王朝，因为其他北方民族的诛杀和屠灭，仿佛在顷刻之间烟消云散。

蜀山探路传

川西的美不分季节。比之盛夏的高山草场，山花烂漫，川西的秋色更有令人神往的浓郁。聆听着深秋的音韵，收起行囊上路，行走在蜀山道上，开始这一季的公路追逐。

慢行沪上古桥间

以“五浦归江”之地青浦区的朱家角为首，还有金泽、练塘、枫泾、南翔和离枫泾不远的昆山千灯古镇，各有各的妙处，并且恰好能串成一条悠哉的度假线路。

自驾+考古

穿越时空访契丹

撰文/**晓边**　摄影/**邵风雷**　文物照片提供/**翁博文物有限公司、春水秋山居、裴元博**

一个以“镔铁”为名、精神坚不可摧的伟大族群，一个疆土曾经西达阿尔泰山、东至日本海的草原王朝，一种融汇了建筑、文字、文学、美术、手工艺等诸多灿烂文化成就的辉煌文明，因为其他北方民族的诛杀和屠灭，仿佛在顷刻之间烟消云散，只留下少得可怜的遗址和一些可以寻踪的蛛丝马迹。然而，那些留传下来的大漠勇士传说却时时刺激着人们的侠义神经。契丹，当之无愧成为今天文明探寻者狂热的追逐对象。

作家郭发财在契丹故地内蒙古赤峰市游走近20年，期间，他认真地阅读了《契丹国志》《辽史》新旧《五代史》《剑桥辽宋夏金史》等文献资料，并对国内辽史研究和契丹考古发掘动向非常关注。他以一个诗人、作家、非主流文化旁观者的身份，为一个民族和一段特殊的历史给出了自己的说法。

作为一个族源、族裔和民族成分复杂，历史考古学界至今难以定论的北方民族，契丹一直谜团重重。由于其王朝被女真屠灭，加之随后蒙元帝国的快速崛起，耶律阿保机的直系后裔耶律大石在西域乞儿漫城建立的近百年西辽政权被乃蛮王屈曲律夺取。随后，屈曲律又被蒙元大将哲别诛杀——北方契丹种族及其民族历史文化，仿佛突然烟消云散，尽管他们曾辉煌一时。

对于契丹在北方少数民族中的地位，郭发财认为："无论完颜阿骨打、成吉思汗，乃至努尔哈赤诸辈有多么能征善战，开拓的帝国疆域有多么辽阔庞大，但在北方帝国的历史大谱系中，这些'北方大佬'的历史座次，都要围绕耶律阿保机和耶律德光父子而设。因为，正是他们作为北方长子的先知先觉，建立的北方王朝挑战了传统的'中国概念'，日后的北方大佬才看到了南伐中土、当轴天下的信心和希望。"所以，在整个北方民族过渡中契丹起到了一个承上启下的关键作用。

一是因为崇拜唐朝二是在击败后晋、逐鹿中原的过程中得到许多战利品，因此辽代继承了许多唐代文物，这是一对具备典型唐朝特色的力士。

辽代的契丹之路

起点： 辽南京（今北京）

终点： 辽中京（今内蒙古赤峰市宁城县大明镇）

史据：据《辽史》卷三十九《地理志三·中京道》记载："宋王曾上契丹事曰：出燕京北门，至望京馆。五十里至顺州。七十里至檀州，渐入山。五十里至金沟馆。将至馆，川原平旷，谓之金沟淀。自此入山，诘曲登陟，无复里堠，但以马行记日，约其里数。九十里至古北口，两傍峻崖，仅容车轨。又度德胜岭，盘道数层，俗名思乡岭，八十里至新馆。过雕窠岭、偏枪岭，四十里至卧如来馆。过乌滦河，东有滦州，又过摸斗岭，一名渡云岭，芹菜岭，七十里至柳河馆。松亭岭甚险峻，七十里至打造部落馆。东南行五十里至牛山馆。八十里至鹿儿峡馆。过虾蟆岭，九十里至铁浆馆。过石子岭，自此渐出山，七十里至富谷馆。八十里至通天馆。二十里至中京大定府。"

解析： 从现在的北京西南出发，从当时为南京析津府的北门出发。第一站是"望京馆"，大概在现在北京东北的望京一带；行五十里到第二站顺州，现在的北京顺义区；再行七十里到第三站檀州，现在北京的密云县；现向前走开始进入山区，行五十里到第四站"金沟馆"，现在北京密云水库一带；再向前就进入山中，行九十里到第五站古北口，现在古北口还在，是道雄关，位于北京东北与河北的交界处；经德胜岭（有称摘星岭），经数层盘山路（即今滦平县平坊乡境内的大十八盘梁，梁上古道盘旋），行八十里到第六站"新馆"，现在的平坊乡砼场沟门，据说考古人员找到了新馆遗址；再向前经雕窠岭、偏枪岭，行四十里到第七站"卧如来馆"，现在河北滦平县大屯乡南沟门村；再向前经滦河，至河东到第八站滦州，现在河北承德（现城西北），在双塔山有辽塔遗迹；再向前经摸斗岭，现在滦平县东北部的伊逊梁，行七十里到第九站"柳河馆"，据说前些年考古人员找到了柳河馆遗址；再向前经松亭岭，行七十公里到第十站"打造部落馆"；再向前，行五十里到第十一站"牛山馆"；再向前，行八十里到第十二站"鹿儿峡馆"，现在承德县东山嘴；再向前，经虾蟆岭，现在的祥云岭，行九十里到第十三站"铁浆馆"，现在的平泉县罗杖子，有遗址；再向前，至石子岭，现在的乌呼玛梁，开始走出山区，行七十里到第十四站"富谷馆"；再向前，行八十里到第十五站"通天馆"，现在内蒙古宁城县境内；再向前走二十里就到了中京大定府，现在内蒙古赤峰市宁城县大明镇境内。

这条路出京向东北，到承德一带顺山势水系折向东南走一段，而后又向东北。全程累加 910 里，计 450 公里，与现在的里程差不多吻合。这条路爬山过岭，估计皇帝不走，所以这可能是一条契丹通信之路，也是一条宋朝出使之路。

重走契丹之路

第一天： 从北京东直门出发，上国道 101 线（中间可以走一段京沈高速公路）奔古北口，考察御道口杨令公祠；然后上大广高速公路奔承德，在承德南互通转上长深高速公路去号称"契丹祖庭"的平泉县；从平泉县出来沿长深高速公路继续往东北，经凌源市到辽宁的朝阳，从朝阳转上丹锡高速公路去赤峰市，全程约 320 公里。

第二天： 从赤峰市沿丹锡高速公路一直向北到翁牛特旗首府乌丹镇（布力彦苏木），考察辽代古战场；从翁牛特旗再上丹锡高速公路向北，到新城子镇转到国道 303 线，向东北走到巴林右旗的大板镇，全程约 370 公里。

第三天： 从巴林右旗大板镇上县道 218 线前往索博日嘎苏木，拜谒辽代圣地庆州释迦舍利塔；之后上草原公路的庙大线转九嘎线再转省道 204 线去赛罕乌拉自然保护区的王坟沟考察辽庆陵，在皇陵周边可以参观到遗留的盗洞；最后沿原路返回巴林右旗大板镇，全程约 280 公里。

第四天： 从巴林右旗大板镇上国道 303 线，行驶 73 公里后左转上国道 305 线，直奔位于巴林左旗首府林东镇的辽上京博物馆；看过博物馆之后先沿着契丹大街去看近在咫尺的辽上京临潢府遗址；看完遗址再上国道 303 线，向西经哈达英格村去辽祖陵；看完辽祖陵回到林东镇，全程约 150 公里。

第五天： 从巴林左旗林东镇上国道 303 线，转丹锡高速公路到赤峰；从赤峰上国道 111 线到丰宁，转国道 112 线到宣化，这里是最激动人心的最后一站——下八里村辽代壁画墓；探墓之后从京藏高速公路返回北京，全程约 650 公里。

辽代将对金银器的喜好推向了高潮，制作了精美的手雕金钱，往往是一面图案一面文字。

收藏家侯学友征集到的辽代盔甲，从装束上看至少为王一级。

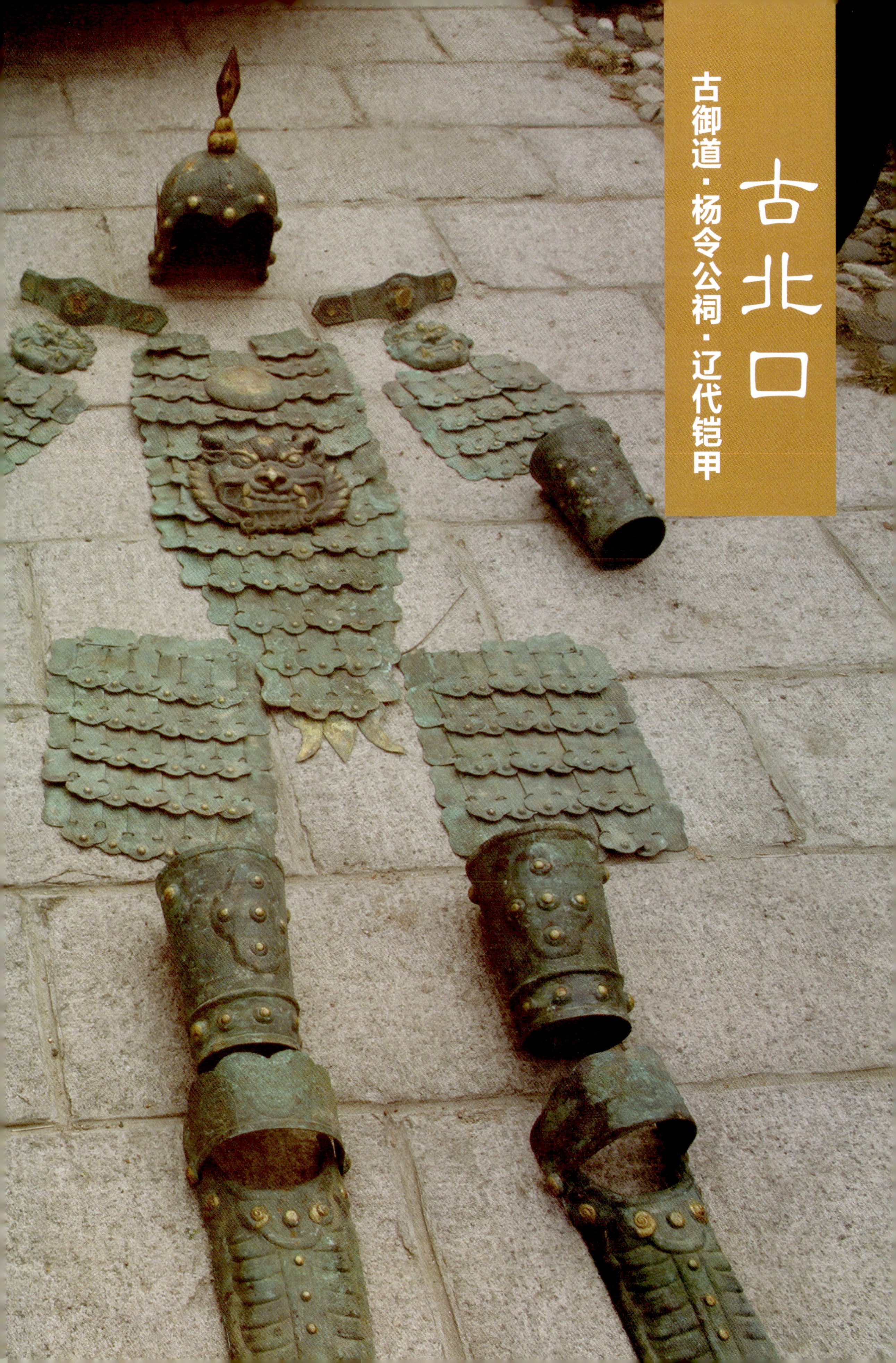
古北口
古御道·杨令公祠·辽代铠甲

十五道馆驿奔上京

重访契丹之路该从何处启程？居然是北京。今天这座国际大都市显然在当年的契丹人眼里并不起眼，只是一座位于南方边疆的“南京”小城。今天北京东北四环的望京地区，就是当年辽国最偏远的一个南方驿馆——望京馆。从北京到辽上京遗址中间一共要经过辽代的15个主要馆驿，虽然如今基本上没有可以看到的遗存，但是在辽史的文字记载中也基本上能找到大体的位置。

“契丹”这两个字一度成为中国的代名词。

13世纪，意大利著名旅行家马可·波罗在中国游历了17年后回到威尼斯，写下著名的《马可·波罗游记》，以迥异于西方世界的全新知识领域和视野，为欧洲人展示了一副东方的神奇画卷。当时，他笔下的东方“契丹”就是指中国。

15世纪，著名意大利航海家克里斯托弗·哥伦布决心要找到马可·波罗讲述过的“契丹”。他于1492年8月3日受西班牙女王派遣，带着给“契丹”大汗的国书，开始了他的航海冒险生涯。他最后一次航海的时候，洋洋得意记载了他在一个叫“MAGO”（澳门）的地方登陆，并声称这里“毗邻契丹（Cathay）。”

契丹人建立的辽朝，比汉唐以外任何一个先前的中国王朝存在的时间都长。辽的历史很特殊，契丹民族对中国的影响很深远。在东亚文明秩序中，辽的地位远高于北宋。辽王朝成为唐王朝衰落之后，中国境内实力最强大的政权之一。它继承了唐朝文化典制，成为10~12世纪中国对外经济文化交流的主要代表，成为东亚政治经济文化交流中心。几乎所有操阿尔泰语系的北方诸民族及相邻地区，以及远至中亚的阿拉伯—伊斯兰世界，都以“契丹”一词，指称中国的北方。在穆斯林文献中常把北中国称为契丹（Khita，Khata）。“契丹”成为唐朝以后，乃至欧洲用以称谓中国北方民族的新称呼。在中世纪时期，从中亚直到西欧，“契丹”一直是对中

古北口村的杨令公庙

国的一个通称。在他们眼里认为契丹就是中国。元朝建立后，欧洲古代东方行记中仍将中国的北方和中原并称为“契丹”。乃至15世纪初，明成祖朱棣还被西方世界称为“契丹皇帝”。

契丹作为一个民族早已消失，但“契丹”文化的横跨欧亚影响至今。英语中 Cathay 一词便是音译自北方契丹国（辽）的国名“契丹”。现在很多民族语言仍把中国或汉人称为“契丹”。俄罗斯人到目前为止仍然称中国为 Kitan（契丹 Китай），称中国人为 Kitanyes（契丹人），在俄语、蒙古语、希腊语和中古英语中都把整个中国称为契丹（读音分别为 Kitay，Kitaia，Cathay）。

随队专家为我们讲解盔甲的历史

古北口由北齐长城和明长城共同组成是目前最完整的长城体系。我们通过古御道来到北京最后一个村，踏出村口就到了河北，村里有一座原址修建的新庙——杨令公庙。在此，我们揭开了一段尘封已久的历史真相。

杨令公就是名将杨业，二十几岁就成为北汉建雄军节度使。赵匡胤陈桥兵变取代后周后，宋开始攻击各国。杨业犯了个大错误，先是上书皇帝认为应该投降纳土，遭到拒绝，让内部大臣讨厌。后与宋太宗大战时，皇帝都已投降，他却继续抵抗，结仇于宋。降宋后，名义上朝廷很重视他，封官左领军卫大将军，知代州兼三交驻泊兵马部署，实际上并不被信任，一是受潘美节制，二是驻扎在雁门关手下最多几千人，所以他最终战死沙场实际上是个必然的事情。辽宋和好以后，为了表示对这位英雄的崇敬，太平五年（1025年）辽圣宗特意在宋使经常通过的古北口修建了一座“杨令公祠”，以备宋使祭祀、观览和激励辽国将士效忠本朝。

新建的杨令公庙已经完全不复当年之盛况，而是按照野史记载，前院将七郎八虎都制作塑像，后院则是佘太君领衔的杨门女将，还有穆桂英“大破天门阵”等壁画。不是古迹大家没兴趣去看，还好同行的一位收藏家侯学友为了帮我们再现这个昔日古战场的辉煌，特别将征集到的一件千年前的辽代盔甲展示出来。此盔甲为青铜质，沉重、硕大，估算穿着此盔甲身高至少为一米九以上。头盔刻龙形，盔缨鎏金，两护臂为虎头，有胸甲、臂甲、腿甲、鞋等一应俱全。带队专家介绍此盔甲目前是唯一发现的一套实战用盔甲。触摸辽代盔甲、眼望残长城，想想依旧流传着的杨家将抗侵略、宋王朝收复失地的故事，不禁感叹：契丹历史的真相到底在哪里？

契丹文失传了，虽然专家们努力从发现的墓志中寻找线索，但至今还没有能找到真正读懂它的捷径。一位老收藏家王加勋先生提供的一幅纸质的画里，我们看到了当年契丹人的真实生活，只是那段文字我们不能读懂。

“契丹祖源”非圣地

到达河北平泉县已经中午1点多。平泉得名于城中的一眼泉水。据说此泉若打开则全城将被淹没。高速公路上，一个大牌子写着“平泉——契丹祖庭”。这是真实的吗？

在中国五千年文明史中，除了汉族是常居中原外，在中原周边有许多民族生存繁衍。就现存资料来看契丹的历史发展，再观察其生活习俗，他们并不属于游牧民族如蒙古族，也不属于东胡如鲜卑的系统，他们应属于“游动的渔猎民族”。在草原与林沼之区生聚迁徙。如《魏书·列传第八十八 契丹传》中载：“契丹国，在库莫奚东，同种异类，俱窜于松漠之间。”

“打起黄莺儿，莫教枝上啼。啼时惊妾梦，不得到辽西。”当春闺的女子还在窗边远眺思夫之时，在马嵬坡自缢的杨贵妃是怎么都不会想到她的命运会和“契丹”这个民族有所关联。8世纪时草原上的游牧民族逐渐强大起来，东北的契丹、奚族成为威胁唐朝边疆稳定的大患。755年在东北负责防御突厥等族的三镇节度使安禄山起兵叛唐，史称“安史之乱”。八年战争的直接后果就是唐王朝由盛转衰，辽西战事也越发频仍，戍边将士终年在外乃至埋骨边陲。以遥辇氏为部落联盟首领的契丹族进一步壮大。

平泉是老哈河的发源地，有着不少的辽代墓葬，据当地学者的研究，至今民俗生活中仍有着男人亡烧白（纸）马，女人亡烧青（色纸）牛的习俗。事实上，在契丹早期，平泉只是奚族人的聚居区。907年“受位于遥辇”的耶律阿保机成为契丹族首领，统一了契丹各部，并于916年建立国家自称皇帝，国号“契丹”。947年，继任皇位的阿保机次子耶律德光第三次南下，灭后晋入主中原，正式建国号“大辽”。辽国建立后将这里收纳。辽统和二十五年（1007年），建中京，平泉县境属辽中京道大定府。县境南为泽州神山县，北属归化县，东北属榆州和众县，因此这里作为契丹始祖之说并不充分。在平泉街头，见不到任何契丹的真实遗迹，一座白塔也是今人仿造之物。

翁牛特旗

发源地·赤峰·西拉木伦河

辽代从皇帝到百姓都笃信佛教，而骆驼更是他们不能离开的好朋友，这两件千年的物品虽然斑驳但是却传达了当时的信息。

真正的契丹发源地，西拉木伦河在流淌

从平泉北上，越过燕山，便进入蒙冀辽三省区的交汇——赤峰市。赤峰地处大兴安岭南段和燕山北麓山地，分布在西拉木伦河南北与老哈河流域广大地区。这里三面环山，西高东低，多山多丘陵，便是历史上声名赫赫的契丹族诞生和繁衍之地。当来自契丹八部之一迭剌部的阿保机登上皇位之后，便下令在西拉木伦河以北的临潢建造一个规模宏大的都城，就是后来称为上京的皇都。

在辽上京的西南方向，历史上曾经有一条经翁牛特旗，越古北口，走北京之侧，过白沟，直抵开封的古驿道。如今，我们再访翁牛特旗，不仅是要在古驿道上再遥想一下当年的辉煌，也是为了去真正的辽代古战场寻一些契丹遗踪，所以距离翁牛特旗首府乌丹镇的布力彦苏木才是我们考察的重点。

布力彦苏木有一汪镜面湖，湖边有一座小山，小山的另外一边则是养育契丹民族的西拉木伦河。游牧部落出身的草原各个部族始终对水源有着强烈的占有欲，而西拉木伦河则是争夺的焦点。在镜面湖附近的山上、山下曾发现不少古代墓葬，而现今在西拉木伦河附近居住的牧民甚至可以捡到当年的铁箭头、马鞍件

通往辽上京的古驿道

在翁牛特旗，我们看到了大漠、河水、野鸭、天鹅还有残存千年的地面建筑。

等一些战争遗存。

辽代王朝建立了五京十六府，但由于地广人稀和受自然环境、生活习惯的限制，从经济上讲基本上还是以游牧为主。一般来说一户牧民的放牧范围就有三百里。即使从今天的生活看，一位牧民的居所和承包区就有千亩，和另一户牧民居所依旧距离非常远。

因为百姓都还是以游牧生活为主，所以辽代皇帝也顺应形势建立了一个特殊的政治制度——“四季捺钵”。简单来说就是皇帝一年四季在不同地方办公游乐。春捺钵为捕天鹅、钓鱼及接受女真“千里之内”诸酋长等的朝贺；夏捺钵是为避暑，并与北、南面大臣议国政，遐日游猎；秋捺钵主要是入山射鹿、虎；冬捺钵是避寒，与北、南面臣僚议论国事，时出校猎讲武，并接受北宋及诸属国的“礼贡”。

辽代君主四时捺钵不完全是为了玩乐，也不是汉人眼里的所谓“四时无定，荒于游猎”，而是把游牧民族“秋冬讳寒，春夏避暑”，随水草畜牧的生活习俗引入到政治管理中。从冬捺钵除“会议国事”和外交活动外，还“时出校猎讲武”，可以看出，契丹君主捺钵中的渔猎活动，即以亲身示范，教育其族众不忘立国之资的铁马骏骑本色，保持一支能纵横驰骋的劲健骑兵，以与中原王朝相抗衡。

巴林右旗

辽庆陵·赛罕乌拉·盗墓

辽代皇陵的保护并不好，由于范围大、山林浓密，一直难以杜绝盗墓。

疯狂的不断盗掘，让辽庆陵成了空壳

从翁牛特旗经巴林右旗的首府大板镇去辽庆陵（现赛罕乌拉自然保护区），当地人把那里叫做“王坟沟”。赛罕乌拉自然保护区庆云山有三座皇陵，由东向西排列着圣宗永庆陵、兴宗永兴陵、道宗永福陵组成的陵园建筑群。按三座陵墓位置人们又称为东陵、中陵、西陵，陵园规模宏大。天庆九年（1119年），金人破上京，庆陵中的金玉宝器被掘一空，此后元、明、清各代便不再维修保护。

1914和1922年林西县知事和法国神父闵宣化曾先后挖掘中陵；1922年6月21日，比利时神父凯尔温雇人盗掘了庆陵三个陵墓中的一个，首次出土了刻有契丹小字的哀册4方，随后原石丢失，契丹文首次现世。1930年军阀汤玉麟对陵墓进行盗掘。据目击者谈，墓室内香柏做的板壁上涂彩漆。尸床和供桌用白玉做成，雕缕花纹，镌刻文字。还有玉碑等罕见之物，全被盗去。1939年日本侵占时期，日本人田村实造曾进行实测、摄影，并临摹了东陵壁画，带走一批珍贵文物。多年的盗掘致使庆陵墓室残乱不堪，随葬文物基本全部散失，西陵、中陵墓室全部坍塌，各墓室积水严重。1949年后，政府对庆陵进行了抢救性发掘，却只发现木俑、木狗数件；1991年，庆陵的东陵又遭盗掘；到目前为止，盗墓屡禁不止，皇陵周围许多陪葬墓也被盗墓者屡屡光顾……

沿着茂密山林中的崎岖山路，队员们驱车直奔永庆陵。一路上荆棘遍布几乎没有路。听着车外树枝抽打车身的啪啪声，四周郁郁沉沉的密密山林里，时不时传来扑鲁鲁野鸟从野草丛中起飞的响声。约半小时左右，车队来到一个空旷的地方停下车，随着当地林站站长往山上爬，约十分钟光景，站长指着一个径约十米的大坑说，这里就是原来的永庆陵。

辽代深受中原文化影响，鱼化龙是经常出现的图案。

眼前的大坑与记载差距太大了，据游览手册载：“从陵门到陵墓，长1300米，宽3米的神道，神道两侧有望仙殿、御容殿等建筑遗址。永庆陵为仿木结构的七室砖墓……陵寝由三层大青砖垒砌，内抹白灰，地面略向南倾，平铺打磨平整的方砖，下有排水系统。主室内有柏木组建的巨大椁室……原墓内都有壁画……眼前的一切，不要说没有巍峨的享殿，就是一般墓前的石像生也不见一个，眼前就是一座直径约10多米的大坑，荒草丛生，大坑下面掩埋着圣宗的七室砖墓。

回想千年之前，耶律隆绪十二岁即位。其母萧太后摄政，辽国连续多次击退宋军侵略。圣宗二十二年，辽反攻至澶州城下，逼宋签订了《檀渊之盟》，迫宋朝年年进贡，辽宋从此安定下来。耶律隆绪亲政后经济飞速发展，使辽国成为当时世界上强盛发达的国家之一。隆绪文武双全，文能著书立说，诗词歌赋无所不精，绘画书法士儒仰慕。武能上阵御敌，力战数将，轻松斩敌。他是辽国首屈一指的君主。如今墓葬如此，实在令人唏嘘。

山上山下数不清的盗墓孔洞，队员们问王老师和林管站长是怎么回事？他俩苦笑着说：这都是历代盗墓的盗洞，是管不了啊！林管站十来个人要管总面积10.04万公顷的地方，谈何容易？虽然建立了内蒙古赛罕乌拉国家级自然保护区。增加了一些设施和人力，可仍是杯水车薪，无济于事。

皮质大王出行图

巴林左旗 辽上京·林东窑·真寂之寺

一座消逝的草原雄城，前无古人辽上京

昔日的辽国开国首都——辽上京遗址在巴林左旗的首府林东镇，去那里才能真正触摸辽国的核心。林东镇也算是契丹辽王朝的发祥地。

辽上京建于辽太祖神册三年（918年），天显元年（926年）太宗耶律德光继皇帝位后，下令扩展皇都城垣，兴建开皇殿、安德殿、五銮殿及九层台、日月宫等建筑。天显十三年（公元938年）太宗新建了宫城的南门，命名为承天门，改皇都为上京临潢府。

城址由北皇城南汉城构成了一个“日”字结构。以上京为中心的祖州、祖陵、怀陵、庆陵（包括白塔）、辽真寂之寺石窟群、南北二塔，构成了一个恢宏的辽代建筑群。两个四方城相叠，在古代的城址中实不多见，这充分可以说明契丹人的开明先进。他们实行“以国制治契丹，以汉制待汉人”双轨政治制度。

辽代铜钱上面有北斗七星

契丹统治者崇尚佛教，于是佛教中的密宗、禅宗、华严宗、净土宗等各种宗派，都在上京城内普遍传播。真寂之寺是现存唯一一座辽代石窟古迹，石窟里一尊如来卧佛，全长376厘米，面东侧卧石床上。

当上京建成后，便成为契丹本土内的繁华城市。953年，后周同州郃阳县令胡峤记述上京城内情况说：“有邑屋市肆，交易无钱而用布，有绫锦诸工作，宦者、翰林、伎术、角抵、秀才、僧尼、道士等，皆中国人，而并汾、幽蓟之人尤多。”上京城内的手工业，包括有冶铸、纺织、陶瓷、印刷、酿造等各种行业都很发达，如织锦院生产宫廷和贸易所需要的丝织品，曲院生产宫廷和民间所需酒类；皇城西部生产陶瓷；在汉城内冶铸铜铁器、印制佛经和书籍。

上京城内建孔子庙，提倡儒学。每年四时佳节，上京城内各族都按本民族的传统习俗进行庆贺或祈福，佛诞日和元宵节是各民族在一起集会共同欢度的佳节，通宵达旦，歌舞升平。元宵佳节时，全城彩灯密布，各族拥向街市观灯赏景，皇帝、百官与百姓共同庆贺，穆宗就曾在元宵节之夜到街市中观灯寻欢。

如今的林东，完全看不到辽代的任何影子了。真正站在辽上京遗址面前，更会让人泄气。眼前的辽上京遗址，除了一块碑和两座塔之外，就都是一座座的土丘，千年之前的繁华全部消弭。

辽上京遗址现在几乎就是一个大空场。不过去年对一处废墟发掘发现了直径达 40 米的佛塔地基。

真寂之寺是现存唯一一座辽代石窟古迹，石窟里一尊卧佛释迦牟尼，全长为 376 厘米。

祖陵空余石房子，一代枭雄身后成谜

巴林左旗有一处名叫哈达英格的口袋形山谷，位于辽上京遗址西北侧约5公里处，谷中有一处深藏地下、规模宏伟的帝王陵寝。长眠于陵寝之内的便是首开大辽王朝200多年基业的辽太祖耶律阿保机。陵寝外围之地称为“奉陵邑”，就是专门为守卫和奉祀帝王陵寝而筑的城，这是辽代特有的一种城郭。建城前这里史称西楼，是辽朝皇室居住之地，耶律阿保机的四辈先人都出生在这里，因此又将此城命名为祖州，将安葬耶律阿保机的地方称作辽祖陵。

群山环抱着的哈达英格山谷地势险峻，奇峰异石随处可见。天然形成的谷口名叫黑龙门，是哈达英格山谷唯一的入口。远远望去，宽大的黑龙门一侧的巨石极像巨龙的龙头，龙身便是盘旋蜿蜒而去的巨大山脉，与龙头对应的另一侧是绝壁。

进入黑龙门后，大约走出100米回头观望，只见黑龙门上的龙头竟然奇妙地变化成了猛虎头的形状。继续前行100多米后，再回头观望，那猛虎头似乎又变成了雄狮头像，更为奇妙的是，雄狮头上似乎还端坐着一尊形象极其逼真的文殊菩萨像。看着这些变化莫测的奇妙景观，让人怀疑它是不是经过人工打凿，可是，经过仔细观察后，却没有找到一丝人工打凿的痕迹，只能在感叹大自然鬼斧神工的同时，不得不佩服耶律阿保机在选择墓地时的慧眼独具。

山谷内有一处紧贴山根的大土堆，人们推测大土堆下面可能就是耶律阿保机和皇后述律平的陵寝。当然也正如考古学家们一直困惑的——谁也无法证实耶律阿保机是否真葬在此处。

人们只知阿保机选了这个墓地，但实际上辽祖陵却不是他主持修建的。926年，耶律阿保机在东征胜利后的归途中驾崩，皇后述律平主持修建了富丽堂皇的辽祖陵。这座陵墓的建造看似普通实则无限神奇。

2003年10月，考古人员对辽祖陵遗址及附近地区进行了首次全面考古调查，明确了辽祖陵的准确位置。根据南岭西侧山脊上的石墙遗迹，考古专家提出辽祖陵可以分为主陵区和陪葬陵区的新看法。考古专家还发现了近30处封堵豁口或者筑于平缓山脊的石墙。这些石墙将辽祖陵密封成一个独立的文化地理单元。目前，辽祖陵保存完好，这在中国古代帝王陵寝中是较为少见的。在漫长的岁月里，许多帝王陵寝早已经被盗墓贼洗劫一空，可是，从来没有专人看守的辽祖陵，至今依旧安然无恙，这也成了千古之谜。

在黑龙门东侧不远处的半山腰上，有一处用巨石搭建而成的石房子，这个奇怪的建筑物千年来一直矗立在那里，默

“真寂之寺”即林东后召庙石窟寺，拥有大量完好的供养人石像。

默注视着历史的变迁。据辽上京博物馆的工作人员介绍，石房子长7米，宽5.6米，高3.5米。整个石房子是由7块厚约60厘米的完整巨石板构成，其中的6块巨石板搭建在一起构成了石房子的主体，另一块儿巨石板则是平铺在石房子里面，看上去有点儿像炕，确切地说更像日本人家里的榻榻米。

石房子的7块巨石板中大的足有数吨重，即便是现代的小型吊车都很难将其吊起。令人难以置信的是，考古专家对每块石板的石质进行研究后发现，这7块儿巨石板竟然不是就地取材，而是从大约10公里外的石窟寺附近的山上搬运来的。看过石房子的人禁不住都会发出这样的疑问：在1000多年前那个生产力极度落后、没有起重设备、没有运输机械的年代，契丹人又是如何将如此巨大的石板运送上山，搭建成了石房子呢？为此，考古专家们也一直苦苦探寻着，试图解开这个千年谜团，可是，至今还没有找到一个完全令人信服的答案。

除此之外，更令人费解的是，契丹人建造这个石房子究竟是干什么用的呢？有人说，只要破译了石房子上面雕刻的许多不规则的契丹文字和图案，石房子之谜便会迎刃而解。为了解开这个谜，许多考古专家进行了不懈的探索，但是，至今也没有人能够破译石房子上面的契丹文字及图案。至于石房子的用途，目前大概有3种说法：1. 可能与契丹族信奉的萨满教有关；2. 可能是关押重要犯人的地方；3. 可能是耶律阿保机下葬前停尸的地方。众说纷纭，只能等待考古学家们进一步的有力证据了。

精致的契丹酒具

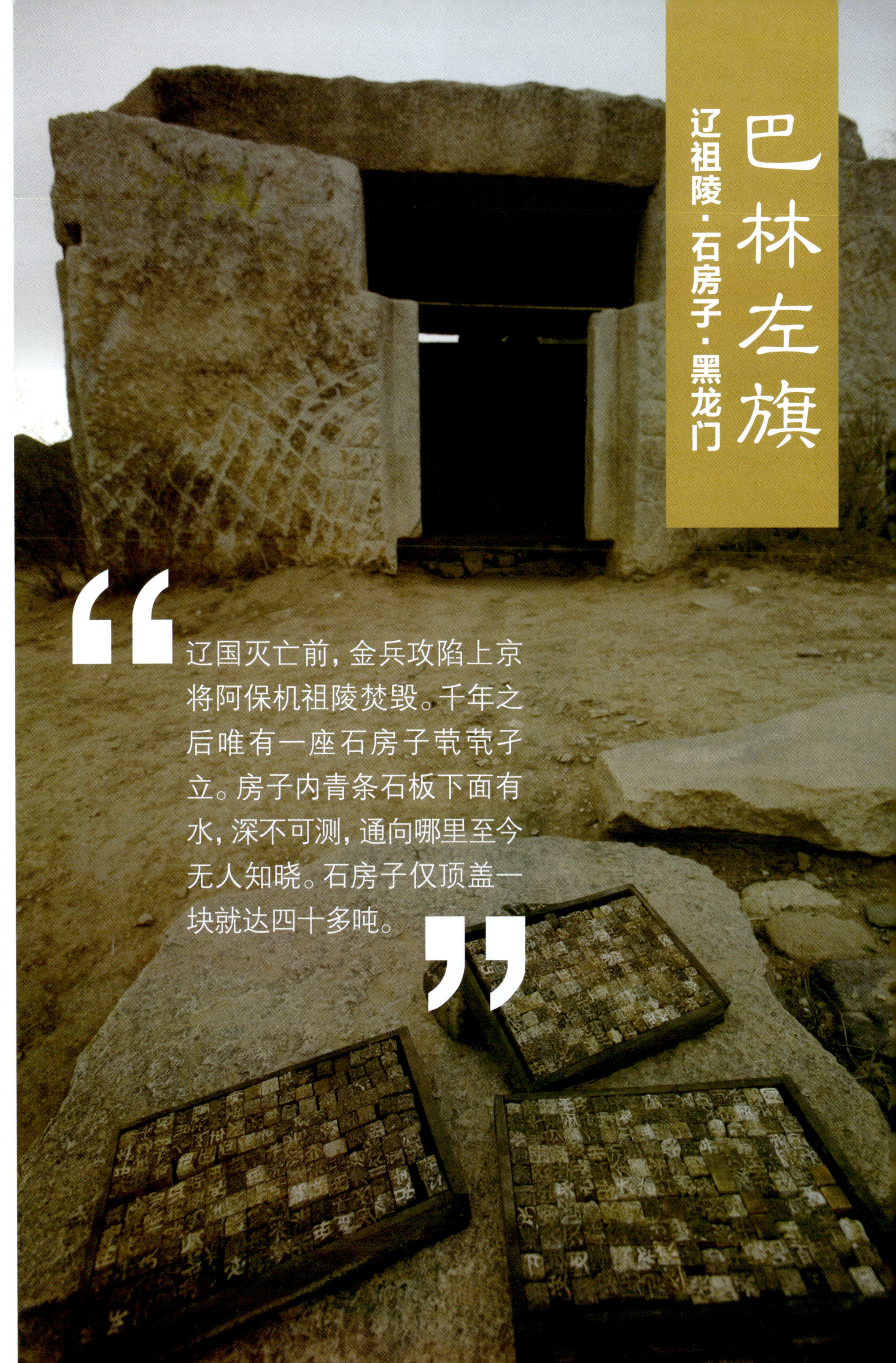

巴林左旗

辽祖陵·石房子·黑龙门

“辽国灭亡前，金兵攻陷上京将阿保机祖陵焚毁。千年之后唯有一座石房子茕茕孑立。房子内青条石板下面有水，深不可测，通向哪里至今无人知晓。石房子仅顶盖一块就达四十多吨。”

张匡正墓天穹，上面绘制有道教 28 星宿和佛教莲花图案

张匡正墓前室

张世卿墓捧箱、持钵图男人手中拿着的是赌具

张世卿墓备茶图

张世卿墓启箱侍女图、持扇持巾侍吏图

散乐图：前排左起为：吹觱篥、吹笙吹箫、击鼓、击大鼓、舞蹈
后排左起依次为：弹琵琶、吹横笛、击腰鼓、吹排箫

张匡正墓葬中的备茶图

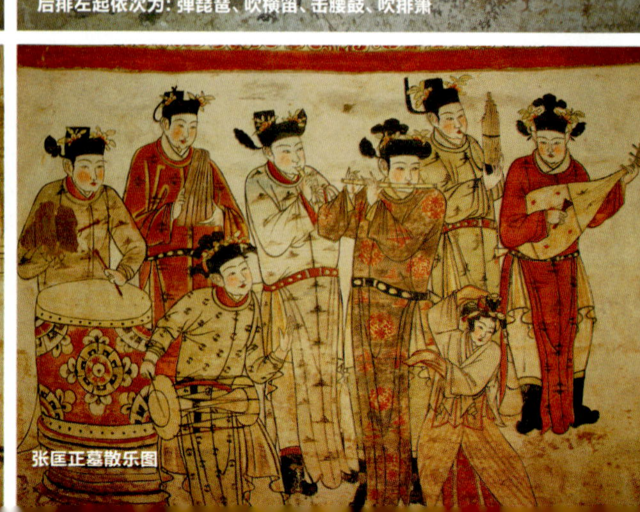
张匡正墓散乐图

宣化

张世卿·壁画·下八里村

辽代殉葬用青铜拉车

实探辽代张世卿墓，十墓九空令人扼腕

回程本来要返回赤峰，谁知竟然惊喜得知：可以去河北宣化的下八里村张世卿墓进墓看壁画。

1971 年，下八里村农民浇地时发现了第一座辽墓——张世卿墓。虽然墓室已遭水淹、破坏，仍出土了 74 件珍贵文物，发现了重要的天文图和散乐图等大量壁画。这幅绘制在墓顶的天文图却让所有人震惊不已。壁画中不仅有中国传统的二十八宿记星法，居然还有古巴比伦的黄道十二宫！这不禁让人讶叹辽代时东西方文化交流竟然能如此深入。

从 1972 年到 1993 年，文物工作者先后在宣化发掘清理了以张世卿墓为代表的 50 余座辽代墓葬（韩氏墓、北山辽代墓、姜承义墓、刘家窑辽墓等）。出土了大量的壁画和珍贵文物。

1992 年阿鲁科尔沁旗的朝克图山出土的耶律羽之墓葬和 1996 年发现的汉官家族韩匡嗣夫妇及其子孙家族墓群，均为研究契丹贵族生活与辽王朝汉臣的兴衰荣辱，提供了可供参考的个案。而考古学者们都痛心疾首的是，整个契丹故地，由于早年的疯狂盗墓，导致“十墓九空”，沧桑不堪。

“契丹”的本义为“镔铁”，即坚固的意思，这个剽悍勇猛的民族曾纵马长城内外两百多年，辉煌一时，却又在明朝以后集体神秘失踪。除了其他民族比如金灭辽时的疯狂劫掠与破坏，其中还有怎样的曲折故事？仅凭一次探访，连冰山一角都无从揭起，只能在古籍和专家的只言片语中去印证一些他们生活的片断。无论如何，总算是圆了追寻那段灿烂文明的一个梦。

契丹文明考察其他出行指南

■ 林东窑遗址

在今内蒙古赤峰巴林左旗林东镇。共发现上京窑、南山窑及白音戈勒窑窑址 3 处。上京窑为辽代官窑，烧白瓷、黑瓷及绿釉陶器，白瓷产品有长颈瓶、海棠式长盘、方盘及长柄壶等。

■ 赤峰窑遗址

也称“缸瓦窑”，在今内蒙赤峰市西南 60 公里的缸瓦窑屯。窑址出土有带“官”字铭文的窑具，证明为辽代官窑。所烧器物有白瓷、白地黑花、三彩及色陶器。以白瓷为主，器皿有杯、碗、盘、碟、壶和罐；三彩陶器以印花盘为多，黄釉有鸡冠壶和凤首瓶。赤峰辽应九年（959）驸马墓出土的白瓷带“官”字铭文盘碗；就地理方位及胎釉特征看，是缸瓦窑产品。

■ 永州城遗址

在今内蒙古赤峰翁牛特旗新苏漠草原站东南 7 公里处，北距西拉木伦河 15 公里。城址周围全系茫茫的沙丘草原，西有一小河，在城址附近分为二股，一股绕北墙东折而南流，一股由城西南角东流，在东南角与北股重又合流。清代曾在此城建过寺庙，人称达拉罕庙，现庙址遗迹清晰，俗称庙圈子。

■ 赤峰博物馆

赤峰博物馆设有 4 个专题展厅，其中“草原帝国”展厅展有赤峰地区出土的“辽三彩”等一大批辽代文物。博物馆只有二、四、日对游人开放，不许拍照。

地址：赤峰市文化广场北侧　电话：0476–8223730

蜀山探路传

撰文、摄影/**张兆敏**

自驾+生态

川西的美不分季节。比之盛夏的高山草场，山花烂漫，川西的秋色更有令人神往的浓郁，即使落叶飘零，草枯花谢，徜徉其中也不觉得困倦。丛林因为收获而有了成熟的色彩，红得浓烈，美得心醉，那一片浓郁的色彩萦绕心头，挥之不去，于是聆听着深秋的音韵，收起行囊上路，行走在蜀山道上，开始这一季的公路追逐。

湛蓝的天空，衬托出雪后的折多山的秀美

从318到215，走近新都桥天堂

国道318线多年前就成为旅行者心中的圣境，连绵的雪峰，艰险的悬崖，美丽的风光，神秘的路途。早年，去西藏旅行的人无不以走国道318线为荣耀。川藏公路（南线），带着遥远且不可知的神秘考验着每个进藏旅行者的勇气。同样，在这条凶险的公路上，也放逐着流浪者们的情愫，十几年前，我深深为流行于互联网上的那段“川藏公路上的小梅”的浪漫故事而感动。318，不仅是一个公路的符号，也曾是一代人的梦想。

然而今天的国道318线已逐渐剥离了神秘外衣，川藏公路的路况越来越好，原来的土路大部分改成了平整的沥青路。路况的改善极大地增加了车流量，沿路的补给站点也越来越多。尽管塌方、滑坡仍时有发生，但现代机械设备总能在最短的时间内让公路畅通无阻。每天，成千上万的车辆在这条公路上往返通行，藏区和汉地没有了界限。国道318线不再让旅行者谈及色变，普通人只要有足够的时间和耐心也可以沿着这条道路旅行。

时代发展昭示着人类的进步，这种进步不仅改善了交通条件，也改变着沿线人民的生活状态。今天国道318线上的藏民们不再睁着无邪又无知的眼睛看着来往车辆与行人，他们也做起了生意，给货车加水，给司机提供食宿。在折多山，游人沿路停车拍照，他们脚步匆匆地赶来忙着收停车费，家门口的这条公路改变了他们的生活，也改变了他们自己。

车多，这是行走国道318线最深刻的感受。从康定出发没多久就上了折多山，公路在山间蜿蜒盘绕，积雪未化，车行速度非常缓慢，双车道对行，一路走走停停。偶尔，遇到事故车辆挡在路上就会塞车。天气晴朗，天空湛蓝，折多山白茫茫一片。下了折多山很快就到了新都桥。

新都桥又叫东俄罗，是一个镇名，而非景区。新都桥海拔约3300米，并没有突出的标志性景观，但沿线却有十余公里被称为"摄影家走廊"。

雅哈山下的村庄静谧而安详

新都桥一带的秋色声名远扬，这个被摄影爱好者千般宠爱的"秀色走廊"在这个秋季里并没有带给游人太多惊喜。前些日子下雪，路旁树叶早落，甚至还没有变成黄叶就屈从于霜雪的摧残而过早地凋零。这是我第二次秋季经过新都桥，几年前的晴朗秋季，我举着相机徘徊于新都桥的光影中，但后来看过九龙河谷的秋色后，新都桥不再是我的最爱。

国道318线到了瓦泽乡，一边往西继续，一边往南转向省道215线，我们取道向南。一上215立刻让人放松了，与318路上此起彼伏的喇叭轰鸣相比，215上的车少得可怜。路旁错落有致地分布着藏式民居，山峦起伏，温度也起了变化。往南天气明显暖和起来，气温相对高，路旁的白杨树也生长得挺拔，在光与影中变换着色彩。

坐在车里，我们的心情无比愉悦。车上四人，两男两女，两位老大哥都有着超过20年的驾龄，有他们在，驾车的劳苦活自然轮不到我，只管聚起目光捕捉眼前的美景。路在延伸，转过山梁，一下掉进色彩的漩涡，周围的景致立刻变得美丽无比。

朝拜贡嘎蜀山之王

沿着省道215线从甲根坝乡又转向了一条乡村土路，甲根坝到雅哈观景点近20公里，沿途经过的小村庄静谧安详，雪压在金色山林上。这一带见到的民居很有特色，坚实的藏式砖砌房盖着汉式飞檐顶。如同新都桥一样，这里的民居并不密集，山脚下、溪水旁三三两两地散落，旁边围着木栅栏，牛马悠闲地在草地上觅食。

离开村庄开始了上山的路，山上积雪，本不宽敞的小路泥泞不堪，一不小心，车就陷进泥中，山崖间还有一个又一个的急弯。这样的路况，如果不是四驱车恐怕很难通行。同伴们在车里，驾车的人小心谨慎，坐车的人也难以放松心情。

终于到了海拔4567米的雅哈垭口，这里是观赏"蜀山之王"——贡嘎的绝佳点，屹立前方的就是雄伟的贡嘎雪山。在这里，雪山的雄伟风采一次次被收入镜头。虽然隔着30公里的距离，可雪山清晰得仿佛就在眼前。

放眼望去，连绵起伏的贡嘎山神秘莫测，尽管她凶险残酷，却总能引起无数攀登者的挑战欲。

看山的人最在意的就是天气，我们很幸运，赶上了晴好的天气，可以尽览雪山。曾经在这里，多少人望着天边厚厚的云层，祈祷着苍天开恩，让自己有机会一睹神山真容；又有多少人，最终按捺不了焦急的等待，带着无缘贡嘎雪山的遗憾失望地离去。晴空丽日，贡嘎就在眼前，美丽雄伟；阴云密布，贡嘎身影难觅，神秘不可知，但不论哪一种心情，驱不走的都是朝圣者心中神山的庄严和凝重。

贡嘎雪山海拔7556米，是四川省的最高点，它的周围屹立着100多座海拔5000米以上的山峰。曾经，贡嘎的雄壮欺骗了许多不远万里来的探险家。这个美丽的误会源自美国地理学家约瑟夫·洛克（Joseph F Rock），1930年，他测得贡嘎的海拔为9500米，这个高度远远超过了人们已知的世界任何一座山峰，于是许多人慕名而来，一睹“天下第一峰”的神采。但贡嘎山“NO.1”的殊荣后来就被一位瑞士地理学家戳破，他测得的海拔高度为7590米，这一数据后来被世界地理学界接受。

海拔高度的下降并没有夺去贡嘎作为“山中之王”的威严。它长年被冰雪覆盖，主峰峰顶有一处约70平米的平台，山体为绿色花岗石。由于长久的冰川作用，贡嘎山山体呈巨大的金字塔状，山脊陡峭，岩石裸露，落差巨大，倾斜大约 70 度，且暴风雪、雪崩频繁。

贡嘎山巨大的攀登难度吸引了一些征服欲强的探险家，1932 年，美国人 Terris Moore 与 Richard Burdsall 历尽艰险首次冲顶成功，开创了人类征服贡嘎雪山的历史。中国人的足迹最早踏上贡嘎山顶是在 1957 年。此后又有来自日本、欧洲和美国的探险队员试图冲顶贡嘎之巅，他们多数从西北坡攀越。

探险者自然知道贡嘎的残酷，也都明白攀顶有可能意味着死亡，而支撑起他们前行的巨大动力就是挑战的快乐。对成功登顶的人来说，巨大的风险也意味着登临山顶后的极度快乐。站在海拔 7000 多米的雪山上，听着风声，忍着寒噤，触摸天地，耳语神灵。征服是一种欲望，登上峰顶的人想必会以胜利者的姿态俯瞰脚下的世界，目揽空山，苍然一色，贡嘎雪山自荒古时代被人们传颂的人性、魔性、神性，也在那一时刻被征服者一一体味。

然而在众多雄心壮志的登山者中，真正成功登顶的只有 24 人，与此同时，却有远超过这个数字的人陨落山间。第一批攀登贡嘎的 6 名中国登山队员仅 2 人攀顶成功，其余 4 人遇难。成功的光彩伴着失败的黯淡，有的人，长眠雪山，以人世间最悲壮的死完结了生命；有的人，身体冻伤，拖着残缺的肢体痛苦地离去。对生者、伤者和死者，贡嘎永远是神秘莫测的，祥云升起的背后隐匿着恐怖，瑞气笼罩的尽头埋藏着狰狞。每一次死亡，都给探险者带来令人心跳的危机，而每一次征服，也都给他们带来接受挑战的希望。贡嘎 7556 米的峰顶，让世人惊颤！

泉华滩，星辰陨落凡间

雅哈垭口到泉华滩还有 20 多公里的乡村土路，不过较雅哈盘山小路，这段山路算得上好走了。泉华滩位于贡嘎山西坡，海拔 4000 米，是一片未经开发的景色，极少有人工开凿的痕迹。

TIPS

泉华滩自驾提示

◆从康定县城出发走国道 318 线瓦泽乡转向南省道 215 线约 35 公里到甲根坝乡，往雅哈山和泉华滩没有路牌指示，一定要在甲根坝乡问路；

◆甲根坝乡到雅哈垭口观景点近 20 公里，乡村土路，路况极差，山崖路段且急弯，非四驱车谨慎出行；

◆雅哈观景点到泉华滩还有 20 多公里的乡村土路；

◆泉华滩没有明显路牌，路旁有一条很不明显的小路通往山上，很容易错过，我们开始就没注意到直接开过去问人后才又掉头回来找到的，路中间安装了一个木门，据当地人说有人出一万元向当地政府承包下泉华滩，游人进入每人收 20 元，不过我们下午 4 点到时并没有人把守，打开门自己开车进去了；

◆泉华滩到贡嘎山乡（六巴）还有 20 多公里的乡村土路，然后再走约 12 公里水泥路既可回到省道 215 线上，向北是瓦泽乡方向，向南是九龙方向。

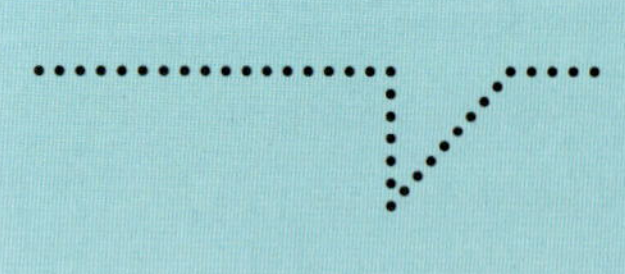

泉华滩泉水自山顶喷出后沿阶流下，依山而下共有 8 个阶层，泉水依次向每一层的数个色彩斑斓的彩池灌注。池水清澈见底，水草飘浮，石花点缀，色彩随阳光照射的方向而不断变化。从山上向下俯瞰，像破碎的镜子散落山间，像天上的星星坠落大地。

从山下的小路攀上最高的喷泉出水口大约有 1000 米的距离，而垂直高度只有 300 米，原本并不高的一个小山坡因为相对的高海拔而变得有些艰难。我一路喘息着攀到出水口，一柱泉水自地下喷出，夹着浓浓的硫磺味扑面而来。原以为高山上涌出的泉水是温热的，手伸进水里一摸竟是凉水。说凉，并不夸张，但我不觉得冰冷，4000 米的海拔冷却了它的温度，却保留了它的纯净。忍着凉，在水里泡一会儿再出来，顿时觉得手脚舒适，攀山的疲惫也被那一汪泉水驱散。

池水中，我偶然发现几条游动的小鱼，心生奇怪，在这样高寒的地带，一场寒流下来，再狰狞的岩石都会被风雪覆盖，这小小的低级脊椎动物在天寒地冻中如何存活？由此可见，再恶劣的生存环境也能产生与之相适应的生命体态。霜

泉华滩属于高山河谷草甸地貌，因一种含有大量化学物质的泉水在地表产生化学沉淀而成，依山而下形成 8 个泉华阶地，每个阶地上有十几个五色彩池，彩池里水草相依，石花点点，疑为瑶池降临人间。

TIPS

莲花湖自驾提示

莲花湖位于康定县普沙绒乡，康定出发沿国道 318 线在瓦泽乡转省道 215 线，经沙德乡向南行约 30 公里处有一座横跨九龙河的桥——白马桥，215 向南往九龙方向过桥，不过桥直行则是往普沙绒乡。乡道是土石山路，一边是山，一边是九龙河支流——力邱河，如不熟悉路况，普通轿车不建议通行。沿乡道行约十多公里到苦西绒村分道，一边是往普沙绒乡，另一边上山的路是力邱林场和莲花湖方向，有路牌指示。大约再行进数公里到达力邱林场，其实也是路的尽头。林场有食宿，床位 60 元 / 人，当地还有一些藏民家庭也接待游人，费用较林场低。从林场到莲花湖无行车公路，只有很窄的小路，摩托车勉强通行，遇到路况不好的地方游人下来走路，摩托车推行。徒步或骑马大约一天（8~10 小时）往返。租马或者让当地藏民骑摩托载上去，费用 200 元 / 人，游人要另付 20 元管理费。另外林场还要收每人进山环保费 20 元，如在山顶露营每顶帐篷还要收 50 元 / 天的管理费。月亮湖在林场附近，从莲花湖回来经过月亮湖，也可从林场步行到达。

秋季的九龙河谷色彩丰富美丽，各种颜色夹杂其中显得缤纷斑斓。

雪冷雨，寒风凛冽，只能阻隔人类的脚步，却无法切断其它物种的延续。只有通过磨砺，才能有顽强的意志，那几条游走的小鱼才让人感受到这片土地的生机与活力。

莲花湖 在深山怀抱中绽放

在沙德乡休息一晚沿省道 215 线南行，这条路正在翻修，挖得乱七八糟。这些年每次出远门都能遇到修路的情况，每次都想，下次来路就好走了。可下一次，你仍然遇到沿途在修路，不论走到哪儿，都看到在修路，永远都在修路。

省道 215 线一直沿九龙河畔蜿蜒，离开沙德乡沿着破旧的公路行进了大约一小时转向另一条沿山乡道，普沙绒方向。山道极窄，似乎仅容得下一辆小汽车通行。路沿着九龙河的支流——力邱河延伸，河畔金黄一片。进入力邱林区，植被有了变化，色彩渐浓烈，秋意深沉，到了力邱林场也就是路的尽头。很少有游客来到这里，当日只有我们这一部车。

莲花湖离林场还有十多公里的山路，无法行车，只能徒步、骑马或者骑摩托。徒步往返需要一天时间，且越往山上走，海拔越高，我们四人队伍里其中三人都已年过五旬，根本无法承受这种强度的徒步行程。最后大家一致决定让当地人骑摩托载我们上去。

山间小路弯弯曲曲，4 位藏族摩托车手载着我们一路颠簸。丛林色彩丰富，成片的黄杉林把山间尽染，落下的树叶又把地上层层铺满。深秋的季节，黄叶落下带来的不是萧条，而是收获和感动，季节给了丛林最缤纷、艳丽的色彩。乡野风光，有时让你觉得粗犷豪迈，有时又觉得精巧细致，大自然永远是一种你摸不清的性格。

本页：省道 215 线上的行程乐趣无穷，路两旁的景色让人流连忘返，但踏进乡村公路几乎就没有好走的路，坑坑洼洼泥泞不堪，有些时候必须下车步行，但越是这样偏远的乡村小路，越深藏着常人难以看到的惊世之美。

前行的路并不顺利，山间雪未融尽，泥泞小路使得摩托车难以通行，这时我们就要下车来行走，摩托车手推行走过一段烂路再继续骑行。第一站先到大草坪，稍做停留接着向前行又来到温泉处。摩托车到这里已经没路了，剩下大约 20 分钟的山间小路只能徒步走。海拔已升到了 4000 米，攀山颇感到吃力，尽管路程不远，但一起结伴的张大姐仍体力不支，最后让几位藏族司机背到了莲花湖边。

莲花湖是一个高山湖泊，海拔大约 4200 米，尚未开发，且交通不便，所以很少有人来到这里。我问为什么叫莲花湖，一位摩托车手说莲花湖也叫荷花海，名字缘于湖边的一种被称为“荷草”的植物，它的叶片很大，像扇子一样，且散发着清雅的香气，藏民把酥油包在里面，不但能保鲜，还透着股荷草清香。

不过另一位摩托车司机马上反驳他的同伴，他说之所以叫莲花湖是因为湖中有神奇的“莲花石”，但莲花石不是谁都能看到的，有功德的人来到这里才能看见。

如此神奇的传说勾起了我的想象，莲花湖远离尘嚣，在交通更为不便的过去是很少有外人进入的，即使是住在山下的当地藏民也难得一睹真容。也许某天一位勇士策马扬鞭穿越丛林来到这里。茫茫群山中，一潭神奇的碧波呈现眼前，岸上绿草萋萋，鲜花点点，湖中奇石浮出，似莲花绽放。

勇士看到绽放的莲花石一定有过惊喜，用心中的信仰表达他对这片山水的情意。因为他的勇敢，因为他的虔诚，为这个深藏于高山上的美丽湖泊平添了神圣。在此后日子里，莲花不仅成为它的名字，也成为它的性格，静静地躺在深山怀抱里傲视天地，淡泊岁月。

深秋季节里，莲花湖畔没有牛马悠闲吃草的场景。草黄了，水也退了不少。微风下，湖水倒映着天上的阴云。山上风很大,不宜久留。返回的路上，在温泉边小憩，一股涌动着的泉眼从地里冒出，当地人说温度超过 90℃，几位藏族司机直接取水冲泡随身带的方便面。

回来的路上经过月亮湖，月亮湖就在力邱林场跟前，静静地躺在群山丛林中，形致较之莲花湖并不逊色，湖水洁净透明，湖中枯木纵横，牛马结队在岸上觅食。

力邱河谷的两天，秋意深深，令人沉醉。

伍须海，深藏的惊世美丽

离开省道 215 线踏进乡村公路几乎就没有好走的路，坑坑洼洼泥泞不堪，山高路窄，很凶险。但越是这样偏远的乡村小路，越深藏着常人难以看到的惊世之美，所以辛苦、艰难都是值得的。

重上215，接着九龙河谷的行程继续南下。在这样的路上行驶本身就是一种乐趣。色彩不再是单一的金黄，深绿、浅绿、艳黄、火红，各种颜色夹杂其中，把河谷沿岸染得缤纷斑斓。

从河谷攀越到海拔4000多米的鸡丑山，山上白雪茫茫。鸡丑山隧道已经完工，不久就会启用，今后215不用再攀上鸡丑山垭口就能直达九龙。下鸡丑山后，公路两边的山形有了变化，满山黄杉林，山顶还挂着雪。再前行不多久，九龙到了。

九龙得名于9个带龙字的村寨：菩萨龙、三安龙、麦地龙、墨地龙、三盖龙、八阿龙、迷窝龙、洪坝龙、湾坝龙。事隔7年，我再次来到九龙，发现竟没有太大变化，只有伍须海的路改变了，原来的土路铺上了沥青并加固了门票收费站，除此一切没变，连停车场的烂泥巴都是原来的样子。

同样的季节，同样的天气，同样的心情，走在同样的地方，我比其他人有着不同的感受。游人寥寥，我们一大早到伍须海，除了几个摄影发烧友在拍照外没见到其他人。伍须海并不大，只有1.2平方公里，像一颗藏于深山的珍珠，碧水草甸，雪山青松，再加上晨起湖面泛起的淡淡雾霭，更让它多了一份神秘与妖娆。当地人说伍须海是仙女梳妆的镜子，每当早起仙女们必在湖中沐浴，所以早晨湖面总是仙气蒸腾。

天空如此晴朗，太阳出来了，平静的湖水倒映着远方的雪山，云烟氤氲，光怪陆离。许多枯木横陈于深绿的湖水中，让洁净清澈的湖水带着沉寂与挣扎，一棵棵、一株株残枝枯杆或竖立或横卧于水中，静谧中藏着神秘。曾经在岸上，它们顶天立地，当它们倒下，即便被吞噬了生命，也仍用坚强的身躯创造惊世的美丽。

沿着湖边小路很容易就走到了对岸，升起的太阳改变了方向，湖水也在光影游移中变换着形色。远处层层染红的山林倒映水中，天空纤尘不染，湖水洁净透明，阳光暖暖地撒向大地，照在人身上。我们一路走来竟没看到其他游人，此

伍须海是国家级贡嘎山风景名胜区的重要组成部分，位于九龙县的北部。由山峰、原始森林、林中溪流、五花草甸、高山草甸与湖泊、奇树等组成。

时在湖边只有我们这4个人，大家四散分开，各自拍照，脚步轻轻地踏着柔软的草甸享受阳光下恣意的时刻。

一片早已没有了生命的枯树干固执地矗立着，我记得这些枯干，7年前他们就挺立在这里，也不知它们在这里伫立了多少个7年，接着又要多少个7年才会倒下。溪水环绕着树干潺潺流过，水随着岁月变换会干涸，草随着季节会枯竭，而这些孤枝却如此顽强地与自然抗争，即使被剥夺了生命，褪却了绿意仍拒绝倒下，不论冬天多寒冷的风霜，也不论盛夏多酷热的烈日，它们就是屹立不倒，任凭风雨雷电呼啸，任凭冰雪狂风侵袭。大自然窒息它们的生命，夺去它们的色彩，极尽一切残忍的手段也不能让它们弯腰、折断，它们就这么骄傲地守卫在伍须海岸边，传颂着生命赞歌。

看不到山崩地裂，看不到惊心动魄，这一株株枯枝在伍须海岸边创造出了令人惊叹的美丽，美得令人钦佩，也令人振奋！

日鲁库距离伍须海数十公里的路程，是伍须海景区的一部分。日鲁库实在难走。下了215沿着乡间长满荆棘、坑洼的小路走着走着，难题来了，一条分岔口，往左还是往右。我努力回忆着多年前曾经走过的这条路，却寻不到一丝记忆。

车上的人只有我是第二次踏入九龙，大家等着我的选择。“这边。”我指着右边的山路，其实心里丝毫没有把握，全凭直觉。直觉是对的，只是路实在太烂了，没走多远，一条小溪挡住了去路，车主老蔡犹疑片刻加足马力趟着河水过去了，但没走多久前面又有了更难逾越的障碍，又是那条小溪，千回百转又挡在了面前，河上几根木桩架起了一座简易小桥，这一回车是无论如何也开不过去了。我们只能下车步行。

日鲁库是一片草甸湿地，四面环山，中间是一块椭圆形的盆地，是九龙水草最丰美的牧场。牛马信步其间，看不到人。此情景如几年前来时一样，那一回来日鲁库也只有我们一拨人，这次仍是我们这一拨人，只在将离开时见到两个骑摩托车的当地牧民。

深秋的日鲁库似乎渐渐失去了草原旺季绿色的繁荣，远山近景呈现一片澄黄，我在牧场间跑来跑去忙着拍照，回到车旁才知道，我们的车胎被扎破了一个。旅程中，这只是一个小小的磨难。充上气，支撑着回到了县城补胎。

猎塔湖，摘不去的面纱

选择猎塔湖，多少怀着猎奇的心情，电视里、网络上都有它的传说，湖中隐藏着被当地人称为“神物”，外地人说“怪兽”，大约也就是像传言最广的喀纳斯和长白山天池里的“怪

鱼”一样。比较起喀纳斯和天池，猎塔湖里的神秘家伙应该更诱惑人吧！天池和喀纳斯起码还留下一些模糊不清的影像，而这里，除了捕捉到的湖中涟漪和人们惊恐的传言，再也没有其他的“怪兽”证物了。

猎塔湖藏身于深山老林中，沟壑密集，少有人迹，距县城有30公里的路，其中一半是柏油路，另一半是盘山土路，还剩下十几公里需徒步走进去。管理员指着上山的路说，沿着这条山路一直走就能到猎塔湖边，大约需要两个小时。

山里静静的，只有我们这几个人。山路只有一条，即使没有向导，也不用担心会迷路。山路在密林中纵深，不时地，

TIPS

伍须海和猎塔湖自驾提示

九龙位于甘孜州南部，与凉山州接壤，旅游资源丰富，但交通不发达。伍须海距县城约25公里，路况尚可，门票80元/人。

猎塔湖属未开发景点，从省道215线汤古乡新旧桥段转向山路，沿山路（路况很差，且常因塌方堵路）开行约十几公里处再下车徒步约4小时山路才能到达。日鲁库也属未开发景区，在省道215线路旁需开车沿山路走数公里到达，路况较差。瓦灰山是从省道215线汤古乡对面有进山的小路，车开上山路到达山上，游人再徒步游玩。上述地点除伍须海外都没有路牌指示，导航也定位不到具体位置，即使知道在省道215线路旁也很不容易找到，需向当地人打听路况。

九龙地区景点保护得很好，还有一些根本不通公路的景观适合徒步旅行者，如乌拉溪乡仙女湖需徒步两天往返，三岩龙乡猛董村需徒步三天往返，洪坝保护区则需要徒步四到五天。由于开发滞后，九龙仍保持着古朴、蛮荒、原始又纯色的美，在未被人海淹没之前，九龙是自驾和徒步爱好者理想的去处。

吹起一阵风，落下一片叶，在这条静静的、深深的密林小路上走得并不轻松，因为海拔越来越高，天气也变得更加阴郁。林子太静寂，更重要的一点是因为我们都知道猎塔湖神秘背后的故事，心里多少有点畏惧。路程远没有山下当地人说的两小时那么轻松，实际上最后我们花了4个小时才走到湖边。

丛林走出来后经过一片低矮的树丛，全是高山杜鹃，想是花开季节里，这里应是一片彩虹般的花海。前方很空旷，草地上有牛，有马，但没有看到放牧的人。远处的山呈深灰色，山顶似乎又有一层淡淡的雪。

我心里一直感到压抑，前方的山路又引向了丛林，而且是一直向上攀高的石头小路。猎塔湖在山上，我想最好是远远地先看到湖水，然后再慢慢地走近，我很怕的一个场面就是在不知道的情况下攀到山顶一下子就看到了湖，丝毫没有准备的机会。到底准备什么，怕看到什么或者又期望看到什么，我不知道，但说真的，在一个见不到人迹的地方，来追逐传说中的水怪，尽管我知道根本不可能遇到，但还是有点儿怕。怕的不是怪物，而是这里的寂静和神秘。

山路全是碎石，越攀越高。对面走来了一队人，是几位香港游客。他们说再有半小时就可以看到湖了。这一天光临猎塔湖的也只有我们这两拨游人。

又走了几十分钟，透过密密的丛林，若隐若现地看到了水，但树丛密集，走到湖边不太容易，之前有人告诉我们山上有观景台可以俯瞰整个湖面，我们决定先上山看整个全景，然后回程下山时再走到湖边。

转了两三个弯后到山上，猎塔湖被我们踩在了脚下。这时感到所有的色彩都变得很阴暗，首先是天气阴沉，周围的

日鲁库景区以日鲁库草原为主体，海拔3654米，位于甘孜州九龙县呷尔镇北面35公里的群山之中，它是伍须海风景区的重要组成部分。

日鲁库沿途的小溪

山是深深的灰色，正像是验证了它的名字——瓦灰山，山上有些未融化的雪，山间的植物——树和草都是深绿色，湖水更是深邃，几乎是黑色。我到过喀纳斯的岸边，也到过长白山天池的岸边，在那两处地方丝毫没有恐惧之感，因为与我同时站立在岸边的有无数人，喧喧嚷嚷，而此时在猎塔湖边只有我们几个人，大家都有些胆怯，轻声细语，似乎怕惊扰到什么。不知道世界上是不是有所谓的水怪存在，但走到猎塔湖这样的环境里，即使什么没有，也让人不免有些心惊胆寒。

猎塔湖湖面长约500米，宽约300米，湖水最深处也不过20米，很难想象在这个仅相当于4个足球场大小的湖中会出现“庞然大物”。我站在山上向下望，心里想这么小小的一潭池水能让怪物容身吗？它吃什么，靠什么生存？当然，很多神秘的事物是不能用常理解释得清。如果调来器械抽干了水，把猎塔湖看得什么都清楚明了，它还会神秘吗？

猎塔湖的传说已有千年之久，在当地寺庙吉日寺的藏经中有“深山海子（指猎塔湖）有宝物”的记载。当地人眼里，这个“宝物”具有超自然的神力，能影响人的命运。传说好心的人看到“宝物”能得到福气和金钱，一生平安；而心术不正的人看到“宝物”后会倒霉，受到惩罚。

我们看到的湖水深而平静，天微微下起了小雨，又好像是细细的雪花。据说在湖水浅滩上，常出现一些被吞噬过的牦牛尸骨，这让人产生可怕的联想，牦牛是不是被湖中的“怪物”拖下水吞吃。猎塔湖水怪至今没有被拍入镜头的直接证据，不过摄像镜头曾数次捕捉到湖面的大漩涡。湖中的水时而呈顺时针，时而呈逆时针旋转。从上面看好像有什么力量在湖里搅动，湖面波纹的直径有数米。我们一直站在那里，期盼能看到传说中的漩涡水花，但是没有，有的只是死一般的寂静，静得让人不敢大声说话。

回程路上，大家心情放松起来，讨论着猎塔湖的神奇。猎塔湖的神秘是自然现象还是神奇联想并不重要，我情愿人们不要去破解这个谜团，保留这份神秘，保留这份距离。就像蒙着面纱的女人，掀开看，丑了，会很失望，太漂亮，也会视觉疲劳，不如就那么蒙着，让人一直去遐想。人世间事，说清道明并不是最好的结果，反而不清不楚才是最有意义的存在。

吴越

自驾＋度假

慢行沪上古桥间

撰文 / **马明**　摄影 / **蒋欣辰、马明**

上海周边曾有著名的六大古镇——江苏的同里、甪直、周庄和浙江的乌镇、南浔、西塘，不过在沪上待久了，就知道其实不用出上海就有很多不错的古镇，以“五浦归江”之地青浦区的朱家角为首，还有“四十二桥”明月夜的金泽，其他如练塘、枫泾、南翔和离枫泾不远的昆山千灯古镇。这些古镇人们也许不是耳熟能详，但却各有各的妙处，并且从自驾车的角度讲，恰好能串成一条悠哉的度假线路，所以一并奉上。

11月，已是江浙秋风萧瑟时，孰不知，这时正是不用看人头攒动的最佳旅行季。这一次，我们把自驾的焦点投向青浦——这个历来只有上海人独享的“后花园”，不仅是去领略一下“绿色水都”的新鲜气息，更是为了沿着国道318线所穿过的青浦三镇——青浦、朱家角、金泽，从遗存下来的每一座古桥上去领略古人所创造的灿烂文化。

上海周边无数的古镇一直是我比较钟爱的度假地，虽然乌镇周庄已经人满为患，但是熟悉古镇的人都知道，其实上海周边的古镇少说也有几百个，除了朱家角和金泽，还有周边的练塘、枫泾、南翔和千灯，在当地人眼里也都是比较知名的旅游小镇，去这些地方自驾车最为适合。走走停停，古镇漫游，与其说是自驾，倒不如说是徒步。

水是桥之源，桥因水而生，水乡若无桥，渔民只能以船为家，不能建村建镇；在水乡修路，如果没有桥，恐怕连完整的一公里都修不到。曾经听闻云贵川一带由于多山，修路多隧道，一公里的造价要比平原贵上十几倍。青浦公路管理署的技术人员告诉我，在水乡恐怕这造价还要高，因为沟通河湖间要修很多座桥，还要避开沼泽湿地等土质异常疏松的地区。正因如此，在青浦地区，无论是搞建设的公路人，还是每天使用路的出行者，都对那些古桥新桥充满深情。他们在桥边出生、长大、结婚、生子，每天上桥出门，每天下桥回家。可以说，研读了一部青浦的古桥史，也就读懂了这水乡净土全部的风情。

TIPS

沪上自驾出行计划

因为都是非常好的高速和国道，家用轿车即可成行，所以最适合家庭出行，或者是情侣，慢悠悠地驾着车奔向一个个现代城镇里的古代水乡，也可做一个短暂的怀古幽梦。不过，只有朱家角、千灯和枫泾古镇旅游设施比较成熟，其余古镇只宜游玩，食宿不太方便。一般来说，玩这新六大古镇，计划个四天三夜的长周末非常适合，如果能躲过五一和十一的黄金周，避免了上海本地人的假期拥堵，也可以来个五六天的慢行计划，更能细品古镇味道。

朱家角 一弯红月

总喜欢在傍晚进入一个古镇，这时大部分游客已经散去，虽然河两岸的茶坊酒肆还正热闹着，但整个镇子已经大致恢复了本来面目，只有住在镇上的当地人三三两两匆匆过桥回家，这时就可以重拾一下访古探幽的心境，找相对安静的一隅坐下来，细品一下古镇的人生。而且，要了解那一座座古桥的前世今生，不亲近古镇是无法达成的。虽然国道318线从起点上海算起，应该是从东到西穿过青浦，因为朱家角，我来了一个逆向穿越，先由国道318线最靠近朱家角古镇的祥凝浜路直接进入了这片青浦最早的繁华地。

早就听说过朱家角。朱家角，原名“朱家村”，宋、元时已成小集市，因水运便捷，商业日盛，明万历年前形成集镇，改称“珠街阁”，又名珠溪、珠里，俗称角里。它位于江、浙、沪三地相交之处，地处九峰北麓，淀湖之滨，淀山其中，紧靠区政府所在地，为青浦一方福地。朱家角曾以标布业著称江南，号称“衣被天下”，是江南巨镇，商贾云集，人烟繁盛，曾有“长街三里，店铺千家”之说。如今，仍可看到古色古香的明清时期街市建筑，如放生桥、一线街、课植园、城隍庙、圆津禅院等众多名胜古迹。

古镇被水路包围，又被一座座小桥阡陌沟通，所以是无所谓入口的。从前朱家角还收过门票，后来当地人纷纷抗议，说是住人的镇子，诸路可通，无遮无挡，收票何来？便也就取消了那可笑的“路障”。也正因为这样，朱家角比起那些被圈起来的古镇多了许多亲和。除了祥凝浜路，还有其他的几条路也可通到镇里，比如老的朱枫公路（朱家角—枫泾），也与国道318线相交，现在朱家角这一段改叫了“珠溪路”，也是青浦最新重建完成的一条旅游公路。我想为珠溪路取名的设计者应该是深谙朱家角历史的，否则不会为它还原了这个曾经的别称。

看青浦公路管理署自发编撰的一本散文集——《铺路石》中，有一位普通的公路职工写的一段话，“虽时隔近二十年，但在去母校朱家角中学上学路上的情景，却犹如刻在心底一般，记忆犹新。那时母校还‘深藏’在古镇北首，每天去上学，必经一座大大的、古老的五孔石拱桥，这就是有名的放生桥，然后沿着小河走过一条细长的、窄窄的青石板路。如今母校的原址已修葺成了课植园，成了著名的旅游景点。”

是啊，对于游客来说，这

古镇只是一个景点，可以看看园林，拍几张怀旧的照片，尝尝土产，但是对于镇上的居民来说，它却是从小到大赖以为生的家园。那河水不只是供游船往来的载体，而是他们生存的命脉；那古桥不只是供游客拍照留念的道具，那是他们每天出行的必经之路。这位生长于斯的公路职工在他的文中还深情地引用了孙中山先生的一句话："道路者，文明之母，财富之脉也。"这些渔民的后代，曾经只能以稻作和渔猎为生，是因为有了那一座座石桥和石桥边小得可怜的码头，他们才能开始水运和陆运，用农产品去换取外面的世界，渐渐才有了商号银号，才能成为以水路闻名的交通大埠。

一座放生桥上放生的不仅仅是鱼虾

整个朱家角镇区呈扇形，面积为 2 平方公里，源自淀山湖的漕港横贯全镇，把镇区一分为二，东西井亭港、南北市河、瑚瑎港、祥凝浜、雪葭浜、圣堂浜等纵横交错的河道，把镇区又分割成许多小块，古人因地制宜，因地而设，在一条条河道上建起了 36 座造型各异、大小不一的桥梁，把全镇连成一个整体，成就了朱家角浓郁的江南水乡韵味。

傍晚上放生桥是每个人到朱家角必做的一件事。放生桥是江南地区最大的五孔大石桥，建于清代中叶，气氛宏伟，构造匀称。站在放生桥上，可一览古镇全貌。放生桥也是朱家角古镇的一个主要入口，这与很多古镇都非常相似，比如同里，只不过放生桥更为高大。放生桥全长 70.8 米，宽 5.8 米，高 7.4 米，横跨在青浦境内的主河道漕港上，明隆庆五年（1571 年）由慈门寺僧性潮募建。400 多年前，要在水深流急的大江上建造如此大桥，疏为不易。并且，放生桥的建造技术在当时是极为先进的，该桥设置了超薄纤秀的柔性墩，使主拱受力大大减小，人工材料大大节省，这对当地缺乏矿山资源，造桥石料全靠外运来说是十分经济的。由于墩薄，加上桥拱自然递增，全桥形成一个缓和顺适的纵坡，自然和谐地衔接两岸街面。整座桥坚固而不费料，雄伟而不笨重，显示出高超的技艺。

桥边有亭，与桥同名，叫“放生亭”。放生亭边聚集了不少善男信女，都买了小鱼小虾放生。卖放生鱼虾的当地人很多，但他们会把游客刚放生的小鱼小虾抓回来再卖。

我很钟情于“放生”这个词，但不是这种形式上的放生——被游客放生的鱼虾只是道具，何况它们的生命短暂，可能来不及体会那种被放生的喜悦。在西藏的扎什伦布寺曾经见过几只放生羊，那种放生才是真正的放生——是把自己放逐天涯后心灵得到的彻底释放。入夜，我坐在桥栏上注视着河上的那一点点微光——只有星星点点几家餐馆还在营业，但远没有周庄、凤凰、西塘、丽江那般纷乱和喧闹。这时，我有些不敢相信自己的眼睛，因为河上悬着的是一弯红月，月光如血，直射入水。我问过当地人，他们也说很少出现这样的影像。难道，这么巧，月光也在这一夜将自己放生了不成？

沪上第一明清街
活的清明上河图

“长街三里，店铺千家”，指的就是就坐落在放生桥边的北大街。北大街是沪上第一明

清街，久经沧桑，但还保存得如此原汁原味，那“一线天”的独特构筑，令人啧啧称奇。老式店招林立，大红灯笼高挂，让这里成为江南古镇最热闹的古老街道之一。

北大街不像有些古镇新建的仿古街，笔直崭新，毫无意趣，这条街好像没有一处不曲折，没有一处不古旧，两边虽然开了不少新店，也有许多和其他古镇差不多的旅游商品，但仍然不失明清时期的原汁原味。我信步走进一家小餐馆，要了几样时新的小菜，餐馆的后窗正对着朱家角著名的“城隍庙”——圆津禅院，禅院门前是俗称“何家桥”的泰安桥，横跨在北大街的中市河上。这座明万历年间修建的单孔石拱桥很像周庄双桥中的一座，形态非常优美，尤其在黄昏时分，异常动人。

朱家角虽然出名，但来这里休闲的多数都是上海人，自驾车往返很方便，所以镇上也就没有几家客栈和酒吧。正是因为这样，朱家角的静谧之夜才能得以保存。而且，仅有的几家民宿也不会像许多地方的商业客栈那样出门拉客，主人只在门里闲坐，啜着茶，听着收音机里的老戏码，房间都是家里的木楼二层，只有一两间，对着满河的夜，寂无声息。

还不到晚上8点，几乎所有的店铺都上了板，本是繁华的小街瞬间沉静了下来，我就在这街上慢慢地走着，身后一盏又一盏的灯次第熄灭，只几分钟的时间，街上已经没什么行人了，还没走到放生桥北岸西街的一半，就只剩下月光清冷，在被雨水打磨光滑的石板路上映出我斜长的影子。这时候，心里竟然没有一丝恐慌，因为我知道，那小桥，那流水，透出的都是水乡人家的温情。小小朱家角，便是整个青浦的缩影，水使人相隔，桥又使人相亲。

TIPS

朱家角自驾指南

◆交通：国道318线直驱可达。

◆住宿：朱家角镇开发得很好，旅馆酒店的档次自不必说，不过价格较之一般古镇就很贵了。一般100元到300元不等，视星级而定，有的还可以讲价。

美食：尝尝当地最具地方特色的传统食品——扎肉，就是五花猪肉，但一点儿也不腻。带皮腿肉去骨，放入沸水中煮熟，放入盐，味精，然后取出，待凉后，用干净的纱布裹紧，再用棉线（包粽子用的）扎紧，越紧越好。然后放入冰箱冷冻，过大约半个月左右取出，如果想很有嚼劲，要扎紧，且多放几天。拿出来切片即可食用。

扎蹄和扎肉差不多，不过是选用猪蹄制成，爱吃的人只怕是吃得只剩一根骨头了，也舍不得丢掉，就只为多尝一下那味儿。

朱家角稻米历来被誉为米中极品，在明清两朝为上奉朝廷的“贡品”。用名品“青香糯”米为原料制成的“青香糯米粽”，格外清香软糯。所选择的绿色的蓼箬叶透出竹叶的青香。里面装的糯米拌和着赤豆的叫赤豆粽，拌和着剖碎的火腿、红枣、板栗的叫枣栗粽，煮熟以后沾白糖食用，其味甜、咸带香，十分可口。

◆门票：杨震庙门票5元、颐浩寺门票2元、朱家角套票60元。

金泽 四十二虹桥

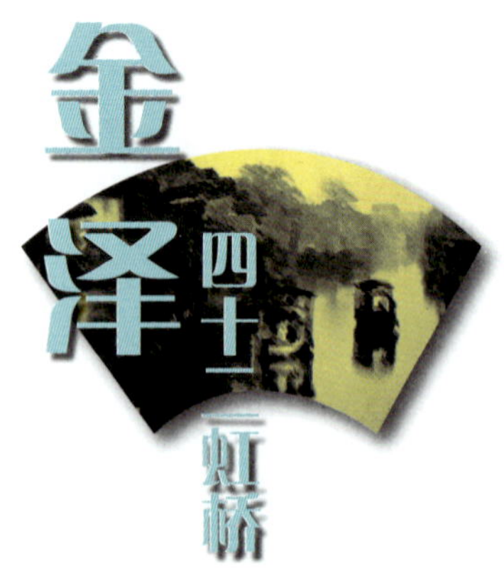

青浦最美的古镇是朱家角，但若论古桥史上的地位，却要逊金泽镇一筹。金泽镇位于国道318线穿过青浦的最西端，整个镇区面积有14万多亩，陆地面积仅为1.2万多亩。当地人视水为宝，早有“穑人获泽如金”之说，这就是金泽镇名字的由来。几年前，美国的公共电视网要拍摄一部反映中国古代造桥技术的大型纪录片《中国虹桥》，在江浙沪千挑万选，最后选中了金泽。

金泽之所以能被称为“江南古桥最多的古镇”，并不是因为数量最多，而是在古镇仅有0.4平方公里的镇区里，竟然有历代建造的古桥42座，密度大得惊人，因此一度被称为“四十二虹桥”镇。如今虽然大部分古桥已经重建或者损毁，只余8座完整的古桥，但是仍然能在镇南颐浩寺大山门遗址前的一条河道上同时保留了建于宋、元、明、清时期的4座古桥，不能不说是古桥王国之经典。这4座桥分别是普济桥、迎祥桥、重建放生桥和如意桥，另外镇北的万安桥、林老桥、塔汇桥和天王阁桥则构成了另外一组展示各个年代桥风采的“活标本”。这些江南古桥各有千秋，光是造桥的材质就五花八门，有青石、花岗石和紫石等。沿河漫步石板路，风姿绰约的古桥倒映在碧水间，虚实相接，如影随形。

建于南宋咸淳三年(1267年)的普济桥是上海地区现存最古老的拱形石桥，它长26.7米，拱跨10.5米，宽2.75米，高5.07米，拱圈采用早期石拱桥并列砌置方法，与著名的赵州桥相同。我们不是桥梁专家，对桥的结构是否独特可能还没有切身的感受，但普济桥那幽幽的紫色却实在让人赞叹。宋代的石桥多采用这种紫石建造，每当雨过天晴，桥面晶莹光泽，就好像一座紫色的宝石之桥，所以到金泽的时候如果能赶上一场小雨，待雨住之后就在普济桥上赏赏这宋朝紫，也算是玩了一回另类的穿越吧。

推荐看点：金泽现存八大古桥

◆普济桥：位于镇南市梢，横跨市河，基本上是宋代原物。桥梁专家唐寰澄称它“上海第一桥”。

◆万安桥：也是上海地区仅存3座典型的宋代古桥之一，俗名亭桥，位于镇北市梢，横跨市河。与普济桥同跨一河，南北相峙，被称为“姊妹桥”。

◆重建放生桥：位于总管庙南，又称总管桥，明代所建，民国时换砖石栏杆，桥柱上刻

集中在青浦区西部水网中的朱家角、金泽两大古镇，不仅保留了江南古镇的原始风情，而且以江南密度最大、形制最完备的古桥群落为一部青浦交通史沉淀了浓浓的文化底蕴。

有清晰的楹联，刻工高超。

◆如意桥：离总管桥仅50步，桥南有南圣堂庙，又名祖师庙，故桥又称祖师桥，始建于元代。全桥一色花岗石，打凿整齐。

◆林老桥：桥北正对关帝庙，庙里有阁，俗名关帝桥。林老即林青，元代金泽人，曾任宣慰使，创建义塾，培养学生，乡民为纪念他而称该桥为林老桥。

◆天王阁桥：横跨金泽镇市河北，北堍原有天王庙，庙有阁，故名。初建于明代，桥顶雕有多种佛教图案，造型典雅清脱，桥墩纤细薄盈。

◆塔汇桥：横跨北沈浜，居镇中心，是金泽代表性的石梁桥之一，桥畔原有玄通庵。金泽史传有“一塔、六观、十三坊”，这一塔是否在塔汇桥畔，还要考证。

◆迎祥桥：7孔梁式桥，位于镇南市梢，始建于元代，中间5孔跨河，梁面为5根楠木梁，因坡度和顺似虹影环空而有“迎祥夜月”一景，为金泽八景之一。

赏桥邂逅闺秀故宅

上塘街的穿越剧

其实，对于一个普通的旅行者来说，金泽并不是第一眼“美女”——基本上没有了石板古街，也没有悠扬的音乐和老店铺，虽然有那么多知名的古桥，却难免会让人觉得平淡。当然，很多人会喜欢这种完全没有商业意味的清幽。历史上的金泽可完全不是这个状态。正如我们走过的这条上塘街，和另外一条下塘街一起，明清时期正是商业最为繁盛的名街。因为金泽有“一桥一庙”之说，所以“四十二虹桥”就有“四十二寺庙”相随，香客众多，茶馆、酒肆、香烛店和南货店便比比皆是，最繁华时可能连朱家角都比不上，只是眼下，两条街都成了普通的民居街道，只有零星的古宅散落其间。还有一些庙宇，像杨震庙、颐浩寺和关帝庙都还有，值得一提的是颐浩寺的银杏树，那是一棵有700年历史的古树。

信步走过上塘街，本想略站一站就离开，附近一座红漆大门里飘出来的扑鼻香味却止住了我的脚步。那是一种混合了炭香、竹叶香和不知什么香料的清香，让人不知不觉就想走进门去。正在这时，一位大嫂出来倒水，看见我们便热情招呼着："走累了吗？进来坐一坐！"我本不想打扰，可是门上的那块牌子吸引了我的注意："登记不可移动文物，金泽王氏民宅，建于清光绪年间……"这倒不能不看了。没想到，这无意中的际遇，竟让我们与一位民国时期的闺秀来了一场超越时空的邂逅。

主人引我们上了王宅的阁楼。木制的楼梯非常窄，而且有些年久失修，走在上面心里都有些发颤，但是上面却别有洞天。这二楼的房间虽有些积年的灰尘，但古老的木床却是一架描金的绣床，桌椅箱柜无不是红木制成，看来怎样也有近百年的历史了。最为惹眼的就是那几扇雕花的窗扇，隐隐透出一些珍珠般的光泽。这是什么？民国时期不都是用纸来糊窗吗？主人有些得意地告诉我："这是蚌壳，一块儿就是一个大蚌，一点点磨出来的。"今天我们家里经常会买贝壳灯，不过那贝壳多是合成的，想不到在百多年前就有这种蚌壳的窗扇，虽不名贵，但以每一块的尺寸来看，那么大的蚌，当年尚价值不菲，如今怕是有钱也很难找了。

细看这阁楼中，墙上挂着一幅民国打扮的少女画像，绣床的镂雕中还夹着两张黑白照片，一张与画像如出一辙，另一张则是一位老妇人后面站着个年轻男子。她就是这绣房的原主吗？主人笑着为我揭秘，原来，少女与老妇人是同一人，是他的姑母，生于19世纪末，原是这大家的小姐，她未出阁之前一直是住在这间绣房里。那照片中的年轻男子便是主人，当然，眼前这位老先生与照片中的男子实在很难找到共同点了。原来，王家在晚清时曾做过金泽的一个小吏，不是大富之家，但也颇为殷实，后来虽家道中落，难得的是这故宅的绣楼却保留了下来。祖上的官位不高还让他们因祸得福，也没有被清查过，所以这些家具还能保留到现在。

我怀着缅怀的心情在绣房里又站了一会儿，画像中的少女温柔娴静，再看这满室虽不名贵却也精巧的物件儿，想来那一定是位知书达理的闺秀。也许，也是这样一个雨天，她就只能静静坐在闪着贝壳光泽的窗前，听窗外的车水马龙声来冥想外界的繁华吧。对于陷于红尘俗世的我们来说，那未尝不是一种幸福。

TIPS

金泽自驾指南

◆交通：因为国道318线自金泽镇穿过，所以自驾车非常方便，可以从上海市区先往青浦方向开到朱家角，由朱家角经东方绿舟和大观园到金泽，也可以走国道直接过去。

◆美食：金泽镇最引人口馋的美味佳肴当然也是水产了，这些水产在小镇的街边饭馆都能吃到，非常地道。淀山湖与商榻境内的急水江和汪洋河盛产的大闸蟹20元/斤，体形如"烧饼"，素有"九雌十雄"之称，就是说九月拣雄蟹，十月拣雌蟹。在金泽，品尝大闸蟹可谓一大享受。还有河虾虽不昂贵但却够鲜，做成的盐水虾、油爆虾，色泽澄黄，美味可口。大闸蟹20元/斤。

赵家香干也是金泽的一大特产。相传清朝末年，一赵姓人家精制豆腐干，美味可口，于是声名远播。现为中华老字号企业，其肉质紧密细腻、咬口柔韧相兼、回味鲜香长久。

金泽状元糕采用优质纯粳米，用石舂碓成粉，粉质细腻不糊，配以白糖，经蒸、切、焙、烘等工艺制成。如和以适量松子粉则成松子状元糕，和以椒盐则成椒盐状元糕，宜不喜甜令及患胃病者食用。

枫泾 三桥问清风

头天仍是返回朱家角宿下，睡到自然醒，喝了一碗刚熬好的莲子羹，便慢悠悠上路去练塘。练塘位于青浦区中部，是典型的江南水乡古镇，有一千多年历史，人文资源丰富，文化遗迹充盈，具有较深厚的文化底蕴。而真正使练塘出名的，是无产阶级革命家陈云，因为这里是他的故乡。虽然练塘可看的文物古迹并不是很多，但只是它现在的风貌，再加上游客寥寥无几，就足以让人品出真正的江南小镇的味道。镇内一条市河(俗称三里塘)贯穿东西，沿市河两岸有两条并行的街道，河上有十几座桥，把两条街道贯通起来，街上行人摩肩，河里舟楫塞港，甚是繁华热闹。

午饭后上了老的朱枫公路去别名“芙蓉镇”的枫泾，走着走着发现还是上国道320线比较快，于是又转上国道，不到两个小时就到了。枫泾的第一道风景线便是枫泾三桥。这是枫泾南北、东西市河交叉口的一个景观，由北丰桥、竹行桥、清风桥组成，三桥的旁边有一座清风阁茶楼，累了可以进去小憩一会儿，顺便看看风景。走过三桥，过石牌楼便可进入生产街，只见沿河一长排逶迤绵延的黑色廊棚，黑色小瓦顶屋，黑色小砖铺地，一盏盏大红的灯笼在廊檐下高高悬挂着，正所谓古巷通幽。走过生产街，看到的是一条有传奇色彩的弄，叫莫乃弄，这条弄堂原名金家弄，全长50多米，据说是古代姓金的两兄弟分家产时开的一条分界弄，所以特别窄，最窄的地方只有60厘米，两人对面行走要相互侧身才能过去。东区的火政会则是上海地区保存得较为完整的近代消防机构，当年的火政会又称为龙王堂，即“海龙王克火”的意思。离

TIPS

练塘、枫泾自驾指南

◆交通：从朱家角到练塘的省道225线虽然不如国道318线平整，但是路况也不错，下了省道要转一段小路去练塘，路比较窄，但是好在车少，也不碍事。

◆住宿：枫泾古镇没有太多的客栈，倒是有一家上海新长岭大酒店，是准四星，虽然不在古镇里面，但是设施不错。门市价要636元/天，但是现在有新长岭大酒店和枫泾古镇的联票，只要378元，比较划算。

◆美食：练塘茭白种植有百余年历史，原产自青浦区练塘镇，现在在朱家角和金泽都可以吃到，这种茭白含有丰富的有解酒作用的维生素，并能提供硫元素，味道鲜美，营养价值较高，容易为人体所吸收。

推荐“唔奴喔哩”酒家，熏拉司2元/只；清炒马兰头10元/盆；肉末豆腐15元/盆。

◆门票：枫泾镇门票50元/人，包含的景点有：程十发祖居、丁聪漫画馆、人民公社旧址、三百园、火政会。

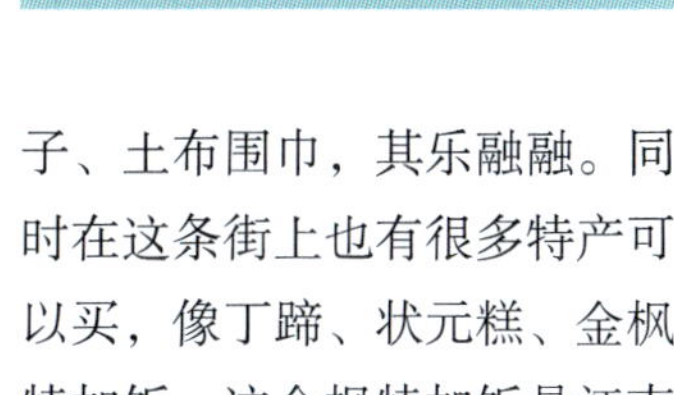

开东区火政会，便可来到泰平桥，它是古镇中最高最宽的单孔拱桥。

中午在唔奴喔哩酒家进餐，这个名字怪怪的酒家位于古镇的廊棚下，很有乡土味道，走进大门，天井长长的，两边的小包房，木窗花布，木凳方椅，好似农家小舍。肉末豆腐是经蒸使肉与豆腐鲜香渗透，是老店的招牌。

安顿好了住处，发现原来枫泾也有一条北大街，不过这条街与朱家角的不同，是一条集中了古店作坊的古商业街。为了向游人展示古代织布、打铁、制药等手工生产技艺，北大街按古仿制，配置生产器械，游人可以亲手操作，亲身体验，尝试着自己制作布鞋子、小锄子、土布围巾，其乐融融。同时在这条街上也有很多特产可以买，像丁蹄、状元糕、金枫特加饭，这金枫特加饭是江南最有名的黄酒之一，只有在枫泾才能买到。

千灯 思想家归处

既然枫泾的住宿没有太大的特色，索性就直奔江苏昆山的千灯古镇。千灯已经有两千多年的历史了。如此美丽的名字赋予了人们许多想象这个小镇的空间，但事实上，它的名字是流传下来的误读。相传吴越争霸的时候，从姑苏一路建造烽火台，造到第一千个墩的时候，就有了千墩，后以讹传讹，成了千灯。

经过两段桥就是真正意义上的古镇了。过了桥。左右两边是石板铺成的石板街，有些窄，旁边也都是卖东西的，沿着右边的石板走，来到了“余家当铺”。这时你会感觉到，左边比右边的街道要清静一些。再往前走就到了顾炎武先生的故居，还记得“天下兴亡，匹夫有责”这句话吧？顾炎武不愧是一位伟大的思想家，连他自己设计的园林都颇具哲学意味。这园子显然与苏州园林的典型格局不同，不是一环套一环的连环扣式，倒是有些太极八卦的逶迤行之，像走迷宫一样绕了无数个圈儿，最后竟

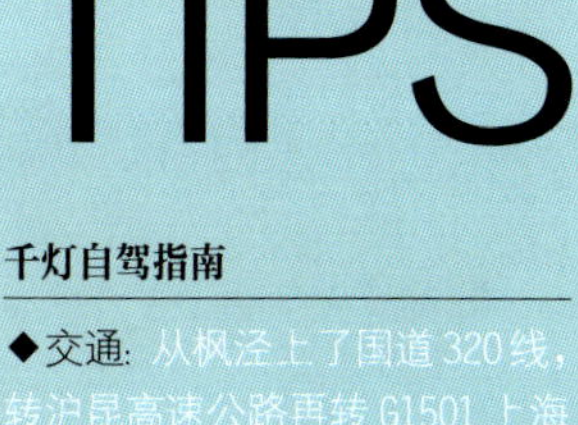

千灯自驾指南

◆交通：从枫泾上了国道320线，转沪昆高速公路再转G1501上海绕城高速，然后转省道343线到千灯，这样走比返回青浦再转千灯可以少走20公里。

◆住宿：只能古镇外住宿，高架桥边有几家宾馆，其中交通宾馆可以上网，标间100元/天。

◆门票：千灯古镇门票60元/张，但若不进各个景点的话，可以不买门票入内，不能分开买票。

◆特色：古装拍照可以选过了两段桥右手边窄巷的第一家，价格比较公道，化妆技术也不错，租衣服10元/套，化妆另加10元。

奇妙地回到了原点。

从故居出来，大门对着一个塔——秦峰塔，每一层塔的塔尖上都挂着铃铛，清风一吹，叮当作响，很是悦耳。忽然就在塔下发现了白娘子的身影？难道是时空闪回？定睛一看，原来是游客穿了古装的衣服在拍照。古装拍照早已充斥无数旅游景区，但千灯的这件事做得有些特别，原来这里的古装大多都是唐宋时期的服装，而且家家小店里都有巧手的化妆师，可以顷刻之间把你打造成杨贵妃或者小龙女，甚至红楼十二钗的服饰在这里也可以找到，全不似一般只弄些清朝或者日本的服饰来糊弄人的店。看着不由心痒，便也玩耍了一回，扮成一位古代侠女，做势要救白娘子出塔。

千灯古镇的管理还是比较严格，古街巷里基本上没有饭店，只有一些小吃，并且一家客栈没有，要在这里住宿只能去古镇之外，所以入夜时这里说不出的安静，几乎要静得像是到了寂寞广寒。

南翔 好个肉馒头

南翔坐落在上海的嘉定，距今已有一千多年的历史了，早在梁天监四年（公元505年）建成白鹤南翔寺，因寺得名。后又建成五代砖塔——双塔、南宋抗金民将韩世宗留下的烽火墩——鹤槎山、明代建造的园林——古漪园。至今已有1500多年的历史，是上海市四大历史文化名镇之一。

古漪园曾是古代的私家大园，小桥亭园，假山奇石，与上海的豫园有许多相似之处。未进园前，先到大门旁的上海古漪园餐厅品尝已有百年历史的南翔古漪园小笼。店面较大，生意兴隆，所幸还未到午餐高峰时刻，我们很快找到了空位。鲜肉小笼自取，蟹肉小笼和汤由服务员送上桌。南翔小笼确实名不虚传，皮薄、汁鲜、肉嫩、馅多，不愧为中国名点。用餐完毕发现店内已人满为患，几乎每个座位后都有人在等候，取小笼要排长队。

饱餐后进古漪园，午后的阳光暖洋洋地晒在身上，看着园内精美、古朴、素雅的景色，真是心旷神怡。古漪园建于明代嘉靖年间（1522年~1566年），由明代嘉定著名竹刻艺术家朱三松精心设计。园内遍植绿竹，有不少奇竹，如方竹、紫竹，还出售特色的纪念品：竹刻制品，竹制景点等。有亭榭楼阁、曲径回廊、奇树名花、各种奇石，景色极为秀丽。园里的两座唐经幢，已有一千多年历史。全园按不同景观划分为逸野堂、戏鹅池、松鹤园、青清园、鸳鸯湖、南翔壁。登上龟山顶但见一巨大的百寿图石碑，整个山顶的地面也设计成龟背的花纹。站在小松岗高处可俯瞰园内景色。戏鹅池中两只鹅在池中快速游玩，其速度比划动的小船还快；穿过九曲桥时，见水中的鱼儿时时跃出，溅起一片片水花；站在缺角亭前，又让人沉思于抗战时期沦陷的国土和不屈的国民；更欣喜于在石舫中听得一支悠扬的笛曲。

闲闲散散地游完了古漪园，才下午两点多，从北大门出去，在当地人指引下走不远就到了南翔老街。这里一样小桥流水，有古老的房子和店铺，不过面积不大。沿街走到底就是南翔古镇的重要标志——双塔。砖塔高11米、灰砖砌筑、仿木结构、楼阁式、八面七层、底层

TIPS

南翔自驾指南

◆交通：从千灯返省道343线转上海绕城高速到嘉定，然后转国道204线，不到一个小时就到。

◆美食：古漪园门前的南翔小笼店一定要去尝一尝，比上海的正宗很多。20只一笼的鲜肉小笼15元，10只一笼的蟹肉小笼15元，碧绿鱼丸汤10元一碗。

◆门票：古漪园门票12元，留云禅寺门票8元。

直径1.86米。虽然外表黑乎乎的，但是内部非常精美。附近还有留云禅寺，它是2004年在云翔寺旧址上重建的，仿唐风格。正所谓云翔四海，根留祖基。云翔寺始建于南朝梁天监年间（502年~520年），但一场大火使千年古寺成为废墟，只留下了那对灰黑色的砖塔。

在上海周边又周游了一回古镇，越发发现上海的古镇太多，六大古镇，新六大古镇，新新六大古镇，有人说去了一个古镇就不用去另一个，我却不以为然，每一个古镇住的人不同，讲的语言有差别，做的小菜也有不一样的味道，如果有钱有闲，不妨都去转转。当然，那种完全新做的就算了。

TIPS

慢行沪上提示

◆气候：青浦区属亚热带季风气候，全年雨量适中，季节分配比较均匀。月平均气温最高在7月和8月，平均气温27℃，全年平均气温15℃。

◆旅游季：因为冬无严寒，夏无酷暑，所以四季都适合旅游，但春秋两季为最佳旅游季节。此外，6月中旬至7月上旬为梅雨季节，持续期20天左右，雨量较大，7~9月间有台风侵袭和影响，常有暴雨，所以6~8月到青浦旅行时一定要带有雨衣雨具。

◆最佳自驾时间：都说杏花春雨江南，清明前后的古镇无疑最有味道，追求情调的朋友可以选择4月，梅雨季尚未来临，小桥流水边的柳枝刚刚吐绿；也可以选择九十月份的金秋季节，比较适合钟情于江南农家美食的朋友，不仅有金泽的水产和大闸蟹，还有新鲜的菱角和茭白，每天新钓的黄鳝更是勾人食欲，主要是凭栏水边喝着米酒临风小酌的感觉实在惬意。

◆必需装备：一切驱蚊产品，小桥流水永远与蚊虫为邻，这是个血的教训；治腹泄的药品和其他个人胃肠性药品，江南美食太多，防患于未然；手电或者头灯，古镇上大多是石板路，又没什么路灯，晚上出门用得着；雨具和保护相机的防雨设备，江南天，孩子脸，说变就变。

◆特别提示：江南水乡能保持如今的风貌不容易，切勿向桥下的流水中扔垃圾；

许多古桥和石板路已有几百年历史，不要对其施以重压，也是为自身安全着想；

住在古镇里比较好，早晨游客没到和晚上游客已离开的时候，才能品出古镇的原味；

无论是旅游的淡旺季，都尽量不在周末去这些古镇，食宿都会涨价。

从上海出发看古镇其实不用给自己规定太严格的路线，从上海的青浦，金泽、练塘一条线；西北到苏州方向，同里、昆山的甪直、周庄和千灯一条线；西南到杭州方向，嘉兴、绍兴、乌镇、南浔、西塘又是一条长线；其他像颖上、太和、启东、南翔等等，古镇无数，古桥无数，古老的记忆随处可寻，所以开车上路就好了，完全可以随心所欲。

青浦其他美食

◆银鱼羹：青浦名菜之一，做法：水烧开，先将银鱼用滤网在热心中快速氽烫去腥，捞出香菇、红萝卜切丝、将葱、姜以热油爆香，放入香菇丝及红萝卜丝翻炒后，加入高汤煮开，加入银鱼煮开，太白粉调水后加入勾芡，加入盐及白胡椒调味，食用时滴数滴麻油及香菜末即可。

◆塘里鱼炖蛋：青浦名菜之一，做法：鲜活塘里鱼去鳞，在下腹尿脐处划一刀，深约二分，再由鱼鳃内拉去肚肠，洗净；把塘里鱼入锅加水，盐、酒、葱、姜煮熟，再除去葱姜及浮沫；另用碗将蛋打散，加入煮塘里鱼的汤、盐、味精调匀，放入鱼，上笼蒸熟后，浇猪油即成。

◆商榻菜苋：青浦民间腌制的咸菜苋，起源于淀山湖西畔的商榻。商榻“阿婆茶”闻名四方，而咸菜苋，便是“阿婆茶”过茶的比备家常食品，呷一口香茗，吃一根菜苋。茶客们津津乐陶，情趣甚浓。在朱家角镇的阿婆茶馆可以品到。

PHOTOGRAPH

行摄专辑

且自驾且拍照，这是行摄最初级的定义。对于热衷于公路影像的摄影师来说，公路便如一面明镜，踏实地反映一切与公路相关的色调——远山如黛，碧空如洗，湖蓝泛青，新芽吐绿，残阳如血，沙漠昏黄 …… 除了大自然的原色，还有少女鬓边的小雏菊、汉子头上的英雄巾、婆婆手中的花围腰、孩子腕上的五色丝 …… 如果说路边可以演绎生活的一幕幕片段，那么公路就像是一卷卷未开封的电影胶片，路在脚下延伸，生活便被一点点录制。

银杏是现存种子植物中最古老的孑遗植物，出身在几亿年前，现存活在世的银杏稀少而分散，上百岁的老树已不多见，和它同纲的所有其他植物皆已灭绝。能徜徉银杏林间，无疑是一件快事。

虔诚的朝圣者和满载货物的大卡车并行在青藏公路上，构成一幅奇妙的画面：他们拥有同样的目的地和完全不同的目的。这条贯穿高原、平均海拔 4000 米以上的公路就像一副多姿多彩的拼图，从筑路工人到自行车旅行者，从苦行僧到捡垃圾的，从环保志愿者到车祸中幸免的司机，从淘金大军到藏族牧民，从兵站到流动加油站，从登山大本营到青藏铁路指挥部……这些形形色色的身份组成了一个个故事，而正是这些故事铺就了这条瓦蓝色天空中的生命线。当走进青藏公路通车的第 60 个年头时，我们带着膜拜的心情重新踏上这条风雪之路。

— 青藏公路 · 后青藏时代 —

— 海洋 银杏黄了 —

青藏公路·后青藏时代

撰文、摄影/**王牧**

虔诚的朝圣者和满载货物的大卡车并行在青藏公路上，构成一幅奇妙的画面：他们拥有同样的目的地和完全不同的目的。这条贯穿高原、平均海拔 4000 米以上的公路就像一幅多姿多彩的拼图，从筑路工人到自行车旅行者，从苦行僧到捡拉圾的，从环保志愿者到车祸中幸免的司机，从淘金大军到藏族牧民，从兵站到流动加油站，从登山大本营到青藏铁路指挥部……这些形形色色的身份组成了一个个故事，而正是这些故事铺就了这条瓦蓝色天空中的生命线。当走进青藏公路通车的第 60 个年头时，我们带着膜拜的心情重新踏上这条风雪之路。

公路·后青藏时代

第一站
·青海湖

着红衣的藏族女子牵着一头驴安然走过青海湖畔一望无际的油菜花海。青海湖是我国第一大内陆湖泊，也是我国最大的咸水湖。它面积达4456平方公里，环湖周长360多公里，比著名的太湖大一倍还要多。湖面东西长，南北窄，略呈椭圆形。乍看上去，就像一片肥大的白杨树叶。青海湖平均水深约19米多，最大水深为28米，蓄水量达1050亿立方米，湖面海拔为3260米，比两个东岳泰山还要高。由于这里地势高，气候十分凉爽。即使是烈日炎炎的盛夏，这里日平均气温也只有15℃左右，是理想的避暑胜地。

青海湖畔的天光水影奇幻多变，牵马的藏族人和留影的外地游客仿佛来自不同的年代，青海湖古称“西海”，又称“仙海”、“鲜水海”、“卑禾羌海”。北魏以后，始称青海。青海湖蒙古语叫“库库诺尔”，藏语叫“错温布”，也就是“青色的湖”的意思。青海湖之名始于近代，1949年后才普遍称青海湖。

换钢
补胎电

巨大而醒目的修车广告牌被几个泄了气的废轮胎簇拥着，歪七扭八地耸立在玉珠峰下的一片荒滩上，这里是青藏公路上的第一个食宿点，名叫西大滩，距离格尔木128公里。一般早上从格尔木出发，中午就可以到达西大滩。这里连个镇子都算不上，一排挂满各种招牌的小吃店门前停满了各式各样的大货车，很有西部蛮荒的感觉。在29岁的马卢推开的三江源羊肉馆，我美美吃了一顿手抓羊肉。听他自豪地说："这个地方过往车辆多，游客也多，长途车都要停在这里吃饭，生意挺好的！"

52岁的刘志祖从格尔木骑袋鼠摩托车来西大滩卖菜已经半年多了，这车能运三四百斤菜，他每天平均可以卖100公斤。问他的收入如何，他说："比给别人打工强一点儿，每天能卖100多块钱。在这条路上像我这样卖菜的大概有十几个，我们的菜比在格尔木贵几毛钱。这不，今天的菜都已经卖光了。"老刘20世纪70年代在格尔木当兵，1978年退伍后还留恋着这个地方，现在整个西大滩这些饭馆的菜都是老刘卖给他们的。"我卖菜只是赚点儿小钱，就是卖的水果贵一点儿，像油桃大概五六毛钱一斤吧。"

远远地，青藏铁路的列车奔驰在昆仑山玉珠峰的巨大山体下，显得是那么渺小。这条横穿高原的钢铁巨龙正慢慢地改变着这片土地，但是青藏公路的作用仍然不可替代。

来这里寻找机会的不只是这些生意人和打工者。玉珠峰是昆仑山中段最高峰，海拔6178米，是登山爱好者的入门级山峰，也是6000米级的山峰中难度较低的一座，所以这座山峰吸引了来自全国各地的登山者。早上9点多，一队从广东来攀登玉珠峰的登山客正离开5100米的大本营向前进营地行进。他们在大本营已经适应了几天，计划在两天内登顶。1998年，也是来自广东及北京的3名登山爱好者在玉珠峰遇难，而这次惨痛的山难并没有吓退那些痴迷于雪山的人们，反而使他们更加上瘾。登山者的狂热更增添了这座山峰的魅力。

第三站
·索南达杰保护站

在索南达杰保护站的后院里，几只被工作人员刚从可可西里腹地救回的受伤的小藏羚羊露出无辜而可爱的神情。藏羚羊作为中国的特有物种，几乎成了这片高原的象征。

一位来自广州的环保志愿者在索南达杰自然保护站的公路边捡到一只小狗，这只小狗也许是这个站保护的8.3万平方公里土地上唯一的家养动物，而这片气候恶劣的无人区是野生动物的天堂——野牦牛、藏羚羊、野驴、白唇鹿、棕熊都在这里和谐地生活着。可可西里是国内野生动物聚集数量最多的地区，也是目前国内最大的无人区，一直保持着最佳的原始自然状态。这里平均海拔4500米以上，独特的高寒自然生态环境以及多样性的生物群落为青藏高原所特有。

藏羚羊是青藏高原速度最快的动物，可以以80公里的时速在高原飞奔。我以为它们在确认没有危险后，会以最快的速度冲过公路。没有想到藏羚羊面对公路就像面对一条悬崖上的钢丝，一盆滚烫的炭火，更像非洲角马迁徙途中面对一条布满鳄鱼的河流，路基上的羊足足几分钟不敢踏上公路。

第四站
·唐古拉山

从海拔 5231 米的唐古拉山口透过随风飘扬的经幡望出去，几座雄伟而飘逸的 6000 米以上的雪峰展现在眼前。一辆风尘仆仆的长途卧铺车喘着粗气，冒着黑烟匆匆掠过，让路边争相留影的游客弄了一鼻子灰。一位藏族少女从窗口抛下一个绣包一样的东西，正好落在我的脚前，这是一种类似风马的吉祥物，一般藏民在经过山口或隘口的时候抛撒到空中，希望旅途平安。

唐古拉山远远看去，仿佛一块巨大的水晶，镶嵌在周围五颜六色的山体中。

唐古拉山位于西藏自治区东北部与青海省边境处，其东南部延伸接横断山脉的云岭和怒山。藏语意为“高原上的山”，又称“当拉山”。唐古拉山是在 5000 米的高原上耸起来的山脉，海拔 6839 米，又是怒江、澜沧江和长江的发源地。这里是整条青藏公路的最高点，也是青海省和西藏自治区的分界点，只有几户牧民在每年夏季比较温暖的时候在这里放牧。今年 21 岁的岩托住在自己的帐蓬里，在这片高原草甸上已经放牧 4 年了。问他为什么要住在这里，他的回答很简单：我很喜欢这片牧场。

在唐古拉山口附近，摘下口罩的藏民从随身的袋子里拿出一大把售价仅几块钱的石莲，好奇的游客会误以为这是雪莲而购买，这些石莲也见证了在这片高原上生存的艰难。在西藏古老的神话里，在本教或藏传佛教的万神殿中，在当地牧羊人和狩猎者的民歌和传说里，念青唐古拉山和纳木错不仅是西藏最引人注目的神山圣湖，而且是生死相依的情人和夫妇。念青唐古拉山因纳木错的衬托而显得更加英俊挺拔，纳木错因念青唐古拉山的倒映而愈加绮丽动人。就是这神山圣湖，吸引着成千上万的信徒、香客、旅游者前来观瞻朝拜。

青藏

公路·后青藏时代

第五站
·雁石坪

来自方圆200公里范围内的孩子们挤在一起上课，由于孩子太多又缺乏桌椅等教学设施，有些孩子只能坐在地上，但是他们的笑容依然灿烂而好奇。这里是雁石坪的一所小学。

雁石坪是青藏公路进入西藏的第一站，属于西藏安多县的管辖，这所小学就坐落在公路边，几乎是每个外地来的旅游者都会前来拜访的地方。这所学校由一栋在当地最高的三层小楼和一个小小的操场组成。在三层的一个教室我们找到了年轻的校长，他正在给孩子上课。他说：这所整六年制的小学里有200多名孩子，他们大部分都来自附近的村子，也有孩子的家离这里有三四天的路程。校长的家乡是西藏的鱼米之乡林芝县，那是个气候温暖湿润的地方，和这里的恶劣气候形成强烈的反差。我问他为什么跑到这么远的地方来，他说都一样，都是和孩子们在一起，很高兴。

第六站·当雄

一道彩虹出现在雨后当雄县城附近的山谷里，这样壮丽的景色只能出现在当雄这样一个神奇的地方，在西藏的众多民间神话中，这里都是众神出没的圣地。

在当雄藏北八塔附近，4 个穿着华丽传统服装的藏族青年正准备去参加一年一度的草原赛马节。赛马节上有各种各样的娱乐活动，连简易的台球台也支到了绿色的草原上。有趣的是，一位藏族少年对着我举起了一张他在滑雪的照片，是他自己用电脑合成的。

第七站
·纳木错

从纳木错中的扎西半岛山上望下去，蓝色的湖面上飘着朵朵白云，这纯净的景象仿佛来自另一个世界。在湖边骑白马的藏族青年飞奔而过，给平静的湖水增添了几分生气。湖边屹立的巨大合掌石是纳木错的象征，信徒们都以把手中的哈达和经幡挂在合掌石最高处为荣。有人说纳木错湖水看起来像一幅三维立体画，使人眩晕。现在这个西藏最大的湖吸引了很多外国人，他们会穿上泳衣在湖边晒太阳。

纳木错是世界上海拔最高的咸水湖，海拔4718米，位于青藏公路上拉萨当雄县和那曲地区班戈县之间190公里处。“纳木错”意为天湖、灵湖或神湖，是藏传佛教的著名圣地，信徒们尊其为四大威猛湖之一，传为密宗本尊胜乐金刚的道场。湖中5个岛屿兀立于万顷碧波之中，佛教徒们传说他们是五方佛的化身，凡去神湖朝佛敬香者，都会虔诚地顶礼膜拜。

纳木错扎西半岛上的统措女尼今年40多岁了，纳木错神湖边的几块巨石掩映着一座石洞，那就是扎西寺——统措已经在这里修行了8年。扎西寺是一座黄教寺院，供奉的是海神、水神。在统措之前曾经有一位老者在这里修行，后来不知所踪。在说话的时候，我注意到统措的胸前挂着两块印经板，一块是木制的，上面用凹版刻了个佛像；另一块是铜制的，上面也刻了一个佛像，听统措说叫差拉囊松，是纳木错的水中皇帝。

冬天的纳木错有－10℃左右，很难找到食物，统措夏天就从当地牧民那儿要一些吃的，

一直储存到冬天。她一边说着，一边递给我和藏族翻译一块糌粑，但我们都没舍得吃。言谈间她说起了寺里一尊主供佛的事，“这尊佛是从拉萨请来的，以前这里什么也没有。”

目前，只有统措一个人守着这个小山洞中的佛堂和恍若仙境般的纳木错湖水，每天早上她早早起来就去转门前的那座山，基本就要一天的时间。我问她病了怎么办，她说：“病了就到当雄买一点儿药，感冒什么的还可以治，要是运气不好就没办法了。”我想让她形容一下这片土地，她说：“从这里可以看到湖面，很开阔，所以到这里来很舒服，有些地方山很高，很窄，很小，看不见天，不开阔，心里会很难受。其实在老家有吃有喝的也不错，但为了佛才来到这里。”

几百年来，无数藏人虔诚地来转纳木错，不为游览，只为转经。藏俗里羊年转湖，马年转山，猴年转森林，据说这是佛的旨意。纳木错是身、语、意之圣地。如果能绕湖而行，便能得到渊博的知识和无量功德，并舍去恶习及痛苦，最后获得正果。为此，吉祥法轮将转身之圣地冈底斯定为马年，转语之圣地纳木错列为羊年，转意之圣地杂日山定为猴年。每逢羊年的萨噶达瓦节期间（藏历4~5月），这时纳木错附近的恰催寺、扎西多切寺、谷穹寺和多加寺会变得香火缭绕、热闹异常，转经人群像一条流动的河，滔滔不息。由于湖面太大，湖边地形复杂，转一圈常要20~30天，最壮的小伙子也得跑10天，所以大家都用转扎西半岛来代替。据说，围着扎西半岛转7圈就等于转湖一周。

第八站
·拉萨

人们向往西藏，拉萨仿佛就是他们的精神家园，他们一群又一群地从内地蜂涌而至。在布达拉宫的一处观景平台上，挤满了来磕长头的人和游客。

直到20世纪50年代之前，西藏120多万平方公里的地域上，竟还没有一条公路。那时由内地运往西藏的茶叶、瓷器、绸缎和日用品等物资，要从四川的雅安、青海的西宁和云南的大理通过崎岖山路以牦牛、骆驼驮运，往返一次往往需一年之久。1951年，国家曾动用了全国近四分之一的骆驼、由4万多峰骆驼组成的大型驼队向西藏长途运输物资。由于自然条件十分恶劣，以致于平均每行进一公里，就要留下12头骆驼的尸体。而现在，85%以上的进藏游客都是从青藏公路进入西藏的，几乎可以说是现在这个拉萨已经是旅游业在海拔3600米的高原上重建的一座新城了。

现在的拉萨市与内地一个中型城市差不多，沿街也布满了酒店、超市、美发屋或者酒吧，站在布达拉宫顶上向拉萨全城俯瞰，整个拉萨市区到处是一片片掩映在绿树中的新式楼房，唯八廓街一带飘扬着经幡，荡漾着桑烟。信徒们手摇经轮进入八廓街，绕大昭寺不停地转经。八廓街非常繁华，商店林立，香客川流不息。要寻找老拉萨的影子就要到这里了，这里同时也是拉萨宗教活动的中心地带，僧人用磕长头的方式转大昭寺的活动仍在这里延续着，这里的每条街巷都值得深度行走、细心品味。

我们在6月雨后初晴的现代化的拉萨街头游荡，它空气稀薄，气压偏低，海拔偏高，气候恶劣，景色绝美。人民虔诚的土地上充满着各种机会和目的，青藏公路更像一条灰黑色的河流，不断地向高原输送着一个个精彩的故事。

海洋

银杏黄了

撰文、供图 / **张兆敏**

关于银杏：

银杏为落叶乔木，银杏树又名白果树，生长较慢，寿命极长，自然条件下银杏从栽种到结果要 20 多年，40 年后才能大量结果，是树中的老寿星。银杏树 4 月开花，10 月成熟，种子为橙黄色的核果状，是现存种子植物中最古老的孑遗植物，出身在几亿年前，现存活在世的银杏稀少而分散，上百岁的老树已不多见，和它同纲的所有其他植物皆已灭绝。所以银杏号称“活化石”，变种及品种有：黄叶银杏、塔状银杏、裂银杏、垂枝银杏、斑叶银杏等 26 种。

TIPS

出口详解：

我们是全程自驾车，从深圳到广西省桂林市灵川县的海洋乡。

到海洋乡主要是从包茂高速公路的桂林南出口下高速，然后走桂磨公路过去。

◆深圳—海洋路书：

从深圳出发沿京港澳高速公路行驶 100 公里转入沈海高速公路广州支线，沿三水 / 肇庆方向再转入二广高速公路行驶 145 公里，从怀集出口下，转入省道 349 线行驶 31.2 公里，进入广西境内上汕昆高速公路，行驶 202 公里后转上包茂高速公路，再行驶 49.5 公里，在桂林南 / 雁出口走 S6501 桂林绕城高速公路，下磨盘山码头 / 古景区，前往桂磨公路，直抵桂林灵川县海洋乡。

树叶由绿变黄，干枯，落下，在秋风里完成这一季的绽放。

在沿海温热潮湿的气候里生活了十几年，四季里看到的都是同样的色彩，绿的叶，红的花。萧条的季节到来，雨变冷了，风变凉了。每逢秋来就想寻找色彩，见过怒江秋色的浓郁，看过川西秋色的绚烂，每一次季节变换中，色彩都是最浪漫的期待。当生活日渐繁琐，出门远行成为奢望，于是看着地图去寻找家门口的色彩。南雄，计划了两年竟都没有去成。今年，又是秋凉时，又到了追逐色彩的季节，又想起了黄叶，不是南雄，而是更远的地方——桂林海洋。

海洋的银杏树远非我想象的那么多，原以为银杏树规模很大，密密麻麻地布满村庄郊外，其实没有，它们只是在道路边、田埂上，还有村民的房前屋后分散伫立，并没有连成片。黄叶绚烂，在田间、树林、民房、水塘间点缀，火一般炫目。你可以把它想象成一团烈火，哪怕一株小树，远远的也足能引起人们注目，不知不觉中脚步自然就追随了它的方向。

银杏树的色彩很浓烈，多数秋色都是金黄的，带着成熟的召唤。银杏叶的黄却是艳丽，有的绿色还没有完全褪去，我初看到这种娇艳的黄，总觉得它们不该那么快就凋落，树叶由绿变黄，但并没有干枯，有些落在地上的黄叶带着光亮，看着很饱满，似乎还有延续下去的生命力，但其实，这只是它们最后绽放出的美丽，也正是这时的美丽，吸引这么多人慕名而来，记录下这一次轮回过程里最后的轨迹。

桐木湾，树王的天下

桐木湾是一个小村庄，平日里很安静，只有黄叶绽放的时节才聚集这么多的脚步。紧挨的几株银杏树都很粗壮，枝桠密集，树叶繁茂，脚下黄叶铺满地，此起彼伏的镜头咔嚓响个不停。天气阴沉，清晨有些冷，这片热烈的黄色给出一份淡淡的热情，我端着相机，扛着角架，在村子里绕来绕去拍个不停。

上百岁的银杏树已经很少见了，它们是地球古老的“活化石”。

桐木湾的古屋写满了岁月沧桑

云雾中的青山像渲染的图画

村民的房屋大多都有些年数，红砖灰瓦，棕色的木门，有些掩映在林中的老房子前堆着草垛，摆着木柴，房前房后鸡啊，狗啊，跑来跑去。黄色的银杏树夹杂在青色的竹林，绿色的树丛和野草中。重叠的色彩在这里变得浑厚，不论走到哪栋房屋前，绕到哪条小路上，脚下踩着的都是层层落叶，新的旧的层叠铺开。

每一个银杏树聚集的地方都能找出一株树王，枝杆比别的粗，树叶比别的密，地上的落叶自然也比别的厚。这样被尊崇起的树王也有别的树享受不到的待遇，有专门的树牌或石碑，还有一片专门围起的不被游人任意踏进的领地。

桐木湾村还算比较古朴，我们到的那片区域大约住着几十户人家，有一片连在一起的老房子依然保持着旧时飞檐照壁的造型，其实它们也确实是有些年轮的老建筑。小村庄的新楼房不多，除了这一片集中的老屋，其它还有一些散落的老房子，都破败了，有些墙都倒了，仍伫立着的半截墙壁被银杏树落叶包围着，写满了沧桑。风吹来，树叶离开了枝头，一片片飘下，飘下一地的落寂。

黄叶飘洒的季节，村子里满是追逐的游人，你来我往，打破了凝结的沉寂。我扛着相机顺着路径屋前屋后绕了一圈，把满目黄叶记录在眼睛里，记录在镜头中。

桐木湾距另外一个小山村小平乐 18 公里山路。小平乐是我们当天的停留地，也是诸多观黄叶的游人驻足的大本营。沿街一排房屋的后面是田野，桃树林和菜地，沿着田埂间的小径可以自在地行走。听说小平乐每年有两个观景期，秋天看银杏黄叶，春天看桃花盛开。

小平乐 美丽行将流失

小平乐的田野并不开阔，远处是山，只有眼前一片平地被开垦出来，又被划分成一块块不规则的小田地。村子里到

TIPS

路况

进入海洋乡后，小平乐、大小铜木湾等地村庄之间路况尚可，但北岱底和冰洞两地路况较差，尤其遇雨天，普通轿车行驶困难，可在当地租面包车前往，车费大约150元往返。

住宿

海洋乡小平乐、桐木湾等地都有当地人开的家庭旅馆，食宿可一并解决。住宿条件一般，如要洗澡，需向房东打探清楚是否有热水供应。旺季周末要提前预约，否则会一房难求。

美食

海洋乡地处桂北，饮食偏辣，如果不吃辣需提前跟房东说明。当地村民会兜售银杏果给游客，但不一定是本地所产，可与村民讨价还价。另外特别推荐海洋新稻米，秋天正是上市的季节，蒸出的饭香浓，很多外地游客都会在这里买新稻米带回去。

处都有堆起的草垛，破旧的红墙和满地的落叶。沿着墙脚攀爬的藤蔓中，漫不经心的鸡群勤奋地在地上觅食，门前趴着的大黑狗懒洋洋看着走过的行人，不叫也不起来。这个时节的游人让它们见怪不怪了。在当地村民眼里，这些每年每月都感受到不同变化的色彩不觉得新鲜，发现它美丽的是少见多怪的我们，要么看见什么都拍到镜头里，要么摆着各种姿势不停地留影。

一幢低矮的老屋上，灰瓦尖顶铺满了厚厚的落叶。房屋很低，我站在屋后，看着这么多落叶聚集在一起，原本是毫无秩序地飘落，一层层盖在屋顶上，最后落叶多了，厚了，竟把屋顶严丝密缝地掩映住，看不出一丝灰瓦的痕迹。我站着看了半天，又抬头望望头顶的大树，心里纳闷，这么厚，这么重的落叶，把地上铺满了，把屋顶压实了，而它的枝节上怎么还悬挂着那么多的黄叶！生命如此繁盛，每一阵风都带走几片叶，这棵老树也许感到奇怪，为什么兴盛的那几个月冷冷清清，反而到了凋零的季节游人前赴后继纷至沓来观瞻，难道人们喜欢不顾它的痛楚，专门为看它枝叶掉下的落寞？

我期望给它解释：因为凋零，你才有了与众不同的美丽，我来，是欣赏你的秀色，而不是看你的苦寂。

阳光在期盼中出来了，这是海洋之行短暂的，有阳光陪伴的时刻。一片绿色辣椒地的田埂旁几株黄色银杏树分外耀眼。阳光穿过树枝，透过黄叶，色彩斑斓。我踩着落叶从树下走过，远处被投洒下阳光的青山上，偶尔有一片可观望的红

色枝叶和黄色锦簇，走在这样的阳光下，才能更仔细地把秋意细细体味。

草黄了，叶落了，不谢荣于春风，不怨落于秋雨。古代诗人对季节理解得如此透彻。景色与诗情的绝佳结合，环境与心情的巧妙碰撞，挥笔留下吟唱千年的佳句。我常想为什么今人再也创造不出古人诗句的意境，现在似乎有一点点明白，古代中国森林的覆盖率是现在的好几倍，那时的秋色比

黄叶色彩斑斓，徜徉树下将秋意细细体味。

现在浓郁热情，斑斓有致。许多诗人的名言佳句都是人生不得意时有感而来的，或流放时，或落魄后，忘记身前身后事，唯一看在眼里的景致触动着他们心中的神伤。秋意连绵中，诗人斜倚栏杆，轻抚泛白的胡须，秋风舞动飘袂的衣带，心中装满豪情感怀，名诗佳句自然滚滚而来。古人虽不能日行千里，却有览尽山河的豪迈，而我们呢，只为追逐这一抹秋色，不远千里夜行，舟车劳顿，既没有才情，也缺少心境，匆匆来，又匆匆去，怎能体会潜藏于山林间的豪情与悲怆。今人对季节的理解缺少的正是这份人文关怀，普通人眼里，它只是变换的节期，诗人眼里，它是生活的背景。

阳光穿透进来，秋空明净，黄叶更加亮丽，一束束银杏树挺拔地树立在田野间。孤寂，又有些悲壮，不仅是因为它们在空旷田野里显得单薄，更因为令人堪忧的命运。听当地人说很多银杏树都被连根挖起卖到外地做景观树。更可悲的是，银杏树的迁徙有很大的风险，有可能离开故地不能存活。一棵这样的树以十几万甚至几十万的价格卖到大城市，所以尽管风险大，为了利益，它们仍面临着被拔出送走的厄运。在小平乐村，我们亲眼目睹了一辆吊车堵着路把沿街一株老银杏树连根拔起，倒在一旁。当地人说这是当地林业部门的决定。听着多么令人扼腕痛惜，

房前屋后，落叶成为这个季节的色彩。

田间的云雾随风起着变化

凄凉、淡泊、清静和逍遥都在这一片竹林和这一地落叶中一一体现。

短视、无知，加贪婪，把本来不多的有限资源廉价变卖，为一点蝇头小利，让原来就珍贵的美丽流失。面对众多村民们的呼吁他们又闭目塞听，这是何等的愚蠢。不知接下去，还会有多少银杏树被拔起带走远离故地，或者凄楚地死去。

美丽遭遇劫难，这是谁的悲哀，又是谁的无奈？！

北岱 云雾山乡的咏叹

更远的一个山村——北岱离小平乐村还有9公里，路况很糟。车沿山路盘旋而上，雨一阵一阵，山路坑坑洼洼，行车非常困难。阴雨天气有着意想不到的景观——云雾。远方山梁间，白色云雾覆盖着，山峦时隐时现，雾气浓浓的，像是在滚动，风吹散不尽，又看似蒙着一层薄薄的轻纱，纱下是若隐若现的村庄。雾霭沉沉，形致特别，每到一处观看云雾的地方，都有人举着相机收入镜头。

山里的北岱没几户人家。有一些老旧的四合院式的古房，红砖灰瓦，在阴雨连绵中显得古朴。走下山路，一片落叶挽留住了脚步，山路的一旁是黄澄澄的银杏树，另一旁是绿油油的竹林，地上铺满黄叶。这样一条色彩深沉，曲径幽深，画一般的乡间小路看着实在让人不忍踏进，它像是古人隐居流放的地方。我想象中，竹林七贤们饮酒吟诗，肆意欢宴的地方应该就像这样。循着古人的思绪，黄叶代表着凄凉，竹林蕴藏着淡泊，搭配在一起便是不拘礼法的清静，恣意纵横的逍遥。这像是文人骚客无痛而呻吟，随便什么意象都派生出别人听不懂的音韵。我也是“无故而骚”，一片竹林，一地黄叶，常人眼里就是融入镜头的背景，哪有什么隐士浪漫

的流放或者温柔的放逐。

也罢，举起相机，对着深深的小路"咔嚓"几下。摄入到相机后的竹林和黄叶不会再有那么多故事了。

沿山路下行，栅栏两旁被落叶包围着。北岱的银杏树并不多，只是这里有一棵最老的银杏树王，沿山路没多久就走到了它面前。这棵树很大，被围了起来。如织的游人聚集在它脚下。下着雨，地上一片潮湿，落叶上满是雨水。树的枝杈很多，密密的，有些树叶密集的地方还能挡雨。树王确有王者气派，旁边还有几株银杏树，但都不及它高大茂盛。

我在树下捡了很多银杏黄叶。秋天的落叶应是干枯了，我捡的黄叶都很光滑，有质感。黄叶每天都在落，铺在上面的应是昨夜里被风吹下或者今天被雨打落的。嫩黄的树叶婆娑在手里，脱离了树枝，就意味着它们没有了生命，而生命结束时的树叶却有着这样夺目的黄色。即使要入泥土，也保留着最美丽的色彩。

想到秋色，人们总是和黄色联系在一起，收获的季节，粮食是金黄，果实是澄黄，落叶是暗黑，土地是褐黄。

阴雨天来到北岱有意想不到的收获——云雾。北岱在半山上，远处的山梁间满是云，被风裹挟着，一会儿吹过来，一会儿又吹走。沿山路下行，在山间层叠的梯田间穿过。云雾随风而走，变化得很快，几乎每一分钟都有不同的形状。我沿着山路一直向下，整个山谷从高向低都是沉沉的雾霭，山路旁是密密的竹林，透过竹林，掩映在云雾中的青山像水墨渲染的图画。

在田边穿来穿去，忙着追逐云雾，幻想着云涌雾起的地方住着神仙。云烟滚动，轻风吹拂，野草摇曳，脚步不止，一切都在运动，轻轻地，无声地动。云雾似乎只屈从于风的吹袭，随着它的方向而改变。风不大，轻轻的，吹出的云雾形状也在慢慢地起着变化，风为云吹，云为风飞，想不出此时还会有什么能干扰它们的节奏。云雾离得那么远，不停的变换又似乎近在眼前，近得伸手就可撩拔。或者，我想，该静下来，对着那浓浓的云雾许个心愿，把思念的心绪抛洒，让云雾猜猜那是谁的名字。一片云雾飘散来了。又一阵风。

一个忙碌的周末就这样在追逐的行程中结束。天一直在下雨，一直待我们踏上回家的行程时，雨都在下，而且下得很大。告别秋色，告别黄叶，向着家的方向风雨兼程，追逐结束了。

美国西海岸自驾路书

» 第一天

旧金山（San Francisco）

与同事 Chirs 一行四人抵达旧金山机场，出关后直奔 Dollar（道乐）旧金山机场站点提车，我从道乐中国网站预定的是经济型的雪弗兰，7 天后在拉斯维加斯机场还车，一共才花了 2200 多美元，据说比在当地站点租车的价格要低 40%~60%，而且是包含租车费、保险（含对车、对人、对物、对第三者、附加驾驶员保险）等等的费用。站点的工作人员告诉我们可以空箱还车，也即是说还免费赠送一箱汽油，为的是节约我们的还车时间，服务非常的周到。

旧金山是 1847 年墨西哥人以西班牙文命名的，当时只有居民 800 多人。1848 年这里发现金矿后，移民蜂拥而至，包括许多华工。大批的华人在这里安家落户，俗称这座城市为旧金山，新金山是澳大利亚的墨尔本。1906 年大地震摧毁了整个旧金山，之后开始重建。

【主要景点】

◆金门大桥（Golden Gate Bridge）

横跨金门海湾的金门大桥（Gulf Bridge）是旧金山的标志，整座大桥造型宏伟壮观，桥身呈朱红色，横跨于大海之上。晚上华灯初放时更犹如巨龙凌空，使旧金山市夜色更见壮丽。

◆ 九曲花街(Lombard Street)是世界上最弯曲的街道。当初设计时主要考虑让繁忙的交通能有所喘息，如今成了旧金山最吸引人的浪漫街。很短的街区却有八个急转弯，有40度的Z字斜坡。每天都有大批的车辆排队，等待从上往下单行驶过，无论何种季节都有不同鲜花点缀。

【住宿】Hyatt Regency酒店（酒店是本人同学Chirs用其积分兑换的，免费住，标准间市面价格税后大约需130美元，如需住海湾景房大约要多交30美元）

» 第二天
加州1号公路

沿着加州1号公路（CA-1）走400多英里的路，晚上赶到洛杉矶西北部的好莱坞。1号公路限速55英里（1英里约合1.6公里），而且多崎岖山路。

【主要景点】

距蒙特雷市（Monterey）17英里的一个景区，私人领地，门票9.25美元。

【住宿】入住在离好莱坞大道（Hollywood Blvd）约200米的地方找到Motel 6住下。费用，Motel 6加税后为92.22美元/晚。

» 第三天
好莱坞环球影城

4D动画电影、3D真人电影、侏罗纪公园急流勇进等还是挺好玩的。其间参观了好莱坞的电影制作城，各种搭建的场景真的让人有身临其境的感觉。

【主要景点】

好莱坞环球影城，门票成人67元，儿童57美元。

【住宿】依然是Motel 6。

» 第四天、第五天
好莱坞大道到Williams小镇

游览好莱坞星光大道、中国剧院。之后，离开好莱坞前往洛杉矶南部的迪斯尼乐园和加州冒险乐园。从迪斯尼到大峡谷要480英里以上，因而我们先开到中途的小城Barstow住下，准备从Barstow再开317英里到Williams。Williams是个很美的小镇，且住宿便宜，离大峡谷约55英里。从Barstow到Williams沿途都是荒漠，一路上非常顺利，下午4点左右到达Williams小镇，66号公路从小镇穿过。

【主要景点】
好莱坞星光大道、中国剧院、迪斯尼乐园、加州冒险乐园。两个乐园门对门，通票99美元，如果只去一个则69美元。我们只去了迪斯尼乐园，主要想看看那里的卡通人物巡游，进去后才知道，迪斯尼巡游从晚上7点才开始，只有周五、六、日，巡游才从下午开始。

【住宿】 在Barstow小镇入住Super 8汽车旅馆，加税后77.46美元。在Williams小镇入住American Inn汽车旅馆，加税后57.64美元。

» 第六天
大峡谷

一早从Williams出发，很快就到了大峡谷。游玩后在下午3点离开大峡谷，沿着40号州际高速公路奔向280英里之外的拉斯韦加斯。在途中游览大峡谷天空漫步(Sky Walk)。在拉斯维加斯南部约30英里处，路过著名的胡佛大坝(Hoover Dam)。之后到达拉斯维加斯。

【主要景点】
◆大峡谷　大峡谷位于美国亚利桑那州西北部，是地球上最为壮丽的景色之一，每年来参观的游客多达数百万。在几千万年前，大峡谷的岩石被海洋包围。两条河流长年侵蚀岩石床，终致形成这一大峡谷。这些河流最终合并成为科罗拉多河。日出或日落时，大峡谷的岩壁会不时变换出红色、咖啡色、紫色等各种色泽，气势之雄壮令人叹为观止。即使终日徘徊其间，也只能窥其壮丽景观的一角。大峡谷分南缘(South Rim)和北缘(North Rim)两条线路，北缘路不好走，而且只在夏季开放，大多数人都是从南缘进入大峡谷。途中路过大峡谷机场，停泊着很多直升飞机，提供给游客直升飞机游览服务。

◆Tusayan小镇　在快到大峡谷南门时有一个名为Tusayan的美丽小镇。门票为每车辆25美元，7天内有效，车辆上无论有多少乘客都不额外收费。如果是个人游客则为12美元，7天内有效。游客若能在下午赶到大峡谷的话，建议在Tusayan过一晚，虽然酒店费用高，但晚上可以在大峡谷看日落，第二天还可以再次进入景区游览。

◆天空漫步(Sky Walk)　是个U形透明玻璃平台，从大峡谷的飞鹰峰延伸出来，横架于距谷底近4千尺的半空，比目前世界上最高的建筑物还要高出一倍多，游人站在上面看着脚下似乎悬空的峡谷无不胆战心惊。

◆胡佛大坝　位于科罗拉多河的黑色峡谷，是美国西南地区最大的水利枢纽工程。千百年来，每逢春末雪融之时，科罗拉多河两岸低洼地区皆泛滥成灾，但到了夏末秋初，河流又被干涸得像一条细流，无法引水灌溉农田。直到1928年，以美国第31任总统胡佛命名的胡佛大坝建成才解决这问题，如今由胡佛大坝形成的米德湖水库，已成为美国驰名的休闲旅游风景区。

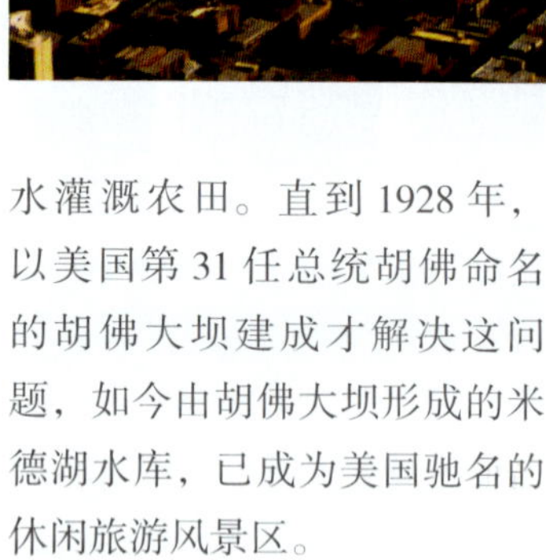

【住宿】 Las Vegas Hilton酒店，加税后价格108.95美元/晚。

» 第七天
拉斯维加斯

拉斯维加斯，一个灯红酒绿纸醉金迷的欲望都市。开车进入闹市区那条著名的拉斯韦

加斯大道(Las Vegas Strip)，两边尽是豪华的酒店赌场。拉斯韦加斯是沙漠中建立起来的奇迹，它不仅仅是“赌博”的代名词，还是娱乐、休闲、购物的天堂，各大酒店都有自己名目繁多的表演，有酒店门口免费的公众show，也有需要购票的正式演出，最吸引人的就是所谓的上空秀(Top Show)。至于各种名牌商店和Shopping Mall更会让喜欢血拼的人流连忘返。在拉斯维加斯大道，我们从上午开始一直玩到晚上9点，然后前往北拉斯维加斯的弗雷蒙特街(Fremont Street)参观其眩目的“天幕”(Viva Vision)。

【主要景点】

◆各大酒店　威尼斯人大酒店（The Venetian）、巴黎大酒店（Paris）Luxor酒店。

◆永不关门的婚姻登记处　在该登记处，只要支付55美元的登记费，就可以在15分钟内拿到结婚证书，然后在附近的教堂找个牧师举行婚礼。

TIPS

自驾心得

【租车】在美国租车最好加租GPS，大约12美元/天。夏威夷诸岛就不用GPS了，凭租车行免费的地图就不会迷路。

【驾照】现在新版的中国驾照每个条目都有中英文对照，在美国一般的租车行都认为这就是国际驾照，他们最关心的是驾照号码和有效期。尽管如此，我们还是加入了鞍途道乐（NTOURS）金卡会员，免费得到了一套国际驾照（8种国外语言，可以自驾去188个国家），以防在外国发生交通纠纷。

【地图】Google maps，GPS导航

【高速公路】美国大多数公路无论是国家高速、州际高速、普通公路都不收过路费，所以虽然美国油价比中国稍贵，但是由于没有过路费，如果跑长途的话算下来反而比中国还便宜。

【停车】不是所有的酒店都免费停车，一般需要花费25—35美元/天。拉斯维加斯各大酒店停车均免费，您要是怕麻烦也可以找酒店大堂前面的待客停车（Valet Parking），虽然也是免费的，但要给小弟2美元小费。

【消费】在美国吃饭一般要按照菜单费用的15%支付小费。各大商场里的快餐、大排档等是可以不用付小费的，而且饭菜本身就比餐馆便宜。住酒店每天早上要在桌上放小费，星级酒店一般2美元，汽车旅馆一般1美元即可。

美国自驾房车攻略

房车车型

房车英文为 Recreational Vehicle（休闲车），简称 RV。RV 主要为家庭旅游服务，内部设计包括主卧室、起居室、厨房（包括四人餐桌）、辅卧室、卫生间和淋浴房。房屋的设计基本上都是主卧室在后，卫生间和淋浴房在中间，起居室、厨房、餐桌和辅卧室在前，但起居室、厨房、餐桌和辅卧室基本上都是一体，中间没有另外的隔断。

房车（RV）大体分为两类，一类是一体自驾式的；另外一类是拖挂式的 (Travel Trailer)，也就是说需要靠另外一辆车来拖拽，这类车通常使用皮卡（Pickup) 来牵引。

自驾式的 RV 在美国虽然分为 A、B、C 三个不同的级别，但基本分为用大客车底盘改装还是用皮卡或卡车底盘改装这两类。A 级为大客车底盘改装的类型，而 B 级和 C 级为皮卡或卡车底盘改装的类型。

【A 级 RV 车】

应该说 A 级 RV 车是最豪华也是最舒适的 RV。采用大客车的底盘，防震性要远远好于其他所有车型。

车内空间：配有非常大的主卧室，有些甚至还带有独立的卫生间和淋浴房（一般 RV 只带一套卫生间和淋浴房），辅卧室并非专门的房间，通常是起居室里的三人或双人大沙发变成一张床，和我们国内的沙发床一样。个别 A 级车型配有封闭的单人卧室，式样和军舰上水兵的卧室一样，分上下两层，空间非常狭小。

【C 级 RV 车】

选择加长型的 C 级 RV 车（长度超过 10 米），开车时需特别注意：只要路面上有一个小小的凹坑就会把躺在主卧室床上的人一点儿都不夸张地给弹上半空，甚至头还有可能碰到天花板，因此开 RV 要特别小心。

选择房车

◆选车最好带空间扩展装置（Slide out），停车露营时房间可以向外扩展 1/3 距离。比较豪华的车型都有两个以上的空间扩展装置。但一定要注意，车内起居室的部分要可以伸展，特别是同行人数较多的时候。

◆如果是不止一个家庭结伴出游，最好选择 C 级 RV 车。因为 A 级车只有一个豪华的主卧室，其他的床都是在起居室内用沙发和餐桌变换出来的，没有任何隔离措施。而且 A 级车车型过大，国内旅行者能开大客车的比较少。

驾照

和中国的驾照分 A、B、C 等不一样，在美国持中国的 C 照车本照样可以开 A 级 RV。只是在佛罗里达州有规定，如果你要驾驶该车型超过 30 天，就需要去交通管理部门申请一个本地的驾照。

费用

租 RV 的费用 8 天时间租车加保险要超过 2000 美元。虽然 RV 耗油比较厉害，但同租车加酒店的方式一比较，就很划算了。

在爱梦达房车公司租的 RV，不限里程，保险全包（车辆险、第三险）。个人用品包 4 套（毛巾、洗澡巾、咖啡杯、茶杯、毛毯、枕头等等）。

房车宿营

很多城市的中心区（Downtown）不允许 RV 车进入，而且一般露营地都是在城市的郊区。RV 车型又大，转弯调头都很不方便，因此美国人常常会选择拖挂式的车型，用皮卡拖挂，到了营地后把 RV 留下，再开着皮卡去城中心区。当然也可以选择自驾式车型，然后后面再拖挂上一辆小车，这也是许多美国人喜欢的方式。

车内常用配置说明

【厨房设备】天然气灶、烤箱、微波炉、吸油烟机、冰箱和洗涤水槽等。天然气罐一次灌满可使用一个月以上。虽然厨房配有吸油烟机，但功率都比较小，尽量不要起油锅做菜，可能会产生大量的油烟而无法及时排出。

【洗浴卫生设备】洗浴设备一般是淋浴房和洗漱房分开，就像飞机、火车上的一样，唯一需要特别注意的是一定要配专门的抽水马桶除臭剂。热水有天然气加热和电加热两种。夏天最好使用天然气加热。

【发电设备】RV 房车专门配有独立的发电设备。汽车行驶时可以先开启发电机，然后再打开独立的空调系统和其他电气设施。特别要注意的是发电机的使用是有时间限制的，每天大概 3~4 小时，超过这个时间，就要按时间另外收费。

【电线设备】在露营地旁都有专门的接线箱，电源有 30A 和 50A 的区分，大多数的 A 型车使用的是 50A，其他的则使用 30A。还专门配有有线电视的线，因为车内有电视机和 DVD。很多美国 RV 房车自己还专门配了一个或几个卫星天线，用来接收不同的电视信号。

【供排水设备】供水系统为 fresh water，厨房用和淋浴的排水为 grey water，抽水马桶的排污为 Holding tank 或叫 black water，这些都有不同的管线专门连接。车子一到营地就要将这些管子接好，然后将开关转向城市供水 City water hookup。

【储物设备】RV 房车在车辆的下面和后面都有专门的储物箱，后车厢放十多个旅行箱都没有问题。车内储物箱的数量也会超乎你的想象，而且都有门，尽可以把旅行箱的东西全部拿出来分别放到车内的储物箱内。

【日常生活用品】和宾馆一样，RV 车配置床上用品和厨房用具。所谓每套，就是包括一个人的床上用品和刀叉等西餐用品。专门提醒一下，去美国租 RV 旅游，最好从国内带一袋大米。那些租房车的地方往往离市区比较远，自己带上比较保险。虽然有些营地有公共的烧烤炉，但位置是否在你预订的车位旁就不得而知了。因此再购买一个简易的烧烤炉会增添旅游情趣。